Y0-DOI-535

DE MON CANAPÉ À LA COURSE À PIED LA PLUS DURE DU MONDE

Comment j'en suis venu à courir 250 km
dans le Sahara dix-huit mois
après m'être acheté ma première paire
de chaussures de sport.

DE MON CANAPÉ À LA COURSE À PIED LA PLUS DURE DU MONDE

Grégoire Chevignard

greg.chevignard.auteur@gmail.com

MARABOUT

© Hachette Livre, Département Marabout, 2018

Tous droits réservés. Toute reproduction ou utilisation sous quelque forme et par quelque moyen électronique, photocopie, enregistrement ou autre que ce soit est strictement interdite sans l'autorisation écrite de l'éditeur.

Sommaire

APÉRITIF :
DANS LES MÉANDRES
D'UN TITRE

Je n'aimais pas courir.

Je ne peux même pas dire que je *détestais* courir : pour cela, il aurait fallu que je coure.

Tout au plus me déplaçais-je du canapé au frigo, du frigo au canapé ; et, les jours de grande activité, de la voiture au restaurant gastronomique, ou à la poursuite de mes enfants.

Ce récit aurait pu s'intituler :

De mon canapé au Marathon des Sables

ou

De mon canapé au Sahara : dix-huit mois pour apprendre à courir

ou

De mon canapé au Sahara : naissance d'une passion pour la course à pied

ou

De mon canapé au Sahara : un quadra lambda se met à courir

Pourquoi une telle obsession pour le canapé ?

Parce que c'est mon point d'ancrage, le point commun entre ma vie d'avant et ma vie de coureur. Avant, j'y regardais la télévision et j'y prenais l'apéro. Maintenant, j'y fais la sieste – jambes surélevées pour éliminer les toxines – et j'y lis tout ce qui touche, de près ou de loin, à la course à pied.

J'ai mis presque aussi longtemps à choisir le titre qu'à écrire le récit de ma transformation de sédentaire en coureur.

Très fier d'être arrivé au bout du Marathon des Sables, j'ai eu du mal à ne pas en afficher le nom en couverture.

Mais ce récit n'est pas l'histoire d'une course, aussi prestigieuse soit-elle.

Ce récit est l'histoire d'une progression. Son message principal est qu'une telle progression, du zéro absolu à la longue distance, est à la portée de chacun.

En fait, le titre du livre aurait dû être une citation de Confucius :

**« Il n'est pas nécessaire d'aller vite,
le tout est de ne pas s'arrêter »**

AMUSE-BOUCHE :
LE CADEAU EMPOISONNÉ

Le Père Noël est une ordure

Noël.

Fait chier.

Réveillon achevé. Encore deux heures d'ouverture de cadeaux à se cogner. Crevé.

Je n'ai pas fait d'activité physique depuis si longtemps que je n'ai même pas de chaussures de sport. À 41 ans, 75 kg et 50 employés passés, je n'ai vraiment pas le temps ni l'énergie de me regarder le nombril, de me préoccuper de mon tour de taille, de mon taux de cholestérol ni de mon absence de musculature visible. Ce soir, en desserrant ma ceinture, j'ai sans vergogne aggravé mon cas en cédant de bonne grâce aux plaisirs de la chair.

Les enfants ont été réveillés au milieu de la nuit, une fois le réveillon des adultes achevé. Grognons, hagards, à peine conscients, ils titubent en pyjama au milieu des pyramides de paquets érigées près des chaussons devant la cheminée, aimables balises enjoignant le Père Noël à leur apporter autant de cadeaux qu'une lettre écrite en novembre à grand renfort de découpages de catalogues Toys'R'Us, peut en contenir. Les mères, accroupies derrière les enfants, tentent de guider chacune de leurs têtes blondes vers son lot de paquets brillants à gros nœuds. Les pères les plus zélés s'adossent au mur au prétexte de filmer la scène. Les plus malins, eux, ont préempté banquette et fauteuils et luttent pour ne pas s'endormir. J'ai opté pour une solution intermédiaire, prêt à intervenir s'il le faut. Verre de Fixin blanc à la main, adossé au chambranle de la porte du salon, je contemple l'orgie consumériste qui se déroule, comme chaque année, au pied du majestueux sapin aussi richement que sobrement décoré par ma grand-mère.

Les papiers sont déchirés, arrachés et jetés au loin ; les premiers cris de joie remplacent les jérémiades. La farandole des ouvertures débute et les enfants qu'il faudra recoucher dans deux heures sont désormais bien éveillés. Il va falloir s'extasier sur les Barbie, Pokémon, déguisements et jeux vidéo dont ils rêvent depuis des semaines et qu'ils auront oubliés dans quelques jours.

Je ressors de ma poche l'enveloppe que j'ai récupérée dans ma chaussure au pied du sapin avant le lever des enfants. Un coup d'œil discret me confirme ce que j'en avais compris à la première lecture.

On m'offre un dossard à une course à pied de 5 km autour du jardin du Luxembourg à Paris.

Heureusement que j'ai pris conscience du cadeau discrètement au milieu du brouhaha et de l'effervescence générale. J'aurais eu du mal à simuler un enthousiasme de bon aloi en cette période d'échange et de fête.

Le pire, c'est que j'ignore qui a pu m'offrir ce dossard tant la famille est dépourvue de coureurs à pied. Je crois être le seul des dix-huit petits-enfants à m'être essayé, sans briller, à l'athlétisme pendant mes années collège et seule une de mes tantes a, dans un lointain passé, chaussé avec succès des pointes de cross. Je l'observe du coin de l'œil. Elle est négligemment adossée à un radiateur, cigarette aux lèvres, en train de plaisanter avec mon frère Donald, lui aussi en train de fumer. Quelle ironie de constater que les deux seuls membres de la famille ayant eu quelques succès sportifs dans leur jeunesse sont les deux seuls fumeurs. À croire que la performance sportive a des accointances avec l'addiction.

Mais ni l'un ni l'autre en réalité ne font des suspects crédibles. S'ils m'avaient offert un dossard, eu égard à leur biographie, ils se seraient crus obligés de participer eux aussi à la course. Or je subodore que l'action de *courir* se résume aujourd'hui pour eux à la quête effrénée du dernier bus...

Mon regard se tourne vers ma femme Isabelle, toujours accroupie au milieu des paquets et déjà à la recherche de piles pour faire hurler le premier des jouets électroniques déballés. Elle constitue un suspect idéal. Elle m'a déjà envoyé l'été dernier chez la cardiologue pour un contrôle de routine au prétexte que ma 40ᵉ année était révolue. Ni la cardiologue ni moi-même ne conservons un bon souvenir de cette consultation. La cardiologue parce que je lui ai expliqué que bien que mon seul antécédent médical significatif soit une tuberculose pulmonaire, je me retrouvais chez elle, plutôt que chez un pneumologue, pour un contrôle inutile. Moi parce qu'il m'a fallu justifier, sous son regard dubitatif, mon absence de dépense physique à grand renfort de vie avec trois enfants et d'entreprise à gérer au moins quatorze heures par jour, six jours sur sept. Oui, à la réflexion, Isabelle me plaît de plus en plus comme suspect. Cela lui ressemble tout à fait, cette façon de faire passer en douceur un message sur ma condition physique et mon hygiène de vie. En outre, si elle est bien l'instigatrice de cette cabale, il me sera facile d'ignorer le dossard et de ne pas participer à la course, sans créer d'incident diplomatique familial.

Je m'approche d'elle pour me rassurer aussi vite que possible sur le fait que je n'aurai pas besoin de courir. À la place, je mangerai un peu plus de salade et un peu moins de saucisson pendant quelques semaines, cela doit revenir au même à ses yeux. Je suis coupé dans mon élan par Donald, clope et enveloppe à la main.

— C'est toi le crétin ?

— De quoi tu parles ?

— Le dossard, ne me dis pas que tu n'es pas au courant, tu es le seul à avoir couru ici.

— Je suis au courant, oui, mais... ?

— Donc c'est bien toi. C'est complètement idiot ton truc. Se lever à l'aube un dimanche pour courir en rond autour d'un jardin public ? Sérieusement ?

— On est d'accord ! J'ai reçu le même cadeau... Je pense à Isabelle. Tu crois que nos femmes se sont liguées pour nous obliger à bouger ?

— Sonia trouve déjà que je passe trop de temps au tennis alors que j'y mets les pieds une fois tous les 36 du mois... Si j'allais courir, je réveillerais les filles et elle devrait les garder... Aucune chance qu'elle s'impose cette épreuve !

Perplexes, nous envisageons l'ensemble des convives pour tenter de deviner à qui nous devons ce traquenard. Nous avons dû forcer un peu sur le Fixin blanc, car l'évidence met quelques minutes à s'imposer.

— Tu sais à quoi ça ressemble, cette invitation ? me demande Donald.

— À la course en montagne que Mum nous a offerte il y a quelques années ?

— Tout à fait son style ça, nous offrir la même chose à tous les quatre pour créer des retrouvailles.

— Oui, et comme elle trouve que nous travaillons trop... du sport ! Voyons si Arthur et Roch ont aussi eu leur petite enveloppe...

Pendant que Donald tire sur sa cigarette, je me remplis un nouveau verre de vin. De toute façon, je ne serai pas en état de conduire demain. Et ce n'est pas comme si j'allais me mettre à l'entraînement non plus. Le problème, maintenant qu'il est évident que ma mère nous a offert les dossards, c'est qu'il va bien falloir s'acquitter du minimum syndical. Hors de question de ne pas participer à la course.

Arthur qui a vu que Donald et moi tenions un conclave se rapproche de nous.

— J'aurais dû me douter que vous vous étiez mis à deux pour avoir une aussi mauvaise idée.

— Ce n'est pas nous, proteste Donald.

— On pense à Mum, comme pour la course en montagne, dis-je.

— Certainement pas ! rétorque Arthur. Tu la vois, alors que j'habite Carcassonne, m'inviter à courir quelques kilomètres à Paris ? Le cadeau vaut moins cher que l'aller-retour. Pas son genre.

— Tu as raison, concède Donald. Mais alors, quel est le rapiat qui nous a offert un cadeau à deux balles, qui va nous bouffer tout un dimanche, et qui nous gonfle tous ?

Roch, rayonnant, sourire gourmand et œil pétillant de malice, nous rejoint à cet instant.

— Alors, les frères, on s'inquiète ? Vous avez l'air abattu, vous avez ouvert mon cadeau ? Ne craignez rien, je vous attendrai sur la ligne d'arrivée. J'ai bien conscience que 5 km c'est beaucoup pour vous mais vous verrez, cela fait quelques semaines que je me suis mis à la course, ça vient tout seul. Et vous avez le temps, la course n'est qu'en septembre.

— Ah, c'est toi ! dit Arthur. On ne s'inquiétait pas du tout.

— D'autant que c'est ce que je fais toutes les semaines sur un court de tennis, renchérit Donald.

— Et puis, j'ajoute, 5 km, même les enfants le feraient sans entraînement. Non, vraiment, c'est mignon comme cadeau, j'ai cru que c'était pour nos femmes. Elles ont ricané tant la distance leur paraît ridicule !

— Moi, je ne me déplace pas pour moins de 10 km de toute façon, dit Arthur.

— Oui, éructe Donald, en dessous de 10 bornes, je reste au lit !

Comme je suis l'aîné et me dois de montrer l'exemple, j'enchéris :

— Euh, oui, au moins 10 km, mais s'il y a moyen de faire un semi, ça aurait plus de gueule.

Je me félicite de cette solidarité fraternelle impromptue. Rien de tel pour régler un problème et se sortir dignement d'une situation difficile. Roch va pouvoir remballer ses dossards et ses velléités, sous prétexte qu'il est le plus jeune, de nous en remontrer sur le terrain sportif.

C'était gravement sous-estimer le besoin du petit dernier de démontrer qu'il est à la hauteur du reste de la fratrie. Quinze années de brimades et moqueries font naître des soifs de conquête... Grâce à l'excellente couverture 4G chez notre grand-mère, Roch nous prend au mot et nous transfère immédiatement sur l'épreuve du 10 km pour un rendez-vous fraternel et compétitif, fin septembre.

Dans neuf mois, précise-t-il en tapotant le ventre d'Arthur et le mien : une grossesse !

Ridicules

A près cet épisode fondateur, j'attends les soldes d'été, au mois de juin, pour aller m'acheter la moins chère des paires de baskets chez Décathlon. Je la range ensuite religieusement dans mon placard en prévision des vacances d'été. Chaque année, avec la même bande de copains, nous allons passer une semaine dans les Landes, terrain idéal, tant il est plat, pour faire du vélo ou tenter de se mettre à la course à pied. Et de toute façon, je n'ai ni le temps, ni l'envie, de traîner mes baskets sur les trottoirs au milieu des gaz d'échappement... De fait, l'idée de chausser cette nouvelle paire de chaussures ne me traverse même pas l'esprit avant que nous ne fassions nos valises pour Brocas-les-Forges, mi-août, pour la seule semaine de l'année à contenu un tant soit peu sportif, émulation amicale oblige.

Au moment de charger la voiture, je suis tenté de simplifier la corvée de rangement du coffre en délestant mon sac des baskets. Mais la maison est déjà fermée, les enfants ceinturés sur la banquette arrière, le chien jappe d'excitation et Isabelle tape du talon d'exaspération au prétexte que nous allons partir avec près d'une heure de retard sur le planning. Je fourre donc comme je peux les deux derniers petits sacs et la paire insolite dans un coffre déjà déformé par la pression des bagages.

Direction les Landes pour une semaine à dix adultes et treize enfants dans une propriété suffisamment grande pour s'y ébattre en autarcie : piscine, minigolf et parc occupent les enfants à temps plein.

Je suis impatient de rejoindre notre bande de quadragé-naires occupés à réussir leur carrière sans trop sacrifier leur famille. Au mode de vie plus conservateur que subversif ou rock'n'roll, sauf si l'on considère que se nourrir d'aliments biologiques est le signe d'une rébellion contre le système et jouer au Scrabble un manifeste politique en faveur d'une époque où l'*Encyclopædia Universalis* tenait lieu de Wikipédia et où les seules ondes existantes permettaient l'écoute reli-gieuse de Bison Futé pendant les longues heures d'embou-teillages dans des automobiles sans climatisation.

Je suis d'autant plus impatient d'arriver à destination que le trajet dure une dizaine d'heures dont seules les deux pre-mières, quand nous ne sommes pas encore bien éveillés, et les deux dernières, quand nous savons toucher au but, sont supportables.

Comme chaque année, les retrouvailles, festives, sont arro-sées. Et la chaleur, oppressante, nous interdit jusque tard dans la nuit, de nous endormir.

C'est ainsi que le lendemain, je ne participe pas à la pre-mière excursion du jour à vélo, achevée avant que je n'émerge du lit, ni au jogging collectif, couru à l'heure de mon petit-déjeuner tardif, ni à la deuxième excursion du jour à vélo, clairement incompatible avec ma phase de digestion. Pour ce premier jour de remise en forme, je choisis les abords ombragés de la piscine où, vêtu d'un t-shirt dissimulant mon torse chétif et néanmoins adipeux, je somnole en feignant de surveiller les enfants et de lire *L'Équipe*, moins par intérêt pour la chose sportive que parce qu'il m'épargne les frasques des stars majeures et mineures du grand et du petit écran.

Inévitablement, autour de l'apéritif du soir, la discussion porte sur les activités du lendemain et leur organisation. J'observe avec un étonnement chaque année renouvelé, ces couples d'actifs qui s'échinent à participer à l'ensemble des sorties vélo, une longue le matin et une courte l'après-midi, à la course à pied l'après-midi, et qui réussissent, malgré tout, à passer un peu de temps avec leurs enfants. La piscine, en général, est le lieu des retrouvailles familiales. Surprenant qu'aucun ne soit devenu triathlète à ce rythme... Avec Isabelle, nous avons la même vision du planning, pourvu que vélo et course à pied soient remplacés par lecture et sieste, activités plus vertueuses pour l'organisme sous le soleil de plomb qui règne en août.

C'est sous cette chaleur écrasante qu'un coup de tonnerre déchire la douce rumeur des discussions alanguies par la fatigue et l'alcool.

« Au fait, tu ne devais pas t'entraîner pour ta course de fin septembre ? », m'interroge Isabelle.

Le couperet. Trahi par ma moitié ! Adieu l'insouciance : je n'échapperai pas à la vigilance des adeptes du *healthy living*, mon assiette va être passée au crible et mon activité physique encouragée, commentée, décortiquée, analysée. Quant aux autres, ils n'arrivent pas à concevoir que je puisse courir 10 km dans six semaines eu égard à ma forme physique.

Je m'empresse d'enfourner trois tranches de saucisson avant de répondre et que le piège ne se referme.

« Mmmh oui, mais j'ai le temps. Ce n'est pas comme s'il fallait des semaines et des semaines pour pouvoir courir quelques kilomètres. Ce n'est pas le bout du monde... Je verrai en septembre ! »

Que n'ai-je pas dit... Par ces quelques mots, je mets le feu aux poudres, réveillant la Pasionaria qui sommeille dans ces coaches sportifs en nutrition refoulés. Un flot de conseils m'assaille.

En synthèse : s'il ne faut surtout pas que je coure ce 10 km tant l'échéance est proche, l'effort violent et la distance déraisonnable, il faut néanmoins que je me prépare dès à présent, avec assiduité, en courant aussi peu que possible pour ne pas abîmer mes genoux, mais en faisant beaucoup de vélo et en nageant – ce que je sais à peine faire – pendant de longues heures. Quant à l'alimentation, seul du bio doit franchir mes lèvres. Pour le reste, il me suffit d'avoir une hygiène de vie saine : n'appliquer que de la crème solaire bio, remplacer le déodorant par du bicarbonate, mâcher des bâtons de réglisse (j'ai oublié pourquoi ; pour remplacer le dentifrice ?), me coucher tôt, manger végan, me supplémenter en minéraux, acheter de la spiruline, ne pas utiliser de téléphone portable et couper le routeur wifi chez moi.

Bref, pour une semaine, mon destin m'échappe et je m'en remets aux recommandations de tous mes amis qui, bien entendu, n'ont jamais foulé une piste d'athlétisme de leur vie.

Le seul véritable sportif de la bande ne dit rien mais me glisse, l'œil malicieux, un « Bon courage ! ».

Par chance, le panel d'experts s'accorde sur l'importance de ne pas commencer trop fort et me prescrit, avant même d'envisager le moindre footing, quelques jours de vélo à allure modérée pour éviter la blessure et le surentraînement.

Il me faudra peu de temps pour comprendre que cet avis, certainement motivé par des considérations physiologiques pointues, l'est aussi par le fait que le groupe de vélo de l'après-midi a besoin de quelqu'un qui sache lire une carte pour éviter les déconvenues topographiques.

D'ailleurs, dès le jour où, malgré la carte, nous nous perdons dans les sables landais, je suis jugé apte à aller courir plutôt que pédaler, ce qui n'est pas pour me déplaire. Après trois jours sur la selle, mon fondement demande grâce. C'est donc avec un soulagement certain que je m'apprête, pour les deux derniers jours, à courir enfin malgré des jambes raidies par des courbatures.

Le footing proposé le lendemain se compose de deux boucles d'un peu plus de 2 km chacune, le début affichant la promesse d'une descente.

Ne sachant à quel rythme m'élancer, je me cale en queue de groupe. Les premières centaines de mètres ne me paraissent pas justifier la montagne que chacun avait l'air de se faire d'une dizaine de kilomètres. Tant que je pense à respirer en rythme sur mes foulées, l'effort ne paraît pas laborieux. J'en suis là de mes réflexions quand je remarque l'apparition de premières douleurs au pied droit. Je n'y prête pas attention, trop occupé à tenter de rester proche du groupe maintenant que la route a cessé de descendre et que mes jambes doivent fournir le supplément d'énergie que la gravité n'offre plus. C'est à peu près au même moment que je note que la chaleur, qui était censée baisser puisque nous avons débuté notre sortie en milieu d'après-midi, semble augmenter à chaque foulée. Plus la route monte, plus j'ai chaud. Plus j'ai chaud, plus la fin de la longue ligne droite en faux plat sur laquelle nous évoluons semble s'éloigner. Et plus l'horizon s'éloigne, plus l'absurdité de la situation s'impose à moi : pourquoi courir quand on peut marcher ? Et pourquoi marcher quand on peut faire du vélo ? Et surtout, pourquoi faire du sport pendant l'une de mes rares semaines de repos de l'année ? À bout de souffle et de volonté, les mollets durs comme du bois, suant à grosses gouttes sous les encouragements de mes collègues d'entraînement devisant tranquillement entre eux, je finis à grand-peine le deuxième kilomètre et achève la première boucle en marchant, soufflant et râlant. Le bilan est sans appel. Courir un quart d'heure est au-dessus de mes forces.

Le lendemain, inquiet à la perspective de courir de nouveau, si possible plus de 2 km pour ne pas davantage déchoir

devant mes amis, je me réveille tardivement, jambes courbaturées, dos et épaules raides. D'un mouvement de pied lourd
et empesé, je repousse les draps et gémis. Le contact du drap
suffit à générer un élancement dans mon gros orteil droit.
Pieds au sol, je constate l'étendue des dégâts. L'ongle du
gros orteil est devenu complètement noir et semble vouloir,
en signe de protestation, se séparer de mon pied à brève
échéance. Soupir d'aise : je ne *peux* pas courir aujourd'hui.

Je mets huit jours à récupérer de cette ascétique semaine
d'efforts et d'alimentation équilibrée. Mon ongle, reconnais-
sant, ne m'abandonne pas, mais continue à afficher son mécon-
tentement en arborant un teint noirâtre du plus mauvais effet.

Et tandis que mon corps oublie ce qu'est l'effort, mon cerveau se met à réécrire l'histoire. Si je ne suis pas parvenu à
courir plus de 2 km c'est que je m'étais épuisé à vélo dans les
sables landais les jours précédents, que je n'avais pas avalé
assez de viande rouge et de féculents, qu'il faisait trop chaud,
que j'avais mal dormi à cause du stress et que mes chaussures
n'étaient pas adaptées. La preuve, elles m'ont coûté *moins
cher que ce que je dépense en un repas à la brasserie du coin*.

Moins enclin à l'introspection qu'à l'action, je règle le problème à la source en dépensant *plus que ce que coûterait un
repas au restaurant avec ma femme et mes trois enfants* en
une paire de running toute neuve. Je repars, assuré par le
vendeur, qui me fait trébucher durant cinq minutes sur un
tapis de course filmé, qu'elle est parfaitement adaptée à mon
type de foulée.

C'est donc impeccablement équipé que j'envisage, à moins
d'un mois de l'échéance, de courir à nouveau.

Si la perspective de devoir parcourir 10 km, curieusement,
ne m'inquiète pas outre mesure, car il est toujours possible
de marcher, celle d'être devancé par mes trois jeunes frères
commence à me turlupiner. Je vais donc aux nouvelles pour
connaître leur état de préparation, espérant être rassuré par
leur léthargie estivale. Donald m'annonce qu'il a acheté un
t-shirt technique tellement cher qu'il est certain de finir

premier. Arthur me dit n'avoir retrouvé que ses chaussures de squash et hésiter à aller s'entraîner avant la course par crainte de la blessure. Bien plus inquiétant, Roch ne répond pas, ce qui, j'en suis certain, signifie qu'il s'entraîne.

Pour faire monter la pression, je leur indique pour ma part que j'ai commencé à sérieusement m'entraîner mi-août ce qui, dans mon esprit, n'est pas très éloigné de la réalité. Une tentative avortée de jogging et un investissement conséquent en matériel, chacun conviendra que c'est le début de la préparation.

En trois semaines, je réussis à caser quatre footings. Le premier, qui devait faire 9 km, s'achève au bout d'1,5 km à cause d'un point de côté. Le deuxième, calibré pour 7 km, s'achève après 5 km de marche et de course alternées. Le troisième, ambitieusement fixé à une heure de course, s'achève après 1 h 15 de progression hasardeuse entre marche, course et titubements. Le quatrième, prévu pour couvrir la distance de 10 km pour la première fois, tient ses promesses si l'on accepte comme postulat que tout kilomètre entamé est reconnu couru ; autrement dit, je m'effondre peu après le neuvième kilomètre.

Donald, Arthur et Roch m'informent avoir réussi à passer la barre des 10 km à l'entraînement, sans préciser dans quelles circonstances ni à quelle vitesse. Comme je leur ai affirmé la même chose, je ne sais quel crédit accorder à leurs fanfaronnades.

C'est donc l'appréhension qui nous réunit sur la ligne de départ à proximité du jardin du Luxembourg, ce dernier dimanche de septembre.

Signe du destin, nous nous retrouvons entourés de membres de la brigade des sapeurs-pompiers de Paris, comme si personne n'ignorait – à part nous – que nous sommes à peine capables de couvrir la distance tout en restant en bonne santé.

Rassuré par cette présence, je prends immédiatement la décision de coller à leur foulée, ce qui m'évitera d'avoir à m'interroger sur le rythme à adopter. Cette brillante idée me permet de dominer mes frères de la tête et des épaules... jusqu'au 2ᵉ km où je lâche la rampe, à bout de souffle, bave au menton, marchant plié en deux pour tenter de faire passer un point de côté. Roch me dépasse au 3ᵉ km. Donald au 7ᵉ km. Arthur, l'œil vitreux, le teint blanc, la respiration sifflante, au 8ᵉ km. Heureusement ce dernier, en perte de lucidité, entre en collision, seul, sans avoir été poussé, avec un lampadaire à l'entame du dernier kilomètre. Cette collision et l'absence de toute solidarité me permettent de le dépasser à nouveau et de ne pas finir dernier de la fratrie malgré plusieurs épisodes de marche et des points de côté récurrents.

Avec un départ de course à 9 heures du matin, et malgré notre faible vitesse, le temps aurait pu nous paraître long jusqu'à l'heure de la réservation au restaurant pour un déjeuner de célébration. Heureusement, nous sommes reçus par un cousin habitant à proximité, ce qui nous permet d'attaquer l'apéritif dès 11 heures et d'arriver au restaurant complètement réhydratés et pas peu fiers de notre course. Quelques viandes et vins rouges plus tard, la course de quartier est devenue une épopée et notre performance remarquable. C'est donc avec l'estomac et l'ego distendus que nous nous séparons, sans aucune ambition de renouveler l'exploit tant il nous semble que nous n'avons désormais plus rien à prouver.

Quelques heures plus tard, allongé sur mon canapé en pleine digestion et récupération, bouche pâteuse, paupières lourdes, jambes raides et surélevées par un coussin, je surfe paresseusement sur internet pour trouver le classement et nos temps respectifs afin de me convaincre que je ne suis pas trop loin de Roch et Donald d'une part, et, d'autre part, confirmer que malgré le peu de préparation notre condition physique nous a permis de figurer honorablement au palmarès d'une course dont les participants ne nous ont pas semblé particulièrement affûtés.

La sanction finit par tomber : les quatre frères Chevignard se sont ridiculisés aux 10 km du jardin du Luxembourg[1].

85 % des participants, y compris les vieux, les adipeux et les difformes ont franchi la ligne d'arrivée devant eux.

Je tente toutes les formes de tri possibles et imaginables (par sexe, par classe d'âge) pour tenter d'améliorer ce pourcentage mais rien n'y fait. Nous figurons systématiquement dans le dernier sixième du peloton des coureurs du dimanche.

Au moment où je m'apprête à en informer la fratrie, les premiers messages de Donald et Roch me parviennent. Arthur, qui doit encore être dans l'avion pour retourner à Carcassonne, ignore tout de notre infamie. Donald hurle à l'erreur de chronométrage. Roch se console avec sa première place familiale. Nous sommes tous abattus.

Et vexés.

Pas un instant nous n'avions imaginé figurer autre part qu'au milieu, voire en première moitié du classement.

L'heure est grave. D'autant plus grave que nous comprenons que nous ne pourrons jamais nous vanter d'avoir couru cette épreuve de 10 km : le risque de devoir parler de notre absence de performance est trop grand. Tant d'efforts pour si peu de bénéfice social, c'est inconcevable !

Le vent de la révolte, grossi par le taux d'alcool résiduel, la testostérone, et la dynamique fraternelle, souffle. Et comme souvent dans ces circonstances, une décision qui semble alors rationnelle, mais qui se révélera complètement idiote dès le lendemain est prise.

Puisque le monde de la course à pied n'a pas su reconnaître notre valeur, nous lui montrerons l'étoffe dans laquelle nous sommes taillés.

Nous convenons de nous inscrire au Marathon de Paris qui aura lieu dans six mois.

---

1. Roch : 52 min 03 s ; Donald : 57 min 08 s ; Grégoire 57 min 59 s ; Arthur : 58 min 11 s

ENTRÉE :
42,195 RAISONS
D'ABANDONNER

It's the final countdown

6 octobre. Le Marathon de Paris a lieu le 6 avril. 6 mois...

Je souris en songeant à la coïncidence : mon 42e anniversaire sera célébré, si mon régime alimentaire de futur marathonien le permet, en préparation de ces 42 bornes.

42 ans, 42 bornes, 4 heures et 20 minutes à l'arrivée ?

Le plus facile, – mais à 100 € et pas le moins douloureux –, a déjà été fait il y a une semaine avec l'inscription à la course. J'ai donc 6 mois pour apprendre à courir *42 kilomètres et 195 mètres* et effacer ce tragique 10 km des annales familiales. Seul Arthur, qui avait décuvé dans l'avion avant de prendre connaissance de nos échanges, a pris la sage décision de ne pas participer à cette lubie, prenant prétexte d'un quasi-infarctus au 9e kilomètre. Idiots, mais pragmatiques, nous admettons que notre contre-performance démontre empiriquement l'intérêt d'un entraînement.

Un entraînement, oui mais lequel ?

D'un rapide coup d'œil dans la presse spécialisée je m'aperçois avec effarement qu'une littérature abondante vend force plans d'entraînements staliniens et me promet la victoire.

Avant de m'y plonger, je décide de faire face à la réalité : rien de tel qu'un footing pour dresser le constat de mon niveau et prendre la mesure du chemin qui reste à parcourir. Je me lève une demi-heure plus tôt que d'habitude, soit *beaucoup* trop tôt, dans le noir pour ne réveiller personne, pour un jogging tranquille. 5 km courus le short à l'envers, tel le roi Dagobert.

Mon intellect zélé m'informe qu'un marathon ce n'est que huit fois ce que j'ai couru ce matin. Chiffrée, nommée, la chose me paraît maîtrisable. L'esprit encore embrumé par le sommeil, à l'aube de ce premier jour, je me prends à envisager ce marathon avec sérénité.

Le soir, éreinté par mon lever matinal et une journée de boulot, je fais ce que tout être normalement constitué aurait fait *avant* de s'inscrire à un marathon : je me renseigne sur l'épreuve. Sur le site de l'organisation du Marathon de Paris j'espère trouver la recette du succès, y survivre, et effacer par la même occasion l'affront chronométrique du 10 km.

La bonne nouvelle, qui saute aux yeux : le marathon, c'est facile.

En effet, la première épreuve semble psychologique : sur 40 000 inscrits, 34 297 prennent le départ, et 32 980 passent la ligne d'arrivée.

Environ 5 000 coureurs renoncent apparemment avant d'avoir commencé. Seuls 1 317 coureurs abandonnent au cours du marathon. 1 317 sur 34 297. 1 317 hypoglycémies, chevilles foulées, tendinites ou erreurs de casting. Une broutille.

Donc, si je me lève le matin du jour J, j'ai 96,16 % de chances de passer la ligne d'arrivée. À part au brevet des collèges, je ne connais pas de statistiques de succès plus élevées. L'aventure s'engage sous les meilleurs auspices. J'en viens à me demander s'il est utile de m'entraîner ; après tout, une épreuve où plus de 96 % de candidats réussissent, ça doit être dans mes cordes, même sans forcer.

Malgré cette brillante démonstration arithmétique de la probable inutilité d'un entraînement, le site de l'organisation ne propose que quatre rubriques : les news, pourquoi il faut acheter plus d'options – le droit de faire 2,805 km de plus pour courir 45 km tout rond ? –, et deux *plans d'entraînement*.

Le chirurgien qui vient de me rassurer, chiffres à l'appui, sur l'absence de risques de l'opération, me suggère donc également, non pas une, mais deux polices d'assurance décès !

Mon scepticisme naturel se réveille alors et je comprends que ces statistiques s'appliquent à un groupe, mais n'ont pas de signification pour un individu qui ne ferait pas partie de ce groupe, dit autrement, si je me retrouve dans les 3,84 % de coureurs qui ne passent pas la ligne d'arrivée, je serai à 100 % dedans.

Bref, je me laisse convaincre par la redondante suggestion du site de l'organisation du Marathon de Paris et jette un œil aux deux « propositions de solutions ». Me voilà donc dans une ambiance épico-lyrique où j'entends sonner les trompettes de la gloire, moi, héroïque fantassin à la poitrine gonflée par l'euphorie au sein d'une armée de 40 000 ardents, ivre de triomphe sous la couette à tapoter sur mon smartphone. L'équipementier qui me promet de « claquer une perf », « taper un chrono », transcender mes limites corporelles, « défier le chronomètre », affiche : « votre plan d'entraînement bientôt disponible ». Au fond de mon lit, je clique sur le lien, et « le coup de feu du départ » retentit. Je renseigne docilement mes données : l'objectif à atteindre, le temps disponible par semaine, etc. Le shaker de mes désirs et contraintes me sort un plan d'entraînement mitonné aux petits oignons. Ah non, mercredi entre midi et deux, pas possible, je déjeune avec un banquier. Pas grave, je re-mouline mes contraintes et hop, nouveau plan d'entraînement ! Samedi, il faut que j'accompagne les enfants à un anniversaire, ok, re-hop, nouveau plan.

Cela me rappelle les plans de révision pour le baccalauréat. Quand je n'avais pas envie de travailler, je faisais un programme bien calibré, matière par matière, par tranche horaire, etc. Et puis le lendemain, je n'avais pas vraiment eu le courage de réviser la philosophie de 6 h 30 à 7 h 30 du matin alors plutôt que de passer à la matière suivante, je refaisais le plan qui allait m'amener sans le moindre doute à la mention. Et ainsi de suite, jusqu'à me retrouver à un mois des épreuves, sans avoir véritablement attaqué les révisions mais avec à ma disposition un plan mûrement réfléchi et pensé dans ses moindres détails.

À l'issue de cette première journée, je me retrouve donc fort de mes 96,16 % de chances de passer la ligne d'arrivée et avec un plan d'entraînement scientifiquement élaboré. Jamais je n'ai été aussi près d'entrer, tête haute, au panthéon du sport. Rassuré par ces découvertes préliminaires, je reprends le cours de ma vie et ne cours plus pendant une semaine. Puis, je change encore les paramètres du plan et, dans ce qui est désormais la septième version, je commence lundi prochain.

Dans ce laps de temps qui m'est encore imparti, j'ai ainsi tout le loisir de cogiter et fantasmer sur ce que peut bien être un entraînement pour un marathon. Un entraînement de tennis, c'est quelques coups droits, quelques revers, deux trois volées et une série de services. Mais la course à pied ? Les gestes techniques à maîtriser me semblent assez peu variés : hormis la foulée, geste normalement acquis avant l'âge de 18 mois, je ne vois rien qui nécessite d'apprentissage à part, peut-être, la coordination des mouvements des bras avec ceux des jambes. La difficulté de l'épreuve semblant se résumer à la distance, je présume qu'une bonne stratégie pourrait être de courir des distances de plus en plus longues jusqu'à atteindre les 42 km, pour ensuite travailler la vitesse à laquelle ceux-ci sont parcourus.

Eh bien, non ! La littérature « scientifique » consacrée au sujet affirme que pour courir 42 km, il ne faut jamais courir 42 km !

J'ignore si c'est pour pimenter un peu l'exercice mono-tone d'une répétition du même mouvement sur 42 km ou si c'est par pur sadisme, mais tous les spécialistes du plan d'entraînement le confirment : je découvrirai ma douleur le jour de l'épreuve, sans m'y être préparé. Cela me laisse perplexe : est-ce à dire qu'Usain Bolt ne s'entraîne que sur 60 mètres pour préparer la distance reine ? Mais dans ce cas, comment fait-il pour s'entraîner au 200 mètres ? Il s'arrête à 95 mètres pour ne pas bousiller sa préparation au 100 mètres ? Il ne faudrait pas qu'il lui prenne l'envie de passer sur 400 mètres… Renseignements pris, Usain Bolt s'entraîne bien sur 100 mètres, et même plus, pour travailler son foncier (je ne sais pas ce que ça signifie, mais ça en impose).

Idem pour les coureurs de 200 mètres qui s'entraînent sur 200 mètres.

Idem pour les coureurs de 400 mètres qui s'entraînent sur 400 mètres.

Idem pour les coureurs de 800 mètres qui s'entraînent sur 800 mètres.

Idem pour les coureurs de 1 500 mètres qui s'entraînent sur 1 500 mètres.

Idem pour les coureurs de 5 000 mètres qui s'entraînent sur 5 000 mètres.

Idem pour les coureurs de 10 000 mètres qui s'entraînent sur 10 000 mètres.

Mais pas pour le marathon. Pourquoi ?

Que les coureurs du Tour de France ne fassent pas un tour de France pour s'entraîner, je comprends, ils n'auraient pas le temps, mais là ?

La recommandation de la communauté des conseillers ès marathon est de courir de courtes distances à vitesse élevée en alternance avec des phases de course « calme ». C'est une technique, le *fartlek*, qui vient de Suède où l'on doit croire qu'un marathon se construit comme un meuble Ikea, pièce par pièce, grâce à un plan d'ensemble aussi difficile à comprendre que s'il avait été traduit du suédois à l'anglais par un sous-traitant vietnamien puis de l'anglais au français par un stagiaire espagnol.

Bien que cela me laisse perplexe, d'un autre côté, je me retrouve assez bien dans la communauté des marathoniens putatifs : ils cherchent par tous les moyens à s'entraîner le moins possible tout en se donnant bonne conscience (il y aurait, Dieu soit béni, un fondement scientifique au raccourcissement des séances d'entraînement) et en préservant leur chance de parvenir à leur objectif.

Déjà convaincu que je ne comprendrai pas la logique sous-jacente de toutes ces techniques, je prends la décision de suivre scrupuleusement les suggestions du plan d'entraînement et de m'y adonner sans réserve comme à une religion à laquelle je confie mon salut.

J'espère juste que ces techniques ont évolué depuis que Philippidès, le premier, d'après la légende, à avoir parcouru la distance de Marathon à Athènes, en est mort sitôt la ligne d'arrivée franchie.

Mise en route

Plus j'avance en âge, moins je prends de résolutions de Nouvel An, tant je sais qu'il est difficile, voire impossible, de s'y tenir. Or, c'est exactement ce que je viens de faire, début octobre, avec trois mois d'avance sur la Saint-Sylvestre.

Instruit par plusieurs décennies d'échec en la matière, je décide que mes ambitions seront aussi limitées que possible. Hors de question de modifier, en même temps que je tente de me mettre au sport, mes habitudes alimentaires, mon rythme de vie, ma vie professionnelle ou ma vie familiale.

Raisonnablement motivé et impliqué, j'ai choisi un plan d'entraînement qui n'impose que trois séances hebdomadaires alors que les options quatre ou cinq séances par semaine existent.

Le plus difficile est de trouver un créneau horaire dans un agenda déjà surchargé, et de m'y tenir.

La séance la plus aisée à caser est la séance dite longue du dimanche matin. Pour peu que je parvienne à me discipliner, c'est même la seule séance susceptible de plaire au reste de la famille : un lever aussi silencieux que matinal me permettra d'être rentré avec pain frais et croissants au moment où tout le monde émerge à grand-peine d'une grasse matinée bien douillette.

Pour les deux autres séances hebdomadaires, le choix est cornélien. Soir ou matin ?

Je ne suis pas du matin bien que ce soit le moment de la journée où je suis le plus efficient : j'ai réussi à optimiser le moindre de mes gestes pour qu'entre le moment où le réveil sonne et celui où je franchis la porte de la maison, il ne s'écoule que vingt minutes malgré douche, rasage, nœud de cravate et café. Chaque matin, le réveil est le pire moment de ma journée. Mes jours commencent systématiquement par un combat entre la tentation de replonger dans les bras de Morphée et la nécessité de me lever pour faire face aux exigences de la vie. Et contrairement à ce que tous les conseillers en développement personnel qui ont lu trop de livres d'origine nord-américaine affirment, parvenir à me lever ne me procure aucune satisfaction, aucune fierté d'avoir atteint l'objectif que je me suis assigné. Non, chaque jour, chaque matin, chaque lever en temps et heure est une défaite, une reddition de mes aspirations face aux obligations quotidiennes. Chaque journée débute avec un goût amer, accentué par la brûlure du café sur mon estomac vide.

Je suis du soir. Je suis tellement du soir que je fais durer la soirée bien au-delà de minuit, systématiquement, et m'accorde une ou deux insomnies hebdomadaires. J'aime tellement la quiétude de la nuit lorsque même les oiseaux cessent de chanter, que je lis au moins deux heures chaque soir pour enfin profiter d'un peu de calme, sans sollicitation extérieure. Le soir, je ne fais rien pendant de longues heures, et j'aime ça.

Comme je n'associe pas la course à pied à la notion de plaisir, je me décide pour des séances matinales, mardi et jeudi. Puisque mes matins sont déjà calamiteux, je ne suis pas à une corvée près. Je me lèverai donc avant tout le monde pour tenter de perturber le moins possible le fonctionnement familial, auquel je ne contribue guère.

Mardi matin. Réveil. Quarante minutes plus tôt que d'habitude. Grognement d'Isabelle. Mal à la tête. Pas envie. Tête sous l'oreiller. Soupir. Coup de pied d'Isabelle. Je m'assieds. Toujours pas ouvert les yeux. Je tends l'oreille : malheureusement, il ne pleut pas ; obligé d'y aller. J'entrouvre les yeux, me lève, short, chaussettes, baskets. Je garde le t-shirt avec lequel j'ai dormi, encore chaud de la nuit. Cuisine. Nausée à l'idée d'avaler quoi que ce soit. Verre d'eau. Clefs, téléphone, de l'argent. J'ouvre la porte. Il fait nuit. Je frissonne. Je sors et m'engage sur le trottoir. Toujours mal à la tête. J'ai oublié toutes les recommandations en matière d'échauffement et rythme. Je ne sais pas quoi faire. Je me mets à trottiner, pesamment. Clefs et pièces de monnaie font un bruit d'enfer. Ma tête me lance à chaque impact au sol. Mes jambes sont raides. J'avance, les yeux rivés au sol, pas assez réveillé pour penser. Le parc est fermé. Demi-tour. Direction la boulangerie. Boulangerie fermée, il est trop tôt. Retour à la maison. Jambes toujours raides. Foulée lourde et rasante. Dos noué. Mal à la tête. Crampes d'estomac. Fin de la séance ; à peine vingt minutes. Pas d'autres satisfactions que celle d'en avoir fini. Douche, rasage, nœud de cravate, café, voiture, boulot. Même pas vu Isabelle et les enfants. Comme d'habitude.

Jeudi matin. Même curieux rituel. Réveil trop tôt. Esprit embrumé. Corps aux abonnés absents. Aucun enseignement tiré de la première séance. t-shirt et short, il fait nuit, j'ai froid. Même horaire, même parcours, mêmes résultats ; ni parc, ni pain, ni satisfaction. Moins malade que la première fois. J'accompagne mon café de deux carreaux de chocolat. Il y a bien longtemps que je n'avais rien mangé le matin. Douche, rasage, nœud de cravate, voiture, boulot. Comme d'habitude.

Je découvre, petit à petit, que ce n'est pas parce que la course à pied est simple que c'est facile.

Dimanche matin.

Il fait jour, il fait beau. Instruit par mes deux séances matinales, je suis trop chaudement habillé. Qu'importe. Quel bonheur de courir par un beau matin de week-end ensoleillé en un lieu où il fait bon être vu en train d'entretenir son corps !

Les équipementiers ont beaucoup fait pour l'agrément du coureur : plus une seule demoiselle en jogging lâche d'un gris terne ou en sweat-shirt à capuche difforme siglé de l'animal sauvage totem d'une prestigieuse université américaine. Une fois le hâle estival estompé, le corsaire et t-shirt noir Stretch, amincissants, semblent composer la tenue de rigueur avec, en règle générale un accessoire musical ou téléphonique dans des tons assortis au couvre-chef et aux chaussures. On ne s'endimanche plus comme au siècle dernier, mais l'habitude est restée.

Le coureur du dimanche trouve donc une motivation complémentaire pour s'astreindre au suivi de son plan d'entraînement (si je sors à la même heure dimanche prochain, reverrai-je Catwoman s'étirer à la fin de son entraînement ?), au maintien d'un rythme soutenu (cette jeune coureuse callipyge doit bien valoir cinquante minutes aux 10 km, non ?) et au travail de l'endurance (pas question de s'effondrer au bord de la route sauf à apercevoir une coureuse déguisée en infirmière, mais là, encore faudrait-il être au marathon des mangas à Tokyo pour qu'une telle rencontre soit possible).

Après avoir laissé mon esprit et mes yeux vagabonder pendant quelques kilomètres, je m'interroge sur la composition de la population de coureuses : comment se fait-il qu'elle soit à ce point aussi peu représentative de la diversité de la gent féminine ? Bien entendu, la pratique régulière d'un exercice est un facteur explicatif. Une autre explication est que le coureur développe une vision très partielle de la question : le maintien d'un rythme régulier le contraint à scanner l'ensemble des chutes de reins qui le précède pour s'accrocher aussi longtemps que possible à l'une d'entre elles ; cette pratique que la course rend automatique ne développe pas la hauteur de vue...

Le jogging du week-end est-il pour autant un haut lieu de rencontres ? Rien n'est moins certain.

D'une part, la discussion en courant qui est déjà malaisée, est rendue de moins en moins possible depuis l'invention des Walkman, Discman, iPod et autres prothèses auditives. L'entrée en relation est devenue aussi difficile que l'accès au hall d'un immeuble muni d'un digicode, sauf à maîtriser le langage des signes.

D'autre part, une fois la chute de reins qui a été élue pour un bout de chemin commun est dépassée, impossible de se retourner pour faire le tour de la propriétaire : le risque d'entorse du genou et de chute ridicule est trop important ; le phantasme d'un instant gardera son mystère.

Enfin, quand la discussion devient possible, lors de la séance d'étirements, elle doit être aussi laborieuse que la respiration des athlètes, confus d'être suants et aussi peu à leur avantage qu'ils avaient pu paraître fringants au départ.

L'esprit et les yeux occupés par ces considérations, la démarche pataude et suant de tous mes pores, constamment dépassé par d'autres coureurs sans presque jamais en rattraper un, je boucle cette séance de 40 minutes. Première fois sans avoir souffert mais sans avoir ressenti la moindre aisance non plus ni le moindre plaisir, sauf bien entendu, au moment de pénétrer sous le jet réparateur de la douche.

Un constat s'impose : je suis une loque et l'objectif est inatteignable.

L'ambition fait commencer, la persévérance fait continuer.

Dimanche soir.

Debout dans la cuisine, face au frigo, je considère le calendrier familial où chacun reporte ses déplacements professionnels, contraintes du soir et du matin, activités extra-professionnelles ou extrascolaires, les dates de vacances et les fêtes familiales. Pratique pour ne pas oublier un anniversaire ! Déprimant de constater le peu de liberté qu'il nous reste.

Une fois mon plan d'entraînement arrêté, il y a deux semaines, j'ai indiqué sur ce calendrier les dates théoriques de mes séances matinales et du week-end jusqu'à la date fatidique du marathon. Au stylo, pour ne pas pouvoir les effacer discrètement. Que le calendrier me fasse honte si je dois ne serait-ce que décaler une séance !

C'est beau, c'est excitant l'enthousiasme et la foi qui m'habitent lorsque je me lance un défi et que, ne doutant de rien, jamais, je m'assigne un plan d'action ambitieux.

Ces séances, je suis ce soir bien décidé à ne pas les effectuer, tant la première semaine a été brutalement désagréable.

L'objectif est lointain, presque six mois. Il sera toujours temps de me préparer dans quelques semaines ou quelques mois.

Le chemin à parcourir est considérable, plus de 1 000 km cumulés selon le plan d'entraînement. Je n'en serai jamais capable après une première semaine dont le total est de moins de 15 km.

La motivation est chancelante. J'ai déjà oublié ce qui m'a poussé à me lancer dans cette aventure. J'ai beau fouiller ma mémoire et mobiliser mon imagination, je ne sais pas pour qui, pour quoi, je me suis mis en tête de courir.

Les enfants sont couchés, Isabelle me rejoint, s'approche du réfrigérateur et se saisit du stylo.

— J'ai décalé mon déplacement à Londres de mardi à mercredi. Comme ça, tu n'auras pas à gérer les enfants mardi matin et tu pourras courir. Tu les emmèneras à l'école mercredi.

— Ce n'était pas la peine, j'aurais pu décaler…

— Non, sinon tu n'aurais pas pu jeudi matin non plus, sans jour de repos entre les deux séances.

Ce qui n'était qu'une foucade est devenu un projet familial ; il m'est impossible désormais de ne pas honorer mes rendez-vous matinaux de la semaine avec le bitume, piégé par le calendrier et la bonne volonté des miens.

Zéro

Quand j'ai annoncé que j'allais tenter de passer de 0 km au marathon en six mois, tout le monde a eu la gentillesse de s'extasier, avec parfois une pointe de scepticisme, sur l'objectif des 42 km.

Après deux semaines de mise en route, je peux certifier que ce qui pose problème ce ne sont pas les 42 km, mais bien le zéro de départ.

Je ne fais pas référence au zéro kilomètre parcouru en 51 minutes publié par l'application de course à pied de mon smartphone sur mon compte Facebook à la suite d'un bug, ce qui a eu le mérite de faire sourire mes quelques supporters familiaux, mais bien au degré zéro de la forme qui est le point de départ de ma préparation au marathon.

Je fais référence au fait que je semble courir *à l'envers*.

Les évangiles selon saints Nurmi et Zátopek expliquent que normalement, je dois commencer doucement à courir puis qu'au fur et à mesure que mon corps s'échauffe je dois gagner en vitesse et en aisance avant de ressentir une période de bien-être au moment où les endorphines entrent en action. Après une grosse trentaine de kilomètres, je suis censé m'écraser sur un mur physiologique qui correspondrait à l'épuisement des réserves de mon corps avant d'effectuer les dix derniers kilomètres de la course dans la douleur.

Las, depuis deux semaines, l'instant où je me sens le mieux c'est le moment juste avant que ne démarre l'entraînement puis, à mesure que l'effort augmente, j'ai de plus en plus chaud et je ralentis pour atteindre très vite, en une vingtaine de minutes, sans passer par la case aisance et endorphines, le fameux mur (ou au moins un muret) derrière lequel doit se cacher – très bien ou très loin – le proverbial *second souffle*.

Bref, aucun plaisir dans les séances d'entraînement.

Pire, après deux semaines de séances régulières, j'ai l'idée de me tester sur une distance de référence pour mesurer le fruit de mes efforts. Il apparaît que je cours moins vite et avec moins d'aisance qu'avant de m'être entraîné.

Du fait de la fatigue accumulée, en plus de courir à l'envers, je n'avance pas, je régresse. Heureusement que je suis trop occupé par ailleurs pour méditer davantage ce constat affligeant.

Il n'y a guère que le décompte kilométrique qui, si je ne réfléchis pas trop à ce qui me reste à faire, m'encourage. Mon plan d'entraînement m'assigne 1 026 km à parcourir d'ici le mois d'avril ; à l'issue de la deuxième semaine, il me reste moins de 1 000 km à réaliser.

Longue est la route

La routine s'installe.

Lever un peu plus tôt deux fois par semaine. Short, chaussettes, baskets, t-shirt manches longues. Verre d'eau, carré de chocolat. Petites foulées sur le trottoir. Toujours le même itinéraire. Même vitesse. Ma respiration se synchronise avec le bruit des clefs, avec mes foulées. Le rythme est hypnotique et accapare mon esprit. Je n'ai plus mal à la tête, je ne me rends plus compte que je cours, je ne pense toujours pas, je ne suis qu'inspiration et expiration. Cinq minutes en état d'apesanteur. L'odeur du pain chaud me ramène à la réalité. La boulangerie est toujours fermée. Douche. Rasage. Nœud de cravate. Café. Voiture. Boulot.

La routine s'impose.

Plus besoin de s'interroger sur l'envie, l'opportunité, la nécessité, d'aller courir de bon matin. C'est presque devenu un réflexe, comme se brosser les dents. Mais moins souvent. Il ne me faut désormais pas plus d'effort pour me lever que les autres jours. Pas moins non plus ; je déteste toujours ça mais je me soumets aux contraintes quotidiennes.

La routine épuise.

À force d'effectuer le même parcours depuis quatre semaines, il n'a plus aucun secret pour moi ou pour mon corps. Celui-ci anticipe donc les difficultés avant qu'elles ne surviennent. Si je n'y prends garde, mes jambes ralentissent avant le faux plat montant. Mon esprit a conservé en mémoire les moments difficiles des premières séances et ces moments, systématiquement, je les appréhende et les trouve difficiles. Rien, pas une nouveauté, pour occuper mon regard et mes pensées. Le même trajet, toujours. Seul le moment où le soleil pointe à l'horizon change. Marginalement, un peu plus tard chaque jour.

Bon moisiversaire (1)

En un mois, peu de choses ont changé.

Je suis toujours physiquement incapable de courir 42,195 km d'une traite et ma vitesse ne s'est pas améliorée. Mon régime alimentaire et mon poids, sans que j'établisse de lien entre les deux sujets, n'ont pas varié d'un iota. Et même si je peux désormais courir 10 km à la même vitesse que ce fameux jour au Luxembourg, mais désormais sans difficultés, je n'éprouve toujours aucun *plaisir* à le faire ni à me lever le matin pour arpenter le bitume.

Certaines choses ont même empiré. J'ai en permanence les jambes raides et courbaturées ; je marche donc beaucoup plus lentement qu'avant d'avoir commencé la course à pied, activité censée améliorer mes capacités physiques. Alors que j'empruntais systématiquement les escaliers, désormais je les évite comme la peste pour éviter le ridicule et la douleur. J'ai considérablement réduit mon volume de lecture : me lever une demi-heure plus tôt trois matins par semaine pour courir m'épuise ; je m'endors donc deux heures plus tôt au moins trois soirs par semaine.

S'il fallait trouver un bénéfice à ce premier mois d'entraînement, je ne vois guère que le mot « glycogène ». Ce mot, je le découvre au hasard de mes lectures sur la course à pied. Il désigne les réserves de glucose dans lesquelles les muscles puisent lors de courses d'endurance. Je ne vois pas en quoi cette information peut m'être utile. Sauf au Scrabble. Neuf lettres. Cela me servira l'été prochain, à Brocas-les-Forges, lorsqu'il s'agira de remplacer un jogging par une partie de Scrabble. *Mens sana in corpore sano*. Si moi je n'ai que peu changé, mon environnement n'a cessé, par touches imperceptibles, d'évoluer. Il y a un mois, je courais de jour puis, très vite, j'ai couru moitié de nuit, moitié de jour avec le plaisir d'assister au lever du soleil. Désormais, mes séances matinales se font uniquement de nuit.

La crue de la Seine, aussi, a changé mes habitudes. Il y a un mois, je courais sur les berges, les pieds au sec, désormais je cours le long de la route, les pieds dans la boue ou les flaques.

Les coureurs croisés chaque matin ont, eux aussi, changé : il y a un mois les températures étaient relativement clémentes et les coureurs plus ou moins affûtés et légèrement habillés ; désormais, il pleut, il fait nuit, il fait frais, ne restent que les mordus équipés comme des ninjas et rapides comme des avions.

Enfin, surtout, j'ai ce matin reçu une notification de l'application qui se charge, chaque jour prévu au plan d'entraînement, de me rappeler qu'il faut courir. L'application m'annonce que ce premier mois, que je viens d'achever sans bien savoir comment ni pourquoi, n'était que « la phase de préparation générale qui a préparé mon corps à l'entraînement du marathon ».

Un mois après avoir débuté, je n'en suis donc qu'au début du commencement, malgré l'impression d'être déjà épuisé.

Le mois de novembre s'annonce redoutable.

Mon anniversaire sanctionnera officiellement la fin de ma 42ᵉ année, il va se mettre à faire froid, et le plan d'entraînement souhaiterait que j'accélère le rythme tout en allongeant les distances.

Le cimetière des chiens

Novembre, marathon M-5

Les plans d'entraînement ont leurs distances fétiches en fonction des séances. Au moins une fois par semaine, je dois courir un 8 km.

À 4 km de chez moi se trouve le cimetière des chiens d'Asnières-sur-Seine, premier cimetière animal au monde. Environ 90 000 animaux domestiques y sont inhumés, les plus célèbres étant un saint-bernard, des chiens policiers méritants et un lion. La question de savoir où est le cimetière des éléphants reste donc entière.

Au moins une fois par semaine donc, je cours jusqu'à ce cimetière et, pour l'instant, j'en suis toujours revenu.

Les derniers hectomètres sont en montée. Je me demande une fois par semaine si c'est un hasard que j'arrive à bout de souffle au cimetière et, en repartant, si les chiens ont des points de côté, des courbatures, des crampes, s'ils sont capables de courir des marathons, si les lévriers attrapent parfois le lièvre mécanique dans les champs de courses, si Belle fait de l'ultra-trail – cette discipline qui consiste à courir entre 42 km et 160 km en montagne – avec Sébastien, si les aveugles font des courses d'orientation avec leur chien, etc.

Rien de tel que quelques minutes de divagations pour éviter de penser que j'ai le souffle court, les cuisses brûlantes et les mollets raides.

Une partie des réponses à mes questions me parvient grâce à Boogie Butts.

Ce labrador de 10 ans qui s'était échappé de chez lui la veille a couru le 5 octobre 2013, seul, un semi-marathon dans l'Indiana. Le chrono n'est pas très impressionnant (2 h 15) mais respectable eu égard à l'âge du labrador, 70 ans en années canines. Les organisateurs lui ont remis la médaille qui est remise à tous les concurrents franchissant la ligne d'arrivée.

Cela signifie-t-il que les chiens sont doués pour les courses d'endurance ? Rien n'est moins certain puisque Boogie Butts est décédé une semaine après son exploit. Il n'a pas été établi de lien entre la course et le décès, mais la coïncidence dicte la prudence.

Cela doit, en tout cas, être l'argument de mon chien, Borgia, qui est probablement le seul au monde à refuser de se lever le matin pour sortir courir.

Après avoir lu *Born to run* qui explique en introduction, que les mammifères, à l'exception des hommes, ne peuvent pas transpirer et, donc, courir de longues distances sans souffrir d'hyperthermie, je n'ai plus sollicité mon chien chaque matin, pour mes sorties bien que le risque d'hyperthermie, à 6 heures, en novembre, soit assez faible.

Puis, au détour d'une insomnie et d'un reportage improbable sur une chaîne télévisée du câble dont l'existence même semble être une anomalie, à moins qu'il n'existe un marché considérable des insomniaques, je me suis rappelé qu'il existait des chiens de traîneau, que Croc Blanc courait des journées entières et que si Amundsen arriva cinq semaines avant Scott au pôle Sud, c'est en partie parce qu'il était accompagné de chiens (11 sur 52 revinrent du périple, les autres ayant été mangés par les explorateurs) et non de poneys.

Borgia n'ayant pas le type nordique – c'est un *cane corso*, autrement dit un molosse d'origine italienne – avant de lui secouer les puces et de l'emmener courir, je mets à profit une deuxième nuit d'insomnie pour me renseigner sur l'existence de sports de course à pied associant des chiens qui ne soient pas des chiens de traîneau, les huskies semblant être aux chiens ce que les Kenyans sont aux hommes en matière de course de fond.

Il semblerait que la question de la race (nordique, ou pas) des chiens susceptibles de courir ait été à l'origine d'un schisme au sein de la communauté des coureurs à chien qui se répartissent désormais au sein d'au moins deux fédérations en France.

L'une des deux fédérations, la moins stricte quant aux critères d'admission des chiens aux compétitions, semble penser que tout canidé peut participer à l'une des 80 épreuves annuelles de cani-cross (le chien tracte le coureur) ou cani-VTT (le chien tracte le cycliste).

Comme mon insomnie est longue, je poursuis mes recherches et découvre que la France a un talent certain pour ce sport, certes moins médiatique que le football, puisque le champion du monde de cani-cross 2013 et 2015, Antony Le Moigne, est français. Je ne peux m'empêcher d'observer que, curieusement, on ne connaît pas le nom du chien binôme du coureur alors qu'en saut d'obstacles on connaît le nom du cavalier et du cheval et qu'en course hippique on connaît principalement le nom du cheval et accessoirement celui du jockey.

Fort de ces informations, je fais un rêve. Je rêve que je vais partager avec Borgia mes séances du week-end, moins matinales. Je rêve que courir ensemble va m'obliger à accélérer pour tenter de la suivre quand, de ses 40 kg de muscles, elle m'entraînera. Je rêve que, quand la motivation sera moins grande pour affronter le froid et accumuler quelques kilomètres, Borgia saura me harceler jusqu'à ce que nous nous retrouvions sur un chemin ou dans un sous-bois quelconque.

À peine réveillé, je m'équipe d'une laisse et d'un peu de courage pour une sortie à deux, dans les bois boueux.

Tout se déroule parfaitement sur les presque 6 km de la sortie. Nous restons liés pendant toute la course, profitons de la nature et des flaques, et courons à un rythme régulier.

Un détail, pourtant, gâche un peu cette séance : au lieu d'être tracté sur l'ensemble du parcours je ne le suis que sur les 300 derniers mètres, quand la voiture est en vue, au retour. Sinon, les rôles ont été inversés et j'ai dû traîner Borgia tout le long du parcours, transformant la séance de cani-cross en séance de cani-veau tant son inertie m'a semblé importante. Je ne peux même pas dire, comme Coubertin, que l'essentiel a été de participer puisque Borgia n'a pas participé à l'effort. Tout au plus, à l'issue de cette expérience, puis-je affirmer que l'important était d'essayer...

Je continuerai donc à courir seul.

La solitude du coureur de fond

Si le papillon de nuit aime tant la lumière, pourquoi ne vit-il pas le jour ? Le coureur de marathon, c'est comme un papillon de nuit : un paradoxe.

C'est seul que je cours et poursuis mon entraînement en ce mois de novembre, Borgia ayant montré aussi peu d'appétence pour la course à pied que moi. Cette solitude commence à me peser.

Elle était une condition *sine qua non* à mes débuts. Il était inconcevable d'accompagner un autre coureur tant je me sentais inapte. Aujourd'hui encore, je ne regarde pas les autres coureurs dans les yeux quand nous nous croisons, comme si je craignais qu'ils ne me démasquent et crient à l'imposture. Tous ceux qui me dépassent, chaque jour, doivent ricaner tant qu'ils m'ont en ligne de mire, le temps de me devancer.

Maintenant que la durée de mes séances s'accentue, plan d'entraînement oblige, il m'arrive de trouver le temps long et d'imaginer qu'être associé à un groupe ou binôme pourrait rendre plus faciles les passages à vide. Il ne s'agirait pas d'échanger, surtout pas, le souffle est une ressource trop vitale pour la dilapider, mais de courir ensemble, à peu près au même rythme.

À peine cette idée formulée, je la rejette. À l'instar de la lecture, petit à petit, la course est devenue un moment de quiétude, hors du temps et des sollicitations extérieures, un moyen de me déconnecter du quotidien et de ses sollicitations. Comme une douche débarrasse le corps des impuretés de la journée, la séance de course à pied débarrasse l'esprit des sujets de préoccupation du moment, comme si la transpiration drainait les contrariétés ; comme si le rythme hypnotique de la respiration et des foulées apaisait l'excitation cérébrale.

Il n'en reste pas moins qu'un peu de compagnie serait, parfois, la bienvenue. Je ne peux m'empêcher de penser qu'il n'y a pas plus individuel comme sport que la course de fond, et pourtant, comme tous les autres marathoniens putatifs, nous allons nous retrouver à 40 000 pour courir 42 km que nous pourrions courir n'importe où et n'importe quand, seuls !

Comment comprendre cette logique, sachant que le coureur de marathon – à l'exception d'une minuscule élite, peut-être 20 sur 40 000 – ne se lance pas dans la course pour battre l'autre, mais pour se mesurer à lui-même ? Et, bien que n'ayant pas besoin des autres, nous nous inscrivons six mois à l'avance aux épreuves, et y consacrons un budget conséquent (inscription, équipement, voyage, logement). Tout ça pour arriver 1 h 30 avant le départ pour trouver une place correcte dans un « sas » où nous serons parqués et dont nous mettrons de longues minutes à nous extraire après le départ, avant de réussir à nous dégager, peut-être, du troupeau après plusieurs kilomètres de course. Comme si courir un marathon ne prenait son sens que dans le cadre d'une manifestation collective.

L'organisation du Marathon de Paris a introduit il y a quelques années le concept du « meneur d'allure » : un coureur-référent, identifié comme tel, qui a pour objectif de terminer le marathon en 3 h 30 (ou 3 h 45, ou 4 heures, ou…) auquel se rattacheront tous les coureurs aspirant à franchir la ligne d'arrivée dans le même temps.

L'addition des individus ayant le même objectif formera un attroupement qui suivra un meneur, mais cet attroupement constitue-t-il pour autant une communauté ?

En l'absence de structure hiérarchique – même implicite –, de culture commune spécifique, d'échange, il est permis d'en douter ; chacun se lance avec son objectif, son entraînement, son chronomètre, sa stratégie de course. Il est d'autant plus permis d'en douter que nombre de coureurs s'isolent des autres et du meneur d'allure grâce à la musique.

Dans ces conditions, concourir, ce n'est pas courir *avec*, mais courir *à côté, en même temps*.

Nous sommes donc seuls, pendant la plus grande partie de notre entraînement et seuls durant la course.

Et pourtant, paradoxalement, si je prends un peu de recul, je remarque que je cours rarement seul. Je suis comme cet enfant qui est autorisé à se rendre pour la première fois à l'école tout seul, avec sa mère qui le suit à distance pour s'assurer (et l'assurer) que le trajet se déroulera sans souci. La préparation au marathon est en effet un projet collectif ; la famille, le conjoint, sont très souvent mis à contribution, ne serait-ce qu'à cause des contraintes imposées par le volume horaire qu'il faut consacrer à la préparation durant de nombreuses semaines.

Et puis, comme si cette solitude pourtant choisie pesait, le coureur de fond ne peut s'empêcher, avec l'enthousiasme du nouveau converti, de partager, *ad nauseam* diraient ses collègues de bureau, les péripéties de son entraînement. Combien de blogs et sites internet pour partager une pratique solitaire ?

Ce paradoxe nous renvoie peut-être à la nature de l'homme, animal social, heureux tout seul, mais ensemble.

« Rien ne vaut la solitude. Pour être parfaitement heureux, il me manque quelqu'un à qui l'expliquer. »[1]

Rafale :
Rapide comme un avion de chasse ?

Non, je ne vais pas vite comme un avion. Plutôt une réflexion qui m'est venue ce matin.

Par jour de grand vent, est-ce normal de ne ressentir que le vent de face qui ralentit, mais pas du tout la poussée du vent dans le dos au retour ?

---

1. Sylvain Tesson (2011). *Dans les forêts de Sibérie*. Gallimard.

Avec cette observation de saison, si je savais faire, je produirais un *haïku*.

Après tout, pourquoi pas ? Haruki Murakami a bien écrit un roman complet évoquant la course à pied (*Autoportrait de l'auteur en coureur de fond*). La culture littéraire japonaise est donc bien soluble dans la culture sportive.

« Le *haïku* est comme le sport. Un concurrent ne pense à rien pendant le match. Son corps exercé y fonctionne inconsciemment. De la même façon, les haïkistes doivent exercer leurs cerveaux pour que les mots puissent toujours être prêts. » Soha Hatano (1923-1991).

Eu égard à mes capacités d'endurance, jamais je ne courrai assez longtemps pour avoir le temps de composer un roman. En revanche, un petit poème de dix-sept syllabes en trois vers (5-7-5), cela correspond assez bien à la durée de mes séances d'entraînement.

La difficulté est que le *haïku* est censé permettre de noter et transmettre les émotions, le moment présent et l'émerveillement que procure cet instant. Or, sauf lorsque le soleil apparaît à l'horizon, des moments d'émerveillement, il n'y en a guère quand je me lève le matin pour courir et que je m'élance dans l'obscurité, les paupières encore lourdes de sommeil et l'esprit embrumé.

Au mieux, je pourrais réussir à produire un *senryū*, forme de *haïku* qui exprime un sentiment personnel, souvent moqueur ou ironique, relatant une situation de la vie quotidienne.

Car il faut beaucoup d'autodérision pour, au quotidien, sans envoyer tout promener, considérer le grand écart entre la contrainte et la discipline qu'impose une préparation au marathon d'une part et le niveau de performance atteint d'autre part.

Alléluia, je deviens barjot !

Aujourd'hui, relâche. Je n'ai pas envie de me lever plus tôt pour courir, car je me lève à 5 heures du matin pour prendre un avion. Donc, pas de course à pied pour la première fois depuis cinq jours.

Résultat, j'ai mal aux jambes toute la journée. Le manque ?

Cela doit être un truc de coureur ; en quinze ans de non-course, je n'ai jamais ressenti une telle douleur.

Courir avec une béquille ?

Qui n'a jamais entendu parler du proverbial *second souffle* ?

En m'élançant dans l'aventure, je m'imaginais que cette notion provenait de la course à pied. En effet, dans quelle autre activité humaine est-on aussi vite essoufflé et a-t-on aussi vite besoin d'un second souffle pour éviter l'asphyxie ?

À ma grande déception, la survenance de ce second souffle ne semble pas automatique ; après six semaines de pratique, je ne l'ai pas encore trouvé.

Dès le premier souffle disparu, la poursuite de la séance de footing ressemble à une longue traversée du désert, en surchauffe et en apnée.

La perspective de cette épreuve annoncée conduit chacun à s'interroger sur les moyens de la franchir dans les meilleures conditions possible.

Dans une société qui a vu les phénomènes la chaîne MTV et le concept du jogging (ou Nike) apparaître et se développer en même temps, il n'est guère étonnant que la première aide à la course de fond soit la musique.

Le sujet a fait débat en 2007, quand la fédération américaine d'athlétisme a interdit l'utilisation d'appareils électroniques avec deux arguments : écouter de la musique améliorerait les performances et serait donc assimilable à du dopage, et écouter de la musique avec un casque serait imprudent, car on n'entendrait pas venir le danger.

La réglementation a été appliquée puisque Jennifer Goebel a remporté le Marathon de Lakefront (USA), mais pour avoir utilisé son iPod afin d'écouter de la musique entre le mile 19 et le mile 21, a été destituée de son titre. Déchue, l'ex-gagnante a également dû remettre le prix de 500 USD qu'elle avait reçu pour sa victoire.

Mais est-ce qu'écouter de la musique en courant apporte une aide réelle ?

Pour la caution scientifique, je me réfère au livre, paru en 2010, de C. Karageorghis, *Inside Sport Psychology*, qui affirme qu'écouter de la musique en courant peut augmenter les performances de 15 % et précise que « la musique est une drogue légale pour les athlètes ». Toutefois, selon le docteur Karageorghis, plus on court vite, moins la musique a d'effet. « Les meilleurs athlètes [...] ont tendance à se focaliser sur eux-mêmes quand ils courent. » Bref, comme je cours comme un pied, je peux écouter de la musique, ça m'aidera.

Laurent Jalabert, l'ex-champion cycliste, a couru le Marathon de New York (en moins de trois heures, ce qui le place dans les 5 % des coureurs les plus rapides) et s'est mis au triathlon. Il a un iPod, mais ne l'utilise pas quand il court. D'abord parce qu'il a besoin d'entendre les voitures arriver alors qu'il s'entraîne en courant sur route. Et surtout parce qu'il préfère s'écouter :

« C'est une habitude d'écouter ma respiration. Si on ne s'entend pas, on maîtrise moins l'effort. On court au rythme de la musique plutôt que de son propre corps. »

Heureusement, je suis encore loin du niveau des champions et ne risque donc guère d'être disqualifié pour cause d'écouteurs, en cas de victoire ou podium.

Je me tourne donc vers des sites internet qui proposent des musiques dont les rythmes épousent la fréquence de la foulée, soit entre 160 et 180 battements par minute, dans une plage que les musiciens désignent par *presto*. Ces morceaux seraient susceptibles d'aider le coureur à maintenir le cap pendant tout le marathon. Malheureusement, eu égard à mon rythme de course, je risque de me voir proposer une musique d'ascenseur, un requiem ou une marche funèbre. Très peu pour moi ! À l'inverse, si je cours avec mon habituelle collection de titres, je risque de me retrouver avec Rocky en pleine accélération dans une montée ! Sauf que Balboa, lui, ne montait qu'une volée de marches, tandis que moi j'aurai 42 km à boucler...

Les puristes affirment qu'il faut courir oreilles nues, à l'écoute de son corps et de sa respiration. Pour ma part, je connais déjà le message de mon corps et je ne suis pas certain de vouloir être effrayé, avant la fin de la course, par mes râles de tuberculeux.

Enfin, pour ce qui est de l'aspect sécurité, je ne crois pas qu'il y ait beaucoup de voitures sur le parcours du Marathon de Paris, sauf à être très en retard sur les premiers.

Toutes ces considérations à l'esprit, j'en arrive à la conclusion qu'un compromis raisonnable serait de n'avoir recours à la béquille musicale qu'une fois la fatigue bien installée et la ligne d'arrivée encore éloignée.

Mais cela pose une autre question : qui va porter mon iPod pendant les trente premiers kilomètres ?

Activité sur pause automatique

Comme malgré mon esprit fort et libre je me suis laissé influencer par le marketing qui entoure la course à pied, j'emporte avec moi, à chaque sortie, plus de puissance de calcul et de lignes de programmation que les premiers hommes à marcher sur la lune n'en avaient. D'un autre côté, me dis-je pour tenter de rationaliser ma faiblesse, ils n'ont réalisé que quelques pas sur la lune, pas une sortie longue…

Bref, je cours avec mon smartphone et mon application Big Brother, qui me suit par GPS, mesure mon parcours, mon rythme, mes temps de passage, mon retard par rapport au rythme prédéfini, et, en plus, en informe tout le monde autour de moi en égrenant ces informations à voix haute tous les kilomètres.

Aujourd'hui, pour une fois, je décide de ne pas contourner l'obstacle qui brise mon élan à chaque sortie. Je décrète que l'exploit du jour sera de gravir, en petites foulées, les trois volées de marches d'un escalier en colimaçon tellement raide qu'il devrait être équipé d'un remonte-pente.

Suant et ahanant, je peine à maintenir souffle, rythme et vitesse dans des plages raisonnables. Au moment où, en serrant les dents, j'abandonne l'idée d'abandonner à la moitié de cette ascension, j'entends : « Pause automatique ». Du point de vue des satellites GPS, ma vitesse de progression est assimilable… à une pause. L'application a donc arrêté de mesurer mes progrès. Gros coup au moral.

L'annonce devient autoréalisatrice ; je m'effondre sur une marche où je reste cinq minutes à récupérer.

Moisiversaire (2)

Il y a deux mois, nous nous inscrivions à trois au Marathon de Paris après avoir démontré que nous étions à peine capables de courir 10 km.

Nous, c'est-à-dire Donald la Clope, un demi-paquet par jour, Roch le Tuberculeux, qui nous rend en kilogrammes l'avantage que lui confère son âge (une décennie, soit 10 kg) et moi-même, en plein déni de dégénérescence physique.

Quel est le bilan de ce premier tiers de phase préparatoire ?

Roch emprunte la technique de l'autruche : faire comme si le marathon n'allait pas arriver et remettre à des jours « meilleurs » le début de sa préparation. En novembre, il fait trop froid pour courir, l'entraînement ne peut donc débuter qu'en janvier, à condition que le réchauffement climatique s'accélère... Désormais, pour ne pas s'épuiser trop tôt, un début de préparation en février voire en mars semble être envisagé. Sa devise : il faut partir à point... Mon interrogation : pour finir cuit ?

Donald, plus sérieux, ou plus inquiet, a démarré sa préparation sur les chapeaux de roues, vitesse et stratégie dictées par le souvenir de ses performances sportives passées. Las, un mollet atteint d'Alzheimer ayant tout oublié de ce glorieux passé pas si éloigné décide d'imposer à son propriétaire une pause de vingt et un jours selon le corps médical. La dyslexie, ou la volonté de trop bien faire, le conduit à une reprise de l'entraînement après seulement douze jours de repos. Bilan, un nouvel arrêt, jusqu'à Noël. La reprise au lendemain des réveillons risque de ne pas être très agréable.

Pour ma part, je flirte avec une tendinite à la cuisse droite, tendinite « traitée » par une semaine de pause dans l'entraînement. Je ne suis pas certain que ce soit véritablement une tendinite ; je suis certain qu'une semaine de pause n'est pas un véritable traitement. L'un dans l'autre, cela devrait tenir.

Malgré tout, j'ai parcouru un quart du kilométrage prévu au plan d'entraînement, soit 260 km. Dit comme ça, cela pourrait presque sembler impressionnant. Remis en perspective, cela représente moins de 5 km par jour en moyenne.

Cela signifie surtout qu'il me reste environ 750 km à parcourir en quatre mois, soit près de 200 km par mois, à comparer avec les 98 km d'octobre et les 124 km de novembre.

Le fruit de deux mois de préparation n'est pas très impressionnant : plutôt que de courir 10 km à 10 km/h, je peux désormais courir 15 km à la même vitesse.

À ce rythme de progression, je ne serai pas prêt pour le Marathon de Paris cette année, mais pour celui de l'an prochain.

Coming out

Décembre, marathon M-4

Non, pas de déclaration dans le sens du mariage pour tous, juste la relation d'un *coming out* (d'une sortie donc) tout aussi courageux ce matin.

6 h 15, 2 °C environ, pare-brise des voitures givrés, ponts enjambant la Seine glissants. En ce début décembre, pour la première fois, l'hiver.

Il faut vraiment être givré pour se coltiner 8 km dans ces conditions.

Brève hésitation, sur le pas de la porte, avant de me lancer.

Jusqu'à ce que passe devant moi, sur le chemin du retour si j'en crois la pellicule de sueur qui couvre son visage, une brave dame que la soixantaine a déjà rattrapée et qui court en short !

Je m'élance pour ne pas être en reste et ne rien rater de cette nouvelle expérience.

Comme un fait exprès, un voisin que je n'ai jamais vu courir, vêtu d'un pantacourt et d'un t-shirt à manches longues, me double cinq minutes plus tard.

Y aurait-il une secte des mordus du jogging qui ne sort et ne se dévêt que quand le givre revêt la nature ?

Blanche Neige et les sept nains

Hier donc, premier jour de l'hiver avec un parcours blanchi par le givre (à défaut de neige).

Tel Simplet, je suis allé courir (dé)vêtu comme d'habitude.

Ce matin, tel Dormeur, impossible de me lever, après une nuit à imiter Atchoum.

Aujourd'hui, un peu Grincheux, surtout lorsque Prof me fait observer qu'il m'avait bien dit de mieux me couvrir.

J'ai oublié qui sont les deux autres nains (Amnésique et Paresseux ?) mais ils peuvent aller courir à ma place aujourd'hui.

Atchoum !

Le Persan

Pour ceux qui n'ont pas connu, l'époque bénie du service militaire, l'expression n'évoquera rien. Traduction pour les jeunes et dames de tous âges : le départ du Marathon de Paris est dans 100 jours.

L'analogie avec le service militaire n'est pas fortuite.

Après nous être dotés d'une garde-robe inhabituelle et de chaussures peu courantes, nous nous serons levés plus tôt que d'habitude pendant de longs mois et nous aurons commencé nos journées par du sport en suivant les instructions d'un entraîneur (physique ou électronique) dont la rigueur ferait la fierté de légionnaires romains.

Certes, nous aurons échappé à la séance initiatique du coiffeur, aurons bu moins de bière et nettoyé moins de fusils, mais nous nous serons fait des copains dans l'adversité et, une fois cette période achevée, nous ne nous souviendrons que des bons moments dont nous bassinerons nos proches pendant des années.

La « célébration » du Persan se fait dans le même état d'esprit : le bout du tunnel approche et nous voyons enfin poindre la lueur d'une libération que nous appelons de nos vœux.

Mais la perspective de cette libération, fin de service militaire, fin de préparation, pose, pour la première fois, une question essentielle : et après ?

Poursuivrons-nous dans la carrière ou serons-nous rendus à la vie civile ?

Conserverons-nous les quelques bonnes habitudes contractées (activité physique, discipline, horaires matinaux, organisation) ou refermerons-nous la parenthèse de cette période ? Dit autrement, qu'y a-t-il après le marathon, au-delà de la phase de récupération ?

Rien, puisque l'objectif a été atteint ? Que peut-il en effet y avoir après la quête et la découverte d'un graal personnel ?

La même chose, mais mieux (arriver un peu plus vite, un peu moins fatigué) ou autre part (Londres, Berlin, New York...) ?

Plus, avec le passage à des distances plus longues et la pratique de l'ultra fond ?

Mieux, avec la découverte du trail, autrement dit la course de fond en milieu naturel (montagne, littoral, vignes, forêt...) et non plus sur route ?

Plus haut, plus fort, plus loin avec l'ultra trail, autrement dit, des épreuves pour les fous qui allient très longues distances et forts dénivelés, par exemple le Tour du mont Blanc en courant (166 km et 10 000 m de dénivelé positif cumulé en quarante-six heures maximum) ?

Bien entendu il est présomptueux de déjà me poser la question, avant même d'avoir atteint la moitié de la phase de préparation, avant même d'avoir couru d'une traite l'équivalent d'un semi-marathon, avant même de savoir si je finirai le marathon.

Mais ne pas me poser la question, c'est me fermer des portes, les inscriptions aux quelque 6 000 différentes épreuves annuelles organisées en France étant déjà ouvertes et, probablement, closes d'ici le 6 avril.

Ne pas organiser l'après, c'est m'exposer au marathon *blues*, à la déprime du lendemain, à la vacuité de la vie ordinaire. Mais surtout, se positionner sur ce que sera le lendemain, c'est démystifier l'épreuve, la ravaler au rang d'étape dans un parcours, la rendre mentalement plus accessible, au moins jusqu'au jour J.

Alors, quel nouveau projet ?

Le Trail des vignes en Côte d'Or en mai (29, 42 ou 105 km, au choix), comme un retour aux sources, alcooliques et géographiques de cette aventure ?

Les 100 km de Millau en septembre ? Pour une décision prise à cent jours du marathon, il y aurait une forme d'élégance dans la symétrie des chiffres.

Le Marathon de Berlin en octobre ? Comme ce marathon est réputé être l'un des plus roulants du monde, c'est la quasi-certitude d'améliorer un chrono, quel qu'il soit.

Avant de commettre l'irréparable, je m'accorde quelques jours de réflexion, cette mise en perspective qui nous a tant fait défaut avant de nous inscrire au Marathon de Paris.

10 km/h

Ce matin l'hiver s'est reposé et les températures sont presque douces. Je décide d'en profiter pour quitter un peu le bitume et rejoindre le bois de Boulogne encore paré de quelques feuilles aux couleurs automnales et de courir une heure, sans trop me préoccuper de ma vitesse et de la distance.

De retour de ce jogging quasi champêtre – on n'échappe pas complètement aux gaz d'échappement – je m'aperçois que j'ai couru 10 km sans fatigue, sans m'en rendre compte.

Une question me traverse alors l'esprit : si je cours à 10 km par heure, est-ce la même chose de courir 10 km et de courir une heure ?

D'un point de vue mathématique, il n'y a guère de doute que cela revienne au même. Du point de vue de la théorie de la relativité, je n'en sais rien, mais je soupçonne qu'Albert Einstein serait en mesure de démontrer des différences fondamentales. Dans la mesure où ses idées sur la relativité lui sont venues en observant des avironneurs et non des coureurs, j'ignore si je peux lui faire entièrement confiance en la matière.

Doté d'un moindre intellect que l'inventeur de la bombe atomique, mais de jarrets probablement plus entraînés, depuis peu, à l'effort physique, j'ai l'impression que le changement de perspective modifie fondamentalement le rapport à l'effort.

De fait, l'expérience montre que la manière dont la « dimension » de l'effort est exprimée change le comportement du coureur. S'il lui est demandé de courir une heure, il courra à un rythme régulier, sera moins susceptible de se mettre en surrégime et jugera l'effort moins pénible. S'il lui est demandé de courir dix kilomètres, il courra de manière moins régulière, en accélérant vers la fin du parcours.

La différence est telle qu'en début de saison nombre d'entraîneurs ne s'expriment qu'en durée d'entraînement et pas en objectif kilométrique afin de privilégier le travail foncier et l'acquisition d'endurance. Ce n'est qu'une fois cette phase achevée qu'un objectif kilométrique est annoncé, sans référence de temps, afin de travailler un peu plus les qualités de vitesse et de résistance.

Partisan du moindre effort, j'en suis à me demander si je préfère courir 42 km ou 4 h 12. À ce stade de ma préparation, je crois que la réponse est ni l'un, ni l'autre…

Bon Moisiversaire (3)

Le début d'année est la période de bilan, à défaut de bonnes résolutions.

Comme nous en sommes à la moitié de la période de préparation (3 mois sur 6), ce serait plutôt une période de mi-lan.

Force est de constater que la période 6 décembre-6 janvier n'a pas été propice à l'entraînement.

Roch a passé le mois sur la même dynamique, statique, que les deux mois précédents ; c'est-à-dire qu'il a accumulé toute la récupération du plan d'entraînement, avant de commencer à s'entraîner, ce qu'il vient de faire. Résolution de Nouvel An ? Pression matrimoniale ? Prise de conscience de la proximité de l'objectif ? Toujours est-il que la phase préparatoire à la phase d'entraînement spécifique vient de débuter pour lui.

Donald a dorloté ses mollets pendant presque tout le mois pour reprendre, début janvier, l'entraînement avec un jogging prudent de 8 km et envisage l'avenir avec sérénité

puisqu'il n'a pas encore refusé, sur le principe, de s'inscrire
à l'Ultra-Trail de Côte d'Or (fin mai).

Pour ma part, j'ai couru en décembre 40 km et 4 h 30 de
moins qu'en novembre.

Heureusement, grâce à l'application de suivi d'entraînement que j'utilise, ce moment de mauvaise conscience est vite
passé. En comparant mon manque d'assiduité avec celui des
autres coureurs inscrits sur le même site avec des objectifs
similaires, je constate que mes coreligionnaires, en moyenne,
n'ont réalisé que les deux tiers de leur plan d'entraînement,
que ce soit en distance ou en durée.

Néanmoins taraudé par la mauvaise conscience, je décide
de compenser mon manque d'assiduité par une sortie un peu
plus longue que celle proposée par le plan d'entraînement.
Je me mets en tête de couvrir, pour la première fois la distance d'un semi-marathon, soit 21 km. À mi-préparation, le
symbole me plaît. Parti prudemment, je poursuis lentement
avant de finir au ralenti, avec l'impression que mon heure
d'arrivée estimée ne cesse de s'éloigner. Je découvre à cette
occasion qu'économiser l'énergie permet d'allonger la distance sans trop en souffrir physiquement.

Et pour que tout ne soit pas complètement à oublier sur
ce troisième mois de préparation aussi *light* que les réveillons ont été riches, je me rassure en observant que, s'il y
a trois mois, courir 10 km était un objectif, désormais c'est
une formalité.

Le passage du Nouvel An a aussi eu pour effet de transformer la perspective du marathon, abordée comme un jeu, un
vague défi sans conséquence, en une inéluctable échéance. Il
ne s'agit plus de rigoler désormais ; il va falloir assurer. Ce
qui n'est pas pour me rassurer.

La quatrième dimension !

Au début de cette aventure, le Marathon de Paris n'était qu'un lointain projet un peu fumeux doublé d'une contrainte matinale aussi peu agréable que naturelle.

À force de persévérance, l'entraînement s'est transformé en une habitude incontournable dont les vertus, sont apparues petit à petit : moins d'insomnies, légère perte de poids, alimentation qui s'équilibre naturellement, sans y penser, brefs instants de plaisir et sérénité.

Et puis, à l'approche de l'échéance, imperceptiblement, une sourde angoisse s'est installée. Vais-je y arriver ? Ne devrais-je pas m'entraîner plus ? Comment imaginer tenir plus de quatre heures en courant ?

Le marathon et l'entraînement sont devenus, sinon une obsession, une préoccupation de tous les jours. Le bénéfice de la sérénité offerte par la libération d'endorphines en courant est désormais anéanti par l'incessante ritournelle de mes doutes et questions.

Je décide donc de soigner le mal par le mal et de m'inscrire à une course tellement hors de portée de mes moyens physiques que la seule perspective d'y participer me fera paniquer. C'est à ce prix, me dis-je, que j'en oublierai ce marathon. Après avoir décidé, à l'issue de quelques secondes de superficielle réflexion que l'après marathon serait l'Ultra-Trail de Côte d'Or fin mai (105 km et environ 3 800 m de dénivelé positif en moins de dix-neuf heures), je commence à me renseigner sur ce qu'il convient de faire pour avoir une chance infime de finir l'épreuve.

Bon élève et avide lecteur, j'acquiers donc la bible de l'ultra-trail, ces courses de plus de 80 km en milieu naturel avec un dénivelé conséquent : *Ultra-trail : plaisir, performance et santé*, de Guillaume Millet.

S'ouvre alors devant mes yeux esbaudis un tout autre monde, celui des givrés de la course à pied pour qui un marathon n'est qu'une longue sortie de préparation. Au détour d'un chapitre sur l'entraînement, je déniche la phrase suivante : « Sauf si vous faites des courses courtes (jusqu'au marathon)... ». La formulation désinvolte me fait prendre conscience qu'au-delà du marathon, au-delà de ce que je pensais être la course ultime, existe tout un monde de ver-tigineuses possibilités dont je soupçonnais vaguement l'exis-tence mais dont je ne parvenais pas à imaginer les contours.

Je découvre les fondus de l'ultra.

Je découvre Ricardo Abad qui a couru 500 marathons en 500 jours, soit 21 000 km.

Je découvre Fauja Singh qui, à 100 ans, court le Marathon de Toronto après n'avoir commencé la course à pied qu'à l'âge de 99 ans.

Je découvre Budhia Singh qui a couru 48 marathons en un peu plus d'un an, à l'âge de 5 ans.

Je découvre Patrick Malandain qui a couru 100 km par jour pendant 100 jours, soit 10 000 km.

Je découvre qu'il existe un record du monde du 1 000 km, détenu par Yánnis Koúros en 5 jours et 16 h 17.

Pris de vertige, je cesse mes investigations et en reviens à des considérations plus terre à terre. Comment vais-je m'acquitter, deux mois après le Marathon de Paris, de cette distance de 105 km que je suis bien incapable de couvrir, ne serait-ce qu'à vélo ? Ne vais-je pas me blesser ?

Je me tourne alors vers un blog dédié au trail sur lequel, chaque mardi, un préparateur physique répond aux ques-tions. Ma question : « Je sais qu'il n'est pas raisonnable d'en-chaîner marathon et ultra-trail à deux mois d'intervalle, mais pourrais-je bénéficier d'un conseil d'entraînement qui me permette de réaliser ce double objectif ? ». La réponse : « Au contraire, c'est très bien, il faudrait juste faire un marathon complémentaire le week-end suivant le premier pour pouvoir compléter ton entraînement. »

Il se confirme que je viens de découvrir un nouveau monde peuplé d'extraterrestres dont l'unité de mesure n'est ni le pied, ni la foulée, mais le marathon. Il se confirme, aussi, que je n'y ai pas ma place.

Quoi qu'il en soit, mission accomplie ! À la fois subjugué et terrorisé par l'ultra-trail, je ne pense plus une seule seconde au marathon.

Le juste prix

En m'inscrivant à l'Ultra-Trail de Côte d'Or, je remarque que le prix est le même que pour le Marathon de Paris, bien que la distance soit deux fois et demie plus importante. Ce grand écart m'amène à m'interroger sur le coût, le prix et la valeur des choses en course à pied.

Lorsque j'ai débuté je me suis convaincu qu'un des intérêts de la course à pied est qu'il n'est besoin que d'une paire de baskets, d'un short et d'un t-shirt pour se lancer et pratiquer où et quand on le souhaite.

Mais ça, c'était avant.

De nos jours, comme je ne tarde pas à le découvrir, pour pratiquer la course à pied, et avant de débuter, il faudrait, d'après les meilleurs auteurs :

– que j'aille voir un médecin pour vérifier que je ne « présente aucune contre-indication à la pratique de la course à pied y compris en compétition » ;

– que je subisse un test d'effort chez un cardiologue pour m'assurer que mon palpitant est partant ;

– que je me rende chez un médecin du sport pour réaliser sur tapis de course un test VMA (vitesse moyenne aérobie) fiable et, s'il est bien équipé, une mesure de VO2Max (volume d'oxygène maximum). J'ignore ce dont il s'agit, mais cela semble indispensable pour déterminer à quelle vitesse il convient de s'entraîner. Enfin, en cas de distances longues, il semblerait que la fréquentation régulière d'un kinésithérapeute et d'un ostéopathe s'impose.

Voilà pour le début du parcours santé, en l'absence de toute blessure !

Le débutant que je suis pourra ensuite, pour mener un entraînement sans prétention, ne s'équiper que d'un cardio-fréquencemètre et d'un **GPS**. Le premier me permettra d'ajuster ma vitesse aux impératifs d'entraînement, impératifs exprimés en pourcentage de ma FCM (fréquence cardiaque maximale) qu'avec un peu de chance le cardiologue aura mesurée, sinon il me faudra y retourner. Le deuxième me permettra de connaître la distance parcourue et le temps mis pour la parcourir. Le chronomètre, lui, semble passé de mode, sauf pour les séances d'entraînement fractionné.

Mais il faut reconnaître que si je veux passer au stade d'amateur, il me faudra m'équiper, par ailleurs, d'un altimètre, d'un accéléromètre et d'un podomètre.

Le premier me permettra de combiner les données distance, vitesse et fréquence cardiaque avec les gains ou pertes d'altitude ; en effet l'effort et la vitesse ne sont pas les mêmes en montée ou en descente.

Le deuxième me permettra de mesurer plus précisément ma vitesse qu'avec un GPS, pour peu que je l'aie bien calibré, en fonction de ma chaussure, la longueur de mon pas, etc.

Le troisième enfin, me permettra de travailler ma fréquence de foulée. En effet, le nouveau mantra en la matière, outre-Atlantique, est qu'il vaudrait mieux raccourcir les foulées et en faire plus ; bien entendu en France, c'est l'inverse pour l'instant.

Maintenant que je ne suis pas encore un coureur, mais que j'en ai tout l'équipement, si j'aime vraiment les gadgets, et si cela me rassure d'avoir l'impression de maîtriser l'ensemble de mes paramètres physiques pouvant influencer ma performance, y compris la qualité de mon sommeil, je peux aussi me doter d'un bracelet connecté de type Jawbone ou Fitbit. Et m'inscrire ainsi dans le mouvement du *quantified self* qui se propose de barder l'humain d'autant d'électronique qu'une automobile moderne.

Tout ceci n'est bien entendu qu'un début, préalable à la première foulée.

Il m'a fallu ensuite choisir mes chaussures (minimalistes pour – comble de l'ironie – me rapprocher de la course pieds nus ou pas ?) en m'interrogeant, grâce à un vendeur forcément désintéressé, sur le niveau d'amorti et de dynamisme recherché, après analyse de ma foulée pour déterminer si je suis un coureur supinateur, pronateur ou universel.

Une fois cet investissement – achat supérieur à 100 € – réalisé, je me suis acheté des paires de chaussettes ergonomiques (une chaussette pour le pied droit et une pour le pied gauche), anti transpirantes, etc.

J'ai hésité à sauter le pas des chaussettes de compression (simple ou dynamique) qui sont censées améliorer la circulation sanguine pendant l'effort.

Puis, j'ai compris que si j'étais véritablement impliqué dans mon sport, il me fallait investir, bien entendu, dans les chaussettes connectées qui analysent en temps réel les appuis du pied pour que je puisse, ensuite, réfléchir à ma technique de course (réception talon, plantaire ou orteils ?).

Le short lui-même, ai-je découvert, est sujet à innovation technologique : le cuissard, en maintenant la masse musculaire en place, limite les vibrations dues à l'impact au sol et donc la fatigue sur longue distance.

Pour le haut du corps, la technicité des textiles mériterait une encyclopédie complète. Ce qu'il faut retenir ? Le coton, c'est fini ! Sans textile technique, aucune performance n'est envisageable.

Une fois équipé, ai-je cru comprendre, le coureur ne peut, pas se lancer sans une stratégie diététique *ad hoc*. Non seulement, pour les longues distances, doit-il avoir surveillé son alimentation pendant des semaines et, plus particulièrement la dernière semaine avant l'épreuve, pendant la période d'affûtage où les protéines animales sont malvenues et les sucres lents, qui chargent le corps en glycogènes, recommandés. Pour ce qui est du jour J, point de salut sans Gatosport en petit déjeuner (énergétique et facilement digéré), la boisson d'attente (en attendant le départ donc), les gels énergétiques à avaler avec des boissons énergétiques, en alternance avec des barres énergétiques pendant la course et, surtout, la boisson de récupération (qui n'est pas une bière) après l'effort.

Car après l'effort, il y a encore du business.

Comment s'en sortir sans une séance d'électro simulation en récupération ?

Comment se remettre de l'effort sans une diététique de récupération avec acides aminés ?

Comment rester performant dans la durée sans une séance de cryothérapie ?

On nous fait marcher, ânes bâtés que nous sommes, avec toutes ces innovations. Et nous courons, nous courons...

Écartèlement

Quand on commence la course à pied, ou qu'on recommence après une interruption supérieure à une décennie, la bible qui s'impose est *Courir pour les nuls*. Dès le titre, on sent qu'on fait partie du cœur de cible.

N'ayant pas rajeuni depuis la dernière fois que j'ai couru un peu, et afin d'éviter la blessure, je m'astreins à aller lire le chapitre que j'avais déjà zappé (même si l'expression n'existait pas car il n'y avait pas encore de télécommandes) au collège et lycée : les étirements.

Au fin fond de ma mémoire d'écolier, échauffement, étirement et retour au calme se sont amalgamés autour d'un concept simple : c'est tellement lent, alors qu'on veut courir vite, que ça doit être pour les vieux qui ont peur de ne pas tenir la distance !

Les auteurs de *Courir pour les nuls* ont dû suivre le même cursus scolaire puisque le chapitre dédié au sujet s'intitule « Étirements, échauffement et relaxation ». Et maintenant que je suis vieux, depuis peu répertorié dans la catégorie vétéran ou *master*, je m'y reporte. Trois mois d'entraînement m'ont démontré que je ne pouvais plus traiter seulement par le mépris raideurs musculaires, courbatures et douleurs lombaires.

Première bonne nouvelle, l'étirement actif isolé est apparu. Pour résumer, la science a montré qu'à partir de deux secondes, le muscle antagoniste à celui qui est en train d'être étiré se met à aider celui-ci, rendant alors inutile l'exercice. Finie donc, la position étirée pendant trente secondes, répétée 10 fois avec, chaque fois, quinze secondes de pause, soit environ huit minutes par membre ; place à une rapide succession d'étirements de deux secondes, avec cinq secondes de pause, soit à peine plus d'une minute par membre ! Je ne sais pas si ça fonctionne réellement, mais cela abrège tellement mes souffrances que je fais mienne cette découverte médicale et abandonne tout esprit critique sur le sujet.

Deuxième bonne nouvelle, il n'est pas certain que l'étirement tel que je l'ai, pratiqué, ainsi que toute une génération, pendant mon cursus scolaire, avant et après les séances d'athlétisme, se justifie. Eh oui, vous avez bien lu Monsieur Nubourg, bienveillant professeur d'éducation physique et sportive et entraîneur d'athlétisme : même vieux, rien à secouer des étirements !

D'une part, la pratique des étirements avant l'activité de course à pied ne diminue pas les risques de blessure, au contraire. Plus un muscle est étiré, plus il subit de microlésions et plus son seuil de tolérance à la douleur augmente.

En conséquence, l'étirement abîme le muscle et amène le coureur à ne pas s'arrêter en cas de douleur, aggravant d'éventuelles lésions musculaires.

D'autre part, l'étirement passif n'améliore pas la performance mais la dégrade ; il a été démontré qu'une séance de saut sans étirement permettait d'atteindre des performances 4 % supérieures à celles obtenues lors d'une séance après étirements.

Enfin, la pratique des étirements ne diminue pas les courbatures ressenties le lendemain, au contraire. En effet, la récupération est favorisée par l'augmentation de la circulation sanguine. Or la pratique des étirements est synonyme de compression des vaisseaux sanguins, ce qui est antinomique.

La nature illustre d'ailleurs chaque jour l'inutilité des étirements. On n'a jamais vu un guépard, le plus grand sprinter de la planète, s'étirer le quadriceps, les ischiojambiers ou même les épaules avant de poursuivre une gazelle.

Je me félicite donc d'avoir eu raison de ne jamais trop m'intéresser aux étirements. Que de douleurs, d'humiliations et de blessures évitées !

En revanche, je dois me résoudre, jusqu'à ce que je cesse de courir, à conserver une démarche de manchot empereur au lendemain de chacune de mes séances d'entraînement puisque rien ne semble prévenir les raideurs et courbatures.

Semi-marathon

Aujourd'hui, je suis parvenu à la moitié du plan d'entraînement et, chemin faisant, ai dépassé les 500 km de course à pied cumulés.

Je devrais donc être prêt pour le semi-marathon. Pour le vérifier, je m'inscris au Semi-Marathon de Paris qui a lieu un mois avant le Marathon de Paris.

Le problème, c'est que réaliser la moitié de la distance de mon plan d'entraînement m'a pris près de quatre mois et il ne reste qu'un peu plus de deux mois de préparation. Comment vais-je réussir à doubler mon kilométrage mensuel ?

Bon moisiversaire (4)

À deux mois du départ (et de l'arrivée ?) du Marathon de Paris, premier entraînement commun des trois frères Chevignard, Arthur confirmant qu'il n'est pas inscrit et ne souhaite pas s'inscrire à une autre épreuve de course à pied de sa vie.

Cette sortie débute sur un malentendu, certains s'étant préparés à une course de 24 km, d'autres à une course de 20 km, le tout sur un circuit d'environ 26 km pour être certain que personne ne s'y retrouve.

Roch, bien que la température extérieure soit de 5 °C est en short. Nous comprenons que c'était bien suffisant la dernière fois qu'il s'est entraîné, en octobre. Et comme il se retrouve en surchauffe à partir du dix-huitième kilomètre aujourd'hui, son choix vestimentaire s'avère finalement le meilleur possible.

Donald, après être passé chez un cardiologue sur l'insistance de sa moitié inquiétée par un généraliste affirmant que se lancer à près de 40 ans dans un marathon sans avoir fait de sport pendant 10 ans, en picolant et en fumant débouchait sur un infarctus de manière quasi certaine, arrive vêtu d'un collant qu'un torero n'aurait pas renié pour habit de lumière. Collant galbant le mollet, mais sans poche afin de pouvoir courir téléphone à la main, comme toujours ; c'est tellement pratique.

Enfin, moi-même, en chasuble d'éboueur d'après les mauvaises langues m'accompagnant, en *coupe-vent* pour les aficionados de l'entrée de gamme Décathlon. L'histoire montrera que c'était la chasuble de l'éboueur qui court derrière le camion et qui est entraîné, lui.

Que dire sinon que :

– Deux heures après notre départ nous avons bouclé 21 km. Mais que nous n'en bouclerons pas un de plus en courant ce jour-ci ni dans un avenir proche ;

– Une heure après notre retour nous avons descendu une bouteille de Fixin rouge ;

– Vingt-quatre heures après notre retour le mollet galbé ne semble pas s'être remis de la sortie ;

– Un mois s'écoulera avant que nous ne refassions une sortie commune de 24 km.

Bref, pour le marathon, il reste un peu de travail à accomplir, mais eu égard au chemin parcouru, tous les espoirs sont permis. D'ailleurs la discussion – après le Fixin rouge – ne porte plus sur notre capacité à franchir la ligne d'arrivée, mais sur les objectifs horaires des uns et des autres.

Stage en altitude

Février, marathon M-2

Comme tous les grands sportifs à la veille d'une compétition majeure je me dirige vers les cimes enneigées pour permettre à mon organisme, en s'adaptant à l'altitude, de générer moult globules rouges qui alimenteront mes muscles avec encore plus d'oxygène lorsque je serai redescendu en plaine.

Dit autrement, nous nous rendons une semaine au ski, en famille, comme chaque année.

Première observation, la montagne, ça monte. Si je ne suis pas le plus athlétique des coureurs le long des quais de Seine, à l'Alpe d'Huez, je suis le plus pathétique.

Deuxième observation, la montagne, c'est en altitude. En plus de devoir faire plus d'efforts du fait de la déclivité, il faut les faire avec moins d'oxygène.

Je ne cours donc pas beaucoup pendant une semaine, rassuré à la pensée que l'objectif d'un stage d'oxygénation en altitude ne doit pas être l'accumulation de kilomètres, mais uniquement de permettre au corps de s'adapter à l'altitude et générer des globules rouges.

Aussitôt redescendu en plaine, je chausse mes Asics de marathonien putatif pour tester les effets bénéfiques de cette éphémère prise de hauteur.

Au vu des résultats peu probants, plusieurs hypothèses :

– soit il faut laisser incuber un peu et l'effet bénéfique n'apparaîtra que quelques jours après la descente en plaine ;

– soit mon dosage fondue/raclette/tartiflette/exercice n'était pas optimal pour la course à pied ;

– soit il fallait boire du rouge avec la raclette, et pas du blanc, pour générer les globules de la bonne couleur.

Pour me rassurer, je finis par me convaincre que le stage en altitude ne paraît pas déterminant dans l'amélioration des capacités d'endurance. D'ailleurs, n'est-ce pas au lendemain des étapes du mont Ventoux et de l'Alpe d'Huez que les coureurs du Tour de France ont toujours l'air le plus fatigué ? N'est-ce pas la preuve que, finalement, les effets bénéfiques d'un séjour en montagne, du point de vue des performances en endurance, ne sont qu'un mythe ? Après tout, à force de réaliser des ascensions, Sisyphe aurait dû parvenir à rouler son rocher jusqu'au sommet si les séjours en altitude augmentaient les capacités physiques.

D'ailleurs, cette hausse de globules rouges qu'un séjour en altitude est censé engendrer, à quoi peut-elle servir ? Certes mon sang va charrier plus d'oxygène, mais :

– mes poumons sauront-ils amener plus d'oxygène à transporter ?

– les cellules musculaires qui doivent capter et transmettre cet oxygène aux muscles sauront-elles absorber le surplus d'oxygène ?

– Si le séjour en altitude ne renforce qu'un maillon de la chaîne de l'effort physique et que ce maillon n'est pas le maillon faible, l'effet sur la performance devrait être nul, non ?

Un peu déçu de ne pas pouvoir bénéficier d'un petit coup de pouce de mes globules rouges, je me remets consciencieusement à l'entraînement, comptant les jours jusqu'au marathon.

Semi de printemps

Comme les sorties longues de la dernière phase d'entraînement sont supérieures à 20 km, sans crainte de perturber ce plan d'entraînement, je me suis inscrit au Semi-Marathon de Paris qui se déroule cinq semaines avant le Marathon de Paris. La seule différence entre un dimanche d'entraînement habituel et le semi-marathon, sera l'horaire du départ.

Plus que la distance, déjà courue à l'entraînement, l'inscription au Semi-Marathon de Paris doit me permettre de tester l'ambiance, découvrir les contraintes logistiques associées à une course réunissant plus de 30 000 coureurs, varier les plaisirs de l'entraînement, et, un peu aussi, me rassurer sur mes progrès et vérifier que mon classement aura évolué par rapport à celui, traumatique, des 10 km du jardin du Luxembourg.

J'aurai aussi le plaisir de retrouver une partie de mes coaches de l'été puisque les coureurs de Brocas-les-Forges, qui ont su résister à l'appel du marathon, se sont laissé convaincre de s'inscrire à un semi-marathon. Mes deux frères aventuriers du marathon, qui n'avaient pas jugé utile, voire dangereux aussi près de l'échéance, de prendre un dossard ont fini par en dégoter un de contrebande ; ils courent donc sous un alias. Quant à Arthur, pour être certain de ne pas devoir participer à la virée pédestre, il décolle la veille pour New York.

Premier enseignement de cette course, le saint du jour doit être Éric puisqu'Éric et Frédéric, sans entraînement particulier, courent dans un temps qui les classe dans le premier tiers des participants.

Deuxième enseignement, l'entraînement, contrairement à ce que je supputais à mes débuts, doit avoir une utilité puisque, si les frères Chevignard se sont laissé distancer par 85 % des concurrents aux 10 km du jardin du Luxembourg en septembre, ils ne l'ont plus été que par la moitié des concurrents en mars.

Un raccourci intellectuel pourrait même suggérer qu'en doublant une nouvelle fois l'entraînement, ils amélioreraient d'encore 35 points leur classement, laissant ainsi 85 % des concurrents derrière eux au marathon... Il va falloir un sacré raccourci, ou un taxi, en l'état actuel de notre préparation pour donner corps à cette élucubration.

Troisième enseignement, il faut faire comme s'il n'existait pas d'organisation logistique. La foule est telle que l'accès aux infrastructures ou aux ravitaillements est aléatoire, avant, pendant et après la course. J'en connais même un, tant la course le prend aux tripes, qui réalise ce jour-là un meilleur chrono sur le trajet ligne d'arrivée – cabinet d'aisances de la maison que sur son semi-marathon.

Enfin, surtout, s'amuser. La présence des élites qui mettent presque deux fois moins de temps que moi[1] et d'environ 10 000 autres coureurs qui réaliseront peu ou prou le même temps que moi me rappelle, si besoin en était, la vanité d'une recherche de performance.

---

1. 1 h 52

Bon moisiversaire (5)

Marathon de Paris dans un mois. La période de préparation touche à sa fin et il n'y a plus grand-chose à faire
pour augmenter nos chances d'honorablement – c'est-à-dire
en bonne santé et, si possible, en courant – finir l'épreuve
puisque les deux dernières semaines de la préparation correspondent à une période de semi-récupération.

Le plan est donc, après le semi-marathon de la semaine
dernière, soit 21 km et des poussières, de courir 28 km
aujourd'hui et 32 km dimanche prochain, avant de lever le
pied avec des séances plus raisonnables d'une quinzaine de
kilomètres par la suite.

Autant le semi-marathon était, en matière d'endurance,
une formalité puisque nous avions tous déjà couvert la distance à l'entraînement, autant le 28 km du jour, pour célébrer le dernier moisiversaire de préparation, est une distance
inconnue pour tous.

Arthur, pour ne pas risquer de devoir s'associer à cette
sortie, a pris la précaution de rater son avion de retour de
New York. C'est, je crois, sa meilleure excuse à ce jour.

Le parcours a été préparé par Roch, qui n'est pas la
réincarnation d'un pigeon voyageur ou tout autre animal
migrateur doté d'une boussole magnétique naturelle ; mais,
plutôt que de jouer la sécurité en tournant 28 fois autour du
parc Monceau, nous prenons le risque de nous retrouver à
Auvers-sur-Oise.

Nous ne faisons finalement que deux fois le tour d'un lac
du bois de Boulogne et atteignons presque l'objectif kilométrique en bouclant 27 km.

Conscient de l'enjeu, Donald s'est « dopé » à l'Imodium
pour ne pas devoir interrompre son effort pédestre au ving-
tième kilomètre comme à son habitude. En revanche, le fait

de s'être couché à 4 heures du matin à l'issue d'un tournoi de poker ne semble pas influencer sa confiance en ses capacités puisqu'il court sans même une bouteille d'eau.

Pour ma part, souhaitant emprunter aux plus grands sportifs leurs pratiques éprouvées, je me suis inspiré des horaires et du régime alimentaire de Donald en rentrant d'un dîner fort bien arrosé, en qualité et en quantité, à 2 heures du matin la veille.

La préparation au marathon n'est donc pas nécessairement l'ascèse qu'imagine le grand public.

Roch, lui, a perpétué son mode de vie casanier pour stocker énergie vitale et influx nerveux ; tel un dromadaire il court donc avec une bosse de réserve qui, à défaut d'être dorsale, reste bien visible.

À l'issue de cette sortie longue, l'objectif kilométrique est donc atteint. Le chronomètre – mais ce n'était pas l'enjeu – n'est pas tout à fait au rendez-vous, mais nous terminons la matinée avec la satisfaction d'avoir, dans les grandes lignes, accompli la mission du jour.

Au-delà de l'inévitable fatigue associée à l'exercice, les esprits surtout sont marqués. La perspective de courir *15* km de plus que la distance du jour dans un mois douche plus d'un enthousiasme et la révision des prétentions chronométriques semble d'actualité.

Le déjeuner, dans un restaurant ne servant pas d'alcool, se passe de vin de Bourgogne. Peut-être est-ce à ce manque, plus qu'à notre performance du jour, qu'il convient d'attribuer notre inhabituelle modestie familiale.

C'est moins confiants que jamais que nous attaquons le dernier mois de notre préparation.

Les pieds nickel(é)s

Mars, marathon M-1

Je découvre qu'à l'instar des coureurs de fond, je tends, de plus en plus, à développer une attention soutenue, presque fétichiste, pour mes pieds.

Si j'étais amateur de numérologie, ou joueur d'osselets, je m'extasierais devant le fait que le pied du marathonien ce sont 26 os, 107 ligaments, 19 muscles, et, surtout, plus de 21 000 chocs au sol, par pied, pendant un marathon avec, en fonction de la vitesse, du type de foulée et du type de terrain, une force équivalente à trois à quatre fois le poids du corps à absorber à chaque appui.

La course peut donc devenir, pour le pied, un véritable chemin de croix dont les douze stations sont l'irritation du talon contre la chaussure, le frottement de la malléole interne sur le contrefort de la chaussure, la fracture de fatigue du scaphoïde, l'engourdissement du nerf musculo-cutané, la tendinite des muscles jambiers, l'arthrose de l'articulation du gros orteil, les ongles noirs (principalement aux gros orteils), l'irritation ou fracture des sésamoïdes, les aponévrosites plantaires, la douleur au ligament latéral interne de la cheville, l'épine et les bursites calcanéennes.

Je ne peux m'empêcher de sourire en contemplant cette liste extraite d'ouvrages médicaux : il y manque la star des désagréments, l'ampoule.

La lecture du témoignage d'un participant au Marathon des Sables permet, plus encore que la liste des douze stations, de mieux illustrer les raisons de l'obsession des coureurs pour les soins du pied.

« Les pieds dévastés, ça veut dire que le premier jour, tu as trois ou quatre ampoules à chaque pied (au talon, entre les orteils, sous le pied). Le deuxième jour, tu en as six ou sept sur chaque pied... Et le troisième jour, tu as des ampoules sous les ampoules...

Tout ça est percé, tu mets de l'Éosine, tu mets de la Bétadine, tu fais des bains de pieds à l'infirmerie, tu te fais soigner mais ça veut dire mettre les ampoules à vif. Donc tu te retrouves avec les pieds à vif ! Donc tu mets de la gaze, tu mets du désinfectant, tu mets des bandages par-dessus. Tes pieds sont naturellement gonflés par la chaleur, puis parce qu'ils sont inflammés. Et en plus tu rajoutes des couches de compresses et d'élasto pour faire tenir tout ça ! Ton pied, c'est une espèce de gros boudin qu'il faut réussir à rentrer dans la godasse. »

Même si en courant autour du pâté de maison à l'entraîne-ment ou sur le bitume parisien avec un dossard il y a assez peu de chance que j'en arrive à un tel état de dévastation, je préfère, à quelques semaines du départ pour 42,195 mètres et à peu près autant de foulées et d'occasions de donner nais-sance à une ampoule, prévenir que devoir clopiner puis guérir.

Je me mets donc en quête de solutions de prévention.

Je suis étonné de voir combien les coureurs ont élevé au rang d'art la préparation du pied pour les épreuves de course à pied longues ; à croire que des Chinois rétrécisseurs de pieds de jeunes filles se sont recyclés en coaches pédestres après l'arrivée du PC en Chine.

Selon les plus douillets ou prévoyants, et lorsque l'em-ploi du temps le permet, il faut prévoir six semaines pour une préparation optimale des pieds. Une première semaine est consacrée à des bains de pieds quotidiens pendant 7 à 10 minutes dans une mixture assez rebutante : eau tiède agrémentée de 2 cuillerées à café par litre d'eau de solu-tion formolée. Les trois semaines suivantes sont dédiées au tannage quotidien de la peau, afin de la préparer en la dur-cissant, en la badigeonnant d'une solution à base d'acide picrique. Enfin, le cycle de préparation s'achève par deux semaines d'application, chaque soir, d'une crème antifrot-tement à base de beurre de karité. Ce protocole suppose d'avoir de bonnes relations avec un pharmacien qui fournira de la solution aqueuse formolée à 5 % et une préparation d'acide picrique à 1 %.

Comme il me reste moins de six semaines avant le Marathon de Paris et que je ne me vois pas passer plus de temps à m'occuper de mes pieds qu'à courir, je me demande alors s'il existe un protocole *light*. À en croire les obsédés du sujet, il est impossible de couper à la dernière phase de deux semaines de tartinage des pieds au beurre de karité, phase qu'on entre-coupera d'un passage chez le pédicure, huit jours avant le marathon, pour qu'il s'occupe des ongles et de la peau.

Dans tous les cas, le jour de la course, il conviendrait, dans un premier temps, d'entourer, avec une bande adhé-sive élastique de 8 cm de large environ, la plante des pieds afin d'éviter les ampoules dues aux frottements occasion-nés par la répétition des appuis. Ne pas trop la serrer, afin qu'elle s'adapte au gonflement des pieds pendant l'épreuve. Appliquer ensuite sur toutes les parties du pied de la crème antifrottement. Bref, prévoir de se lever, le jour de la course, une heure plus tôt...

Pas totalement convaincu par ces recettes à l'efficacité incertaine, mais franchement intrigué, je me mets à la recherche des ingrédients pour voir ce qu'il en coûte. Je m'aperçois que la mise en œuvre de ces recommandations est devenue problématique avec la loi qui interdit le formal-déhyde en France depuis 2008. Cette interdiction n'a pas ralenti les coureurs, qui ont trouvé d'autres solutions pour se tanner les pieds : le jus de citron, l'acide salicylique, le benjoin, l'alcool, le *white-spirit*, le talc, le henné, le karité, le curry, le produit Tano d'Akileïne et le Solipat (oui, c'est un produit pour les coussinets des chiens).

Au détour de mes recherches sur le sujet je découvre que, douloureusement échaudés par des expériences malheureuses, nombre de coureurs ont décidé de pousser la science de la prévention des ampoules un peu plus loin. Une fois le pied bien préparé, ils se sont penchés sur les techniques de laçage.

Cet intérêt que je pensais n'être que purement esthétique et ridicule est suscité par le fait qu'une grande partie des plaies au pied proviennent de difficultés de cohabitation avec les chaussures. Pour tenter de limiter les points d'impact et de friction entre le pied et la chaussure, il est essentiel que le pied, dont le volume augmente avec la distance et la chaleur, soit bien tenu dans la chaussure.

Porteur de mocassins et chaussures bateau, élevé à l'époque de l'apparition de la tennis à Velcro, je ne m'attendais pas à découvrir qu'il existe autant de techniques de laçage que de types de nœuds de cravate.

Mais comme je ne sais nouer ma cravate que de deux manières, trop lâche ou trop serrée, je ne suis pas très impressionné par cette affirmation... avant de comprendre qu'elle signifie qu'il existe au moins 33 manières différentes de nouer ses lacets de chaussure (et sa cravate).

J'ai découvert qu'au-delà du nœud simple et du double nœud, qui ne sont pas des techniques de laçage, le coureur sachant se chausser et se lacer essaiera sans se lasser le criss-cross alterné 1 (pour soutenir le talon et adapté au pied étroit), le criss-cross alterné 2 (pour soulager les douleurs au-dessus du pied), le laçage simple croisé (pour protéger le gros orteil), le laçage carré (pour diminuer la pression sur le coup de pied) et le laçage à largeur variable (pour les pieds larges).

N'ayant toujours pas eu d'ampoules après bientôt six mois d'entraînement, je décide, finalement, de ne rien changer à une formule qui semble fonctionner : traiter la question par le mépris et continuer à porter les mêmes chaussettes – qui commencent à être usées – et les mêmes chaussures – qui ne ressemblent plus à grand-chose. Seule concession à ces découvertes : le laçage simple croisé, censé protéger les gros orteils. Il est trop tard pour prévenir puisque mes ongles sont déjà noirs à force de buter contre l'extrémité de mes chaussures. Mais je tiens à les conserver au moins jusqu'à la fin du Marathon de Paris.

No pain, no gain

Dicton de diététicien en français, dicton de sportif en anglais.

En frères partisans de la réussite sans douleur nous avons bien pris la précaution de choisir des plans d'entraînement qui ne laissaient la place à aucun inconfort : pas de séances de fractionné (pour les non-initiés, répétition de sprints jusqu'à ce que syncope ou vomissement s'ensuive), pas de course en côte, pas de séances de musculation...

Roch a même poussé la logique jusqu'à ne pas s'entraîner, ou presque, pendant trois mois.

Malgré cette approche prudente, cela ne nous empêche pas d'arborer, chacun, au moins un ongle noir, une contracture au mollet ou un flirt poussé avec la tendinite aux adducteurs ; mais, finalement, rien de rédhibitoire.

Il nous manque donc, selon les stakhanovistes de l'entraînement athlétique, un élément essentiel à notre marche (à moins que ce ne soit, la vitesse en moins, une course folle) vers le Marathon de Paris : la séance d'entraînement qui fait regretter de s'être levé ce jour-là. Heureusement, ce manquement infâme est totalement occulté à la faveur de ce qui suit.

En effet, aujourd'hui n'est pas un jour comme les autres.

C'est ce matin qu'est planifiée la plus longue séance d'entraînement de notre plan : 32 km d'une traite, au rythme marathon – séance qui permet de caler les derniers détails et de se rassurer sur sa capacité à boucler les 42,195 km honorablement trois semaines plus tard. Ensuite, la préparation s'achève en roue libre avec des séances de plus en plus courtes et lentes afin de laisser au corps le temps de récupérer et d'emmagasiner un peu d'énergie ; pas de place donc à la souffrance.

Malgré quarante-huit heures de gastro-entérite pour ma part, des niveaux de pollution atmosphérique propres à terrasser un fumeur et deux tuberculeux – la composition de notre fine équipe fraternelle — le périple du jour débute sous les meilleurs auspices. Beau soleil, température raisonnable, nuit de sommeil complète la veille, parcours à peu près balisé et sans trop de dénivelés ; presque la routine donc, la seule inconnue étant ces 32 km à couvrir, une semaine après avoir terminé 27 km sans beaucoup de réserves.

Nous nous élançons.

Que dire ? Finalement, nous bénéficions (mais est-ce vraiment le *bon* mot ?) d'une séance d'entraînement achevée dans la douleur et nos esprits, à défaut de nos corps, savent désormais ce que c'est que de gérer une foulée hachée, des jambes raides, un dos douloureux, des épaules nouées, une bouche pâteuse et une furieuse envie de confier son sort à la RATP.

Roch, comme toujours économe de ses efforts avant le jour J, jette l'éponge au 24ᵉ kilomètre, Donald annonce dès le 29ᵉ kilomètre qu'au 30ᵉ il sera trop fatigué pour continuer et, pour ma part, malgré une fraîcheur feinte, je ne me fais pas trop violence pour couper mon effort au 30ᵉ kilomètre et clopiner de concert avec Donald jusqu'au marchand de boissons fraîches le plus proche.

Lors du déjeuner, il n'est pas question d'objectif chronométrique, pas plus que de stratégie de course… Rejoindre nos pénates respectifs, et plus précisément nos canapés, est notre seule préoccupation.

Cogito ergo sum[1]

Le cerveau représente 2 % de la masse corporelle et accapare 20 % de l'énergie consommée par le corps. Si j'arrête de penser, est-ce que je cours plus vite et plus loin ?

---

1. Je pense donc je suis.

Un jeu d'enfant

La perception des chiffres serait différente chez les enfants et les adultes.

Ainsi, pour un enfant, le nombre 102 est plus proche de 101 que le chiffre 2 l'est de 1. En effet, 2 est le double de 1 alors que 102 n'est même pas 1 % supérieur à 101.

Après lecture de l'article qui se fait l'écho de cette étude psychologique, je me dis qu'ayant su garder un esprit jeune, je peux m'autoriser à considérer que l'effort fourni pour passer d'une distance de 10 km en septembre à un semi-marathon (21,097 km) en mars, soit un doublement de la distance, est le même que l'effort qu'il me reste à fournir pour de nouveau doubler la distance, du semi-marathon, au marathon.

Et comme je l'ai déjà fait une fois, il n'y a guère de raison que je n'y parvienne pas de nouveau me dis-je, assez content de mon raisonnement.

Un esprit chagrin, d'adulte, me ferait observer que pour passer de 10 km à 20 km il m'a fallu presque 6 mois. Et que pour de nouveau doubler la distance, je n'ai pas tout à fait 6... semaines devant moi.

Six mois, six semaines...

Dans six jours désormais, je saurai à quoi m'en tenir.

Objectif lune ?

À quelques jours du Marathon de Paris, vient le temps de la gamberge et, plus particulièrement, la question de l'objectif chronométrique.

Le meilleur moyen de régler cette question c'est justement de ne pas se la poser. Se fixer un objectif de temps, c'est la certitude de parvenir, à quelques secondes ou minutes près, à se gâcher le plaisir d'avoir réussi à finir l'épreuve.

Il faut bien reconnaître, cependant, qu'insidieusement, au fur et à mesure de l'entraînement, l'idée de se fixer un objectif chronométrique s'impose, ne serait-ce que pour des raisons pratiques : il faut bien savoir à quelle vitesse s'entraîner.

L'objectif annoncé, il y a six mois, était de finir. Je n'avais même pas précisé : en courant. L'idée était de ne rien viser, si ce n'est la ligne d'arrivée, peu importe que ce soit en quatre ou cinq heures. Quand on aime, on ne compte pas. Mais comme il fallait choisir un sas de départ à l'inscription (les sas sont organisés autour des objectifs chronométriques des coureurs ; il y a le sas 3 heures, 3 h 30, 4 heures, 4 h 15, 4 h 30, etc.). Au hasard, j'ai dirigé ma souris à l'époque vers le sas 4 h 30. Quand je me suis aperçu que c'était le sas rose avec dossard rose, j'ai alors choisi le sas 4 h 15 qui n'est pas d'une couleur *girly*. À quoi ça tient l'ambition parfois...

Puis, peu après notre inscription, Marie-José Pérec s'est lancé le même défi que nous, à savoir boucler un marathon. Comme Marie-José a eu la gentillesse de finalement courir le Marathon de New York en 4 h 51, tout d'un coup faire mieux qu'une championne olympique d'athlétisme de notre âge est devenu un objectif désirable, parce que réalisable et symboliquement fort.

Nous avons donc revu, avec un soulagement certain, nos ambitions à la baisse. À quoi ça tient...

Et puis, quand il a fallu se mettre à l'entraînement, la question de l'objectif ne s'est plus posée car elle s'est réglée d'elle-même : elle est consubstantielle à la définition du plan d'entraînement suivi. Et comme je ne savais qu'espérer comme temps, je m'en suis remis au calcul automatique de l'application d'un équipementier armé d'un demi-siècle d'expérience en course à pied.

Pour ceux qui, comme moi, ne savent pas ce qu'ils font, l'objectif raisonnable est celui calculé par l'application gratuite qui détermine le plan d'entraînement en fonction du sexe, de l'âge, du temps de référence (c'est-à-dire celui que j'ai réalisé à la dernière course avant de commencer l'entraînement), de la durée d'entraînement (3, 4, 6 mois) et de la disponibilité déclarée (3, 4 ou 5 séances par semaine). J'aurais probablement pu tenter de me fixer moi-même un objectif chronométrique en fonction de mes sensations du moment, plutôt que de m'en remettre à une application dont j'ignore tout des modes de calcul. Mais comme mon objectif unique n'était que de franchir la ligne d'arrivée, je ne me suis pas préoccupé, au moment de décider de mon plan d'entraînement, de la dimension chronométrique de l'exercice.

D'après mon application donc, si je suis parfaitement le plan d'entraînement, je devrais boucler le Marathon de Paris en 4 h 17 min 35 s.

Comme ce n'est quand même pas un objectif très sexy (4 h 00 min 00 s, à défaut d'être un bon temps, a au moins le mérite d'être un chiffre rond, au pire 250 minutes font 4 h 10 min, mais 4 h 17 min 35 s, cela ne ressemble à rien), je navigue sans relâche sur Internet jusqu'à trouver un site qui aurait la bonté d'âme de me faire rêver un peu en « pronostiquant » un temps qui ressemble, arithmétiquement, à quelque chose.

À force de recherches, je tombe sur une application – et une seule – qui, sur la base du temps d'un peu moins de 2 heures réalisé au semi-marathon il y a un peu plus d'un mois, me prédit un temps marginalement inférieur à 4 h 00 min 00 s. Je lis attentivement l'ensemble des commentaires des coureurs qui s'y sont fié et ne sont pas parvenus à faire aussi bien que l'optimiste prévision livrée par ce site, mais je la retiens, comme on retient l'agence immobilière qui nous annonce le prix le plus élevé pour l'appartement qu'on souhaite vendre, même si on sait bien que c'est du flan pour prendre le mandat : on a bien le droit de rêver un peu.

Bien entendu, les règles de base du marathon sont les suivantes :

– courir à la vitesse pour laquelle on s'est entraîné est impératif : c'est la vitesse pour laquelle le corps sait optimiser le rendement énergétique ; plus vite ou moins vite et c'est l'épuisement assuré ;

– chaque seconde gagnée au début de la course en courant plus vite que sa vitesse d'entraînement se paie en minute perdue à la fin.

Autrement dit, viser mieux que sa vitesse spécifique marathon, c'est prendre le risque de finir derrière Marie-José Pérec.

Que faire alors ?

Partir dans le sas 4 h 15 avec comme objectif environ 4 h 20, ce qui est raccord avec la première prévision qui a déterminé mon plan d'entraînement ?

Partir dans le sas 4 heures en se disant que le temps que j'ai réalisé au semi-marathon est comparable au temps médian de la foule et qu'au Marathon de Paris de l'an dernier le temps médian était d'environ 4 heures ?

Pour couper court à ces réflexions, je décide de faire preuve d'ambition et me dis « Soyons fous, soyons médians ! ». Je vais tenter de me faufiler dans le sas 4 heures.

Ma seule certitude, c'est que ce sera long, très long.

Bekele !

Lorsque j'ai découvert le marathon et les techniques d'entraînement associées, je me suis étonné qu'il ne faille jamais courir 42 km pour préparer un marathon.

Cette abstinence est même une telle évidence qu'elle n'est jamais remise en cause ni expliquée.

Je viens de découvrir, aujourd'hui, pourquoi Éthiopiens et Kenyans dominent le marathon mondial. Comme ils n'ont pas accès à internet, ils ne bénéficient pas de la sagesse et des compétences des têtes pensantes de l'athlétisme mondial et ils ignorent qu'il ne faut pas courir 42 km pour préparer un marathon.

Bekele, champion olympique, champion du monde et recordman du monde du 5 000 mètres et du 10 000 mètres s'engage pour la première fois, à Paris, sur un marathon.

Il décrit ainsi son entraînement dans la presse : « J'ai bien entendu fait des sorties longues de 40 à 45 km pour m'habituer à la distance. Tous les marathoniens procèdent de la même manière. »

Bekele me tue à deux jours du départ !

Il vient de confirmer ce qu'au fur et à mesure de mes lectures je commençais à pressentir : les intellectuels de la course pensent comme des pieds et perpétuent des pratiques d'entraînement sans fondement autre que la tradition pour les uns et la mode du moment pour les autres, le tout sous couvert d'un discours pseudo-scientifique qu'aucune étude significative ne valide.

Quand je pense que j'ai été assez faible d'esprit, et de corps, pour me laisser convaincre de ne pas courir plus de 30 km à l'entraînement alors qu'il y en a 42 à courir et que tous les témoignages soulignent que les difficultés débutent au 30e kilomètre !

Bien entendu, si personne ne s'entraîne sur plus de 30 km, et que tout le monde souffre au-delà de 30 km, il y a comme une logique sous-jacente !

Bekele m'a tuer !

Dossard

Je pensais me battre avec 40 000 coureurs pour retirer mon dossard à Running Expo, le barnum de la course à pied mais en fait, à vue de nez, la foule doit plutôt approcher les 100 000 pèlerins.

Première surprise, non contents de venir se faire écraser les orteils dont ils auront besoin demain, une grande partie des coureurs traîne avec eux à ce *pensum* toute leur famille pour admirer bas de contention, marcels en polyester, casquettes fluo, barres de céréales bio et muesli au miel. Si la famille n'avait pas craqué pendant les douze semaines de préparation au marathon, la rupture devrait désormais être consommée.

Deuxième surprise, des gens qui ne sont pas obligés d'être là pour retirer un dossard (ils ne courent pas le marathon) se déplacent ! Il y a plus de choix dans n'importe quelle boutique de running qui se respecte et pourtant, ils viennent. Des agoraphiles, peut-être...

Toujours est-il qu'après avoir patienté puis montré patte et certificat médical blancs, je suis apte à aller retirer mon dossard. Et là, je m'aperçois que les précieux sésames sont distribués en fonction du sas de départ : autrement dit, ma fierté en prend un coup quand je me dirige vers la zone 4 h 15, seul, sous les yeux de la foule qui se presse vers les tables 3 heures, 3 h 15, 3 h 30, etc.

Mais ce n'est pas le pire.

J'avais réussi à me convaincre que courir un marathon n'est pas à la portée du premier venu (alors qu'en fait, si, puisque je vais le courir) et que c'est un acte sportif qui, s'il ne suffit pas à qualifier son auteur d'athlète, l'élève au moins sensiblement au-dessus du *vulgus pecum* de la course à pied.

Eh bien ce sophisme est anéanti en quelques secondes par le sponsoring : les flammes sur lesquelles sont inscrits les temps visés par chacun des coureurs et qui permettent de repérer les tables où sont distribués les dossards sont sponsorisées par le magazine *Jogging International* dont le nom figure bien en évidence sur chacune de ces flammes. Alors que le jogging est à la course à pied ce que la conduite accompagnée est à la Formule 1 !

Un jogging de 42,195 km ! On croit rêver.

Un grand moment d'humilité cette expérience de retrait de dossard, au milieu d'athlètes affûtés comme des lames et exsudant la confiance en soi. Malgré six mois de préparation j'ai toujours l'impression d'être un imposteur et, qu'à un moment où un autre, quelqu'un va s'en rendre compte et m'enjoindre de rester chez moi pour laisser les véritables coureurs, doués et appliqués, entre eux.

J'espère que ce moment d'humilité ne se transformera pas, demain, en moment d'humiliation.

VDM (Vie de marathonien)

L'expérience d'un premier marathon est aussi l'expérience, comme acteur ou témoin direct, de grands moments de solitude malgré la foule omniprésente.

La veille de l'épreuve, déjà, Donald, faisant la queue pour entrer à Running Expo pour pouvoir retirer son dossard, sort une cigarette pour patienter ; il a oublié son briquet et, fatalement, dans une marée humaine de marathoniens, il ne trouve personne pour le dépanner.

Pour ma part, après un lever bien prématuré pour un dimanche, qui succède à une nuit bien trop courte, entrecoupée de réveils en sursaut de peur de rater l'alarme, et un petit déjeuner aussi riche qu'inhabituel, je me rends au départ du Marathon de Paris, hésitant entre emprunter le métro, dont la bouche la plus proche est à 1 km de chez moi, ou m'y rendre à pied, à un peu moins de 3 km de la maison. Pas certain d'avoir les jambes pour parcourir plus de 42 km et 195 m, je me décide pour le métro. Une forte odeur de camphre m'accueille à la station et m'indispose. Mon estomac déjà noué par l'appréhension est désormais retourné par les effluves des onguents magiques utilisés sans retenue par la foule de coureurs qui a envahi les couloirs de la station. J'ai à peine le temps de me pencher au-dessus d'une poubelle pour m'alléger des calories surnuméraires ingurgitées il y a moins d'une heure. Soulagé, dans tous les sens du terme, je me drape dans les quelques lambeaux de dignité qu'il me reste, me redresse et m'insère sans trop de difficultés dans le premier wagon qui se présente : tous les témoins de la scène s'écartent à mon passage.

Arrivé à destination, je me mets en quête des consignes. Instruit par l'expérience du semi-marathon où les consignes étaient proches du départ et de l'arrivée, j'ai opté pour un sac contenant de quoi me couvrir après la course. Or, pour le Marathon de Paris l'arrivée est assez éloignée du départ et, les consignes étant à l'arrivée, il faut bien compter vingt-cinq minutes pour déposer son bagage et rejoindre la ligne de départ. Pour moi pas de soucis, j'ai prévu large. En revanche, je compte pendant le parcours, au moins six coureurs – probablement arrivés trop tard ou trop stressés par l'horaire pour prendre le risque de rater le départ – qui parcourront les 42,195 km avec leur sac de change complet (y compris le ticket de consigne bien visible) en bandoulière ou sur le dos. Comme moi, ils avaient dû se fier à une expérience passée et s'abstenir de lire les consignes de course distribuées à chacun au moment du retrait des dossards.

Puis, une demi-heure et cent mètres avant le départ, je vois une jeune femme se faisant secourir par la Croix-Rouge. Prise d'une crise d'angoisse avant de s'attaquer à son premier marathon, malgré de nombreux mois d'entraînement intensif, elle ne parvient plus à respirer. Elle ne franchira pas même la ligne de départ.

C'est donc dans des dispositions psychologiques moyenne-
ment favorables que je retrouve Donald et Roch, un peu par
miracle eu égard à la foule, pour affronter ensemble – au
moins jusqu'au coup de pistolet du starter – ce marathon
rédempteur, susceptible de nous faire oublier l'échec fondateur de notre démarche.

Après un long débat pour savoir s'il faut rejoindre le sas
de départ des athlètes qui ont pour objectif de courir en
quatre heures ou celui des joggeurs qui ont pour objectif de
courir en 4 h 15, nous optons pour le premier. Comme je
ne sais pas ce que je fais ou ce que je suis censé faire, ma
seule stratégie de course est de suivre le meneur d'allure des
quatre heures le plus longtemps possible. Or, avant même de
franchir la ligne de départ, je perds de vue le meneur d'allure et je n'en verrai aucun pendant plus de quatre heures
d'épreuve. L'homme planifie, Dieu rit.

Le départ est finalement donné, et notre sas finit par
être libéré. Nous avançons en marchant, jusqu'à la ligne de
départ, les pas entravés par les sacs poubelles, les bouteilles
pleines de boissons d'attente dans le meilleur des cas et par
les habits abandonnés par nos prédécesseurs. Puis, quelques
mètres avant la ligne, il est possible de se mettre à trottiner ;
l'aventure débute !

Après 500 m de course, toujours sur les Champs-Élysées,
nous voyons, au sol, le dossard d'un certain Paulo qui
vient du Brésil. Comme il a perdu son dossard, auquel
est incorporée la puce électronique qui assure le chronométrage, il ne saura jamais combien de temps il a mis
au Marathon de Paris et sera classé comme « abandon ».
Venir du Brésil pour ça, ça doit énerver. J'ai une (brève)
pensée pour lui.

Après environ un kilomètre de course, nous parvenons
place de la Concorde où se situe le premier poste de secours
de la Croix-Rouge. Il y a déjà quelqu'un en train de se faire
secourir, visiblement blessé à la cheville. Fin de course un
peu plus de cinq minutes après le départ. Je frissonne à l'idée

que cela puisse m'arriver : un pavé mal serti, une bordure de trottoir masquée, un coureur déséquilibré et la course peut s'arrêter immédiatement.

Comme il fait chaud, très vite, boire ne suffit plus. Au deuxième ravitaillement, après 10 kilomètres de course, je fais le choix de m'arroser abondamment la tête. Mon télé-phone, qui fait office de GPS (et donc permet le suivi du rythme et de la distance) et de lecteur MP3, n'apprécie pas d'être noyé et se met à grésiller sévèrement pendant quelques minutes ; je ne récupérerai jamais la fonction lecteur MP3.

Au 15e kilomètre, bien installé dans le rythme plus ou moins prévu, pas encore à l'agonie mais commençant à res-sentir les premiers effets – psychologiques – de la fatigue, Roch se fait dépasser par… une banane. Un coureur en cos-tume de peluche jaune en forme de banane sous lequel il doit faire au moins 35 °C, le double. Pour Roch, ce sera le début de la fin de ses illusions sur sa capacité à finir le marathon en coureur.

Du 15e au 20e kilomètre, je suis un coureur que je ne par-viens pas à rattraper bien qu'il coure avec une pancarte. Dès qu'il y a quelques spectateurs sur le bord de la route, il la brandit et se fait acclamer, avant de la remiser sous son bras. En 5 kilomètres, soit une demi-heure, impossible de lire en transparence ce qu'il y a sur la pancarte, trop épaisse. Je finis par le rattraper et le dépasser. Sauf que nous venons d'entrer dans un tunnel et qu'il est impossible de voir quoi que ce soit et encore moins de lire la pancarte qu'il a sous le bras. Il faudra que j'attende le lendemain pour voir des photos et comprendre qu'il brandissait une demande en mariage à Sandra. L'histoire ne dit pas si Sandra est venue le soutenir pendant le marathon, l'a attendu à l'arrivée ni ce qu'elle lui a répondu.

Peu après ce premier coureur à message, je rattrape quelqu'un qui porte un t-shirt avec pour message, devant et derrière, « Cherche poste de technico-commercial ». Puis son email et son numéro de GSM. Bonne idée. Nous cherchons justement un technico-commercial au boulot et, donc, je m'apprête à prendre ses coordonnées. Mais comme j'ai laissé mon sac à la consigne, je n'ai ni stylo, ni papier, ni carte de visite sur moi. Et je ne vais pas, en courant, sortir mon téléphone de ma poche pour prendre le t-shirt en photo. Quant à retenir le numéro de téléphone... Lui non plus n'a pas de cartes de visite sur lui. Pas très opérationnelle sa mini campagne de publicité, remarque mon esprit encore lucide et pragmatique.

Plus la distance augmente, plus je suis fatigué, moins je cours vite. Mais, comme tout le monde, je serre les dents parce que je ne veux pas marcher, ce qui serait la négation de plusieurs mois d'entraînement à la course. Je continue donc à tituber – lentement – avec une démarche qui ressemble vaguement à de la course.

Jusqu'au moment où je me fais dépasser par un marcheur.

Un peu plus tard, comme nombre d'entre nous, bizuths du bitume, je connais ma première et plus importante défaite : je marche. Après m'être menti pendant des kilomètres en me promettant que rien, pas même la douleur physique, ne me ferait lâcher prise, qu'il suffit d'aborder l'épreuve un pas après l'autre, que la douleur est éphémère, mais la gloire éternelle (il se confirme que la perte de lucidité amène à des considérations emphatiques que les publicitaires de Nike ne renieraient pas), je me mets à marcher parce que la tête dit stop. Comme le dira Donald, « P'tain, je suis inscrit à une course à pied et je ne cours même pas ! »

Après le Marathon de Paris, j'apprendrai que Bekele n'a battu le record de l'épreuve que de huit secondes et non pas quarante secondes comme il le souhaitait parce qu'il a couru les dix derniers kilomètres avec une crampe à la cuisse. Avec une crampe, il perd trente-deux secondes. Sans crampe, je perds un quart d'heure.

À force d'avancer, même lentement, je finis par m'approcher de la ligne d'arrivée. Et comme j'ai perdu mes frères de vue et qu'une saine et néanmoins certaine émulation existe

– sans parler de l'enjeu d'un restaurant gastronomique à la charge du dernier à passer sous la banderole finale – je commence à m'inquiéter de savoir où sont les uns et les autres. Quand, soudain, à 4 km de l'arrivée, j'entends la sonnerie caractéristique d'un SMS. Convaincu que je me suis fait coiffer sur le fil, je sors mon téléphone pour confirmer mes craintes. Soulagement : ce n'est qu'un copain. Vexation : cela fait tellement longtemps qu'il a vu le départ à la télévision qu'il est convaincu que je suis déjà arrivé, douché, reposé et il me félicite pour ma course et me souhaite une bonne récupération.

Plus je m'approche de la ligne d'arrivée, plus je ralentis – à cause de la fatigue – et plus elle semble s'éloigner. Et plus je deviens conscient du temps qui passe, plus je me préoccupe du chronomètre : je sais que mon premier objectif (ne pas marcher) est planté ; que mon deuxième objectif (quatre heures) n'est plus atteignable ; que l'atteinte de mon troisième objectif est compromise, etc. En conséquence, je prête enfin attention à mon GPS qui égrène des minutes qui semblent de plus en plus courtes et des kilomètres qui semblent de plus en plus longs. C'est à ce moment que la batterie de mon téléphone rend l'âme et que je perds mon GPS et avec lui le moyen de retrouver tout le monde à l'arrivée.

Malgré tout, je continue et observe à un kilomètre de l'arrivée deux coureuses, adossées à un arbre, enveloppées dans une couverture de survie, secourues par la Croix-Rouge. À un kilomètre de l'arrivée ! Je ne sais pas s'il vaut mieux s'arrêter un kilomètre après le départ ou un kilomètre avant l'arrivée, mais dans les deux cas, quelle déception !

Je passe enfin la ligne d'arrivée où j'attends mes frères, sans savoir s'ils ont déjà fini. J'ai alors le temps de remarquer trois coureurs avec les tétons en sang, un coureur avec un masque de cuir de catcheur sud-américain qui lui couvre tout le visage, un coureur qui se fait chambrer par l'animateur à la sono parce qu'il arrive grimaçant... en portant un t-shirt *Run 4 Fun*, le premier arrivant de la catégorie marche nordique et, enfin, mes deux frères, l'un et l'autre pensant ne pas être arrivés en dernière position.

Roch[1] devra finalement nous inviter au restaurant, pour une minute et neuf secondes de retard sur Donald, soit 0,40 % de son temps de course. Je crois qu'il se dit encore qu'il aurait dû faire un petit effort complémentaire ou s'arrêter un peu moins longtemps à un ravitaillement.

Ne reste plus qu'à récupérer le t-shirt de *finisher*, la médaille dorée qui me permettra de dire aux enfants que j'ai gagné la course, retrouver le sac à la consigne, nos moitiés respectives à la sortie de la zone coureurs, le métro toujours bondé et encore plus odorant, puis nos foyers.

Une fois chez moi, j'ai une pensée pour les derniers arrivants, encore sur pied alors que je suis allongé sur mon canapé. Je ne serai pas le seul à avoir une pensée pour eux : ils auront les honneurs d'une page complète de *L'Équipe* le lendemain. En effet, les trois derniers, arrivés en 5 h 40, se voient remettre par un sponsor du marathon le prix de l'endurance : ce sont eux qui ont couru le plus longtemps. Pas certain que tous les trois aient apprécié l'honneur public qui leur a été fait.

Bon moisiversaire (6)

Il y a six mois, l'objectif était de passer de 0 à 42 km à trois. Objectif atteint pour les trois frères Chevignard, le tout sans blessure !

---

1. Grégoire : 4 h 14 min 57 s ; Donald 4 h 45 min 36 s ; Roch 4 h 46 min 45 s

PLAT :
DE ZÉRO À CENT
KILOMÈTRES

Quelle idée !

Maintenant que mon objectif principal est atteint, il me reste à assumer mon inscription à l'Ultra-Trail de Côte d'Or qui aura lieu le dernier week-end de mai, soit moins de deux mois après le marathon.

Je n'ai jamais couru plus d'un marathon, le parcours fait 105 km.

Je n'ai jamais couru plus d'un quart d'heure en montée, la course compte 3 800 m de dénivelé positif cumulé.

Je n'ai jamais couru de nuit, le départ est à 3 heures du matin.

Je n'ai que quatre semaines d'entraînement pour me préparer, les deux dernières semaines avant la course étant en règle générale consacrées au repos.

Après avoir beaucoup râlé contre les plans d'entraînement au marathon – avec beaucoup de mauvaise foi puisque le plan que j'ai suivi s'est révélé diaboliquement précis dans ses prévisions – je vais avoir la responsabilité de déterminer moi-même mon plan d'entraînement ultra-trail. En effet, et sans surprise, il n'y en a aucun qui se propose d'emmener un néophyte au bout d'un ultra en quatre semaines.

L'objectif est aisé à fixer : terminer dans les temps soit, au maximum, en dix-neuf heures. Comme il ne s'agit tout de même pas de se faire éliminer à un *check point* inter-médiaire pour dépassement de barrière horaire, je viserai un temps de seize heures, temps médian de l'épreuve l'an dernier. Toujours aussi ambitieux : *soyons moyens* !

Première certitude, je ne deviendrai pas un montagnard en quatre semaines, les portions de parcours en dénivelé seront donc mon talon d'Achille. J'en tire deux conclusions pour la conception de mon plan d'entraînement maison et de ma stratégie de course :

– Monter et descendre autant d'escaliers que possible en trottinant pendant quatre semaines pour faire travailler les muscles spécifiques.

– Ne pas courir dans les montées pendant l'épreuve.

Deuxième certitude, je ne sais courir qu'une quarantaine de kilomètres à mon rythme « endurance ». J'en déduis deux tactiques de course possibles, pas nécessairement exclusives.

– Alterner, dès le début course et marche à pied, même sur le plat (en conservant mon rythme « endurance ») afin de retarder le moment où seule la marche sera possible.

– Apprendre (mais est-ce possible en quatre semaines ?) à courir à un rythme beaucoup plus lent.

Troisième certitude : comme je n'ai aucune idée de ce que peut représenter ce type d'épreuve, le mental risque d'être mon second talon d'Achille. Deux pistes de réflexion pour tenter de gérer cette dimension :

– « Démystifier » la distance en la parcourant au moins une fois, pendant un long week-end (35 km par jour pendant trois jours par exemple).

– Trouver et tester des astuces « mentales » pour ne pas être tenté d'abandonner pendant une épreuve qui n'est, fina-lement, qu'un exercice vain. Après tout, comme l'a dit Yogi Berra : « Le base-ball c'est 90 % du mental. L'autre moitié, c'est physique. »

La partie théorique étant déterminée, reste à passer à la pratique, beaucoup plus exigeante.

Altius, à défaut de citius et fortius[1]

Pour la préparation à l'Ultra-Trail de Côte d'Or, il me reste à trouver suffisamment de dénivelé à proximité de la maison pour m'entraîner et avoir une chance de survivre aux 3 800 m d'ascension de la course.

Je viens de comprendre que 3 800 m, cela représente une expédition au sommet du mont Blanc. En effet, même si celui-ci culmine à 4 810 m, il est assez rare qu'on attaque son ascension depuis le bord de la mer, à l'altitude zéro ; le départ est plutôt Chamonix, altitude 1 035 m. Plus je m'interroge sur ce qu'il convient de faire pour se préparer, plus je prends la mesure de l'énormité de l'épreuve qui m'attend.

Je me décide donc à gravir, descendre, gravir, descendre des volées d'escaliers pour stimuler, un peu, les membres qui seront mis à contribution dans les sentiers. L'inconvénient de ce plan est que rares sont les volées de marche très longues, ce qui interdit de solliciter dans la durée les muscles et le cœur.

À la recherche d'une solution, comme tous les bons élèves assis au fond de la classe, près du radiateur, je laisse mon regard vagabonder par la fenêtre, à la recherche d'inspiration. Et comme souvent, je m'aperçois que j'ai la solution sous le nez :

À moi les tours de la Défense !

Quoi de plus simple que de me présenter à chacune d'entre elles, gravir les escaliers, probablement peu empruntés, redescendre, et attaquer la tour suivante, s'il est encore permis de s'exprimer ainsi ?

Renseignements pris, la chose n'est pas si aisée qu'un esprit simpliste comme le mien l'avait imaginé. L'accès est systématiquement gardienné et, de jour comme de nuit, les

---

1. *Citius, Altius, Fortius :* Plus loin, plus haut, plus fort (devise des Jeux olympiques)

cerbères ne se laissent pas attendrir par l'impérieuse nécessité qui est la mienne de cavaler dans des escaliers. J'en soupçonne même une majorité d'avoir jugé ma démarche suspecte.

Qu'à cela ne tienne, je m'inscris à une course de charité qui aura lieu mi-mai et qui consiste à gravir quarante-huit étages, soit presque mille marches, d'une traite, dans la tour la plus haute de France (la tour First).

En attendant, je continue à courir sur le plat ; c'est moins utile mais c'est moins fatigant.

Dupont Lajoie

Pour briser un peu la monotonie de mes parcours d'entraînement, je décide, ce soir, d'aller vérifier par moi-même qu'il y a bien trente-sept ponts au-dessus de la Seine à Paris.

Je triche un peu en m'épargnant le premier (le pont Amont) et le dernier (le pont Aval) ponts qui, l'un comme l'autre, sont empruntés par le boulevard périphérique.

Je m'élance donc du pont du Garigliano (XVe arrondissement), pour tourner comme un derviche sur et autour de l'île de la Cité et de l'île Saint-Louis (treize ponts pour les deux îles) afin de ne pas en rater un et je termine ma course sur un des plus laids, le pont National.

Je m'accorde une pause sur le pont d'Iéna pour admirer, comme tous les touristes et Parisiens, les scintillements de la tour Eiffel à la tombée de la nuit.

Si je suis certain d'avoir suivi la Seine d'un bout à l'autre de Paris, je ne suis pas totalement certain de mon décompte, la passerelle Simone de Beauvoir s'étant subrepticement invitée dans la succession des ponts de Paris mais pas nécessairement dans mon itinéraire.

Le plus long dans cette promenade qui me change de mes circuits habituels, ce sont les transports en commun pour me rendre du bureau (station Port de Gennevilliers) à mon point de départ puis de mon point d'arrivée à la maison... sur la Seine.

Je suis sensible au clin d'œil géographique du destin. Pour rentrer chez moi j'ai le choix entre deux lignes de métro : la ligne 1, arrêt Pont de Neuilly ou la ligne 3, arrêt Pont de Levallois.

Et comme j'habite pont de Courbevoie, finalement, j'aurai bien couru sur au moins trente-sept ponts, bien qu'ayant sauté la passerelle Simone de Beauvoir.

« Quelle tête de pont !, me dis-je, éreinté par cette cavalcade, cela ne sert à rien dans mon planning de préparation au trail ! »

Tout bien réfléchi, si, un peu : j'ai pu cumuler distance (environ 20 km) et dénivelé (escaliers). La prochaine fois, pour travailler plus le dénivelé, j'irai aux Buttes.

Dame Nature, version parisienne

Sitôt pensé, sitôt organisé.

Trois jours après mon escapade fluviale, je me retrouve au pied des Buttes Chaumont avec un athlète qui a eu la gentillesse de se proposer d'accompagner mes premiers pas sur des pentes supérieures à 5 % d'inclinaison.

Je tirerais bien gloire du fait que cet athlète est un cousin, mais comme c'est un cousin par alliance, nous ne partageons pas, à mon grand désespoir, le même héritage génétique. Je m'en remets donc, pour cette soirée aux Buttes, à l'expertise de Frédéric, grand péripatéticien (on dit marcheur de nos jours) devant l'éternel.

Le premier enseignement que je tire de la soirée, peu après avoir débuté la séance, c'est qu'il y a un monde entre un athlète et un coureur du dimanche. Même si celui-ci court parfois en semaine aussi, il n'arrive pas à la cheville de celui-là. Par exemple, pour le premier, l'expression « accélérer en montée » se traduit par une augmentation de la fréquence de la foulée, pour le deuxième que je suis, cela ne se traduit que par une augmentation de la fréquence cardiaque.

À défaut de pouvoir faire autrement, je tire rapidement un deuxième enseignement de la soirée, directement dérivé du premier : il faut courir à son rythme, toujours. Il est impossible, malgré toute la bonne volonté du monde, de courir durablement à un rythme qui n'est pas le sien.

Pendant que je tente de reprendre mon souffle, j'ai le temps de constater, comme troisième enseignement de la soirée, que courir sur route de longues distances pour travailler l'endurance c'est bien ; courir dans des escaliers pour travailler les muscles associés aux efforts verticaux montants et descendants, c'est bien ; mais rien de tout cela ne ressemble de près ou de loin au trail.

Comme me le livre Coach Frédéric à l'issue de cette séance de découverte, « L'entraînement et l'apprentissage sont deux choses bien distinctes. »

Et effectivement, impossible dans les environnements linéaires que sont routes et escaliers, d'accélérer dans de longues descentes en bondissant, de courir à flanc de colline (en devers donc), de changer de longueur de foulée tous les trois pas pour éviter les cailloux, et donc, les genoux écorchés, avaler une vingtaine de moucherons en même temps qu'une grande goulée d'air au sommet d'une pente gravie en apnée ou presque, etc.

Pour avoir ignoré cette vérité première, je risque, sauf à explorer de nouveaux terrains de jeu dans un avenir proche, d'être très surpris dans cinq semaines dans les bois et collines bourguignons.

Au pic de ma forme

Il y a un sujet que je n'ai pas abordé et que, jusqu'à maintenant je me suis refusé à aborder : c'est celui de la nutrition.

Pourtant l'ensemble des ouvrages traitant de la course de fond, sous forme classique ou sous forme ultra, y accordent de l'importance, soulignant qu'il est inutile de développer et régler le moteur (le corps) aux petits oignons si le carburant (la nourriture) qu'on lui fournit est inadapté.

L'image et l'argument me paraissent convaincants, mais je refuse de me pencher sur la question ; je souhaite que la course à pied reste un loisir, certes chronophage, mais pas qu'elle devienne un mode de vie.

Néanmoins, les excès du week-end pascal (et le souhait de les renouveler) ainsi que la nécessité d'alimenter les discussions familiales m'amènent à infléchir au moins partiellement ma position en m'intéressant de près à l'alimentation de récupération, après l'effort.

À l'issue d'une discussion fraternelle autour de l'agneau pascal, il est décidé qu'une semaine après l'Ultra-Trail de Côte d'Or, je récupérerai au restaurant étoilé Pic, à Valence. Reste à déterminer qui règlera l'addition : le DNF (*Did Not Finish*), c'est-à-dire moi, dans le cas où je ne franchirais pas la ligne d'arrivée dans les délais prescrits par l'organisation, ou les DNS (*Did Not Start*) en les personnes de mes frères Arthur, qui trouve ainsi un moyen qui lui convient de s'associer à l'effort, et Donald qui, bien que marathonien, n'envisage pas de continuer à progresser.

Roch, pour sa part, n'a toujours pas digéré l'addition du restaurant gastronomique à l'issue du Marathon de Paris ; il ne souhaite donc pas voir l'histoire lui repasser un plat jugé trop salé et s'abstient de participer au pari.

Si je manquais de sujets de motivation pour arriver au bout de cette course de 105 km, je viens de m'en trouver deux de plus : avoir le plaisir de battre – certes indirectement – mes frères et, plus encore, pouvoir le leur ressasser pendant de longues heures autour d'une table étoilée.

Comme le contraire n'est pas envisageable, il va me falloir mettre les bouchées doubles à l'entraînement.

Pourquoi ?

Ce week-end, j'ai rendez-vous pour une sortie d'une grosse dizaine de kilomètres.

La veille, voyant les trombes d'eau s'abattre sur la région parisienne, j'investis dans ce qui s'appelait un K-way à l'époque où Décathlon et Go Sport n'existaient pas encore. Aujourd'hui le vêtement et le nom doivent être plus techniques mais la fonction reste la même : c'est léger, c'est en plastique, il y a une capuche et je suis censé ne pas être mouillé si je me retrouve sous une pluie fine.

En cas de forte pluie, reste le ciré breton, mais pour courir c'est moins pratique.

Isabelle, ma moitié, avisant les précipitations en conclut que le jogging du lendemain a de fortes chances d'être annulé. Voyant mon acquisition, et les deux mails de confirmation de mes coreligionnaires, elle s'interroge à voix haute :

« Mais pourquoi courez-vous ? ».

Il faut bien reconnaître que quand cette question m'était posée à mes débuts en course à pied, je me trouvais fort embarrassé d'y répondre et m'en tirais par une pirouette. J'inversais la question à l'attention de mon interlocuteur :

« Pourquoi, toi, ne cours-tu pas ? ».

J'ai toujours été surpris qu'on réponde, systématiquement, à cette question purement rhétorique. Mes interlocuteurs, sans réfléchir plus d'une seconde, se mettent en général à se justifier de ne pas courir, comme s'ils avaient conservé de leur enfance ou de leur scolarité l'idée qu'il *fallait* courir. Un sondage absolument pas sérieux, comme tous les sondages, réalisé auprès de tous les répondants déterminerait que dans 78,38 % des cas la réponse est :

« J'ai un problème aux genoux, mais avant... »

La question de pourquoi *moi* je cours est donc en suspens depuis de nombreux mois et, à la veille d'une sortie qui s'annonce chahutée par la météo, je n'ai toujours pas de réponse à offrir.

Le lendemain matin, plus que jamais accroché à l'idée d'achever un trail de 105 km fin mai et donc, de m'entraîner sur de longues distances – même si je suis de moins en moins certain que ce soit la meilleure des recettes – je me lève tôt pour rejoindre, en courant, mes camarades de course à 7 km de chez moi.

Dès le pas de la porte, débute une longue phase d'introspection qui n'est pas sans lien avec la météo, pourrie.

Mais pourquoi est-ce que je cours ?

Qui plus est, sous la pluie, un dimanche matin, dans un environnement sans intérêt, en ayant mal au genou. Car on peut avoir mal au genou et courir.

Pour éviter de rebrousser chemin immédiatement, je mets en application les quelques recommandations des coureurs de fond sur la dissociation : il s'agit de penser à autre chose pendant qu'on court afin d'éviter de se rendre compte qu'on n'a plus envie de courir. Bien entendu, il serait plus simple de s'arrêter de courir, mais ce n'est pas ainsi que pense un ultra-fondu si j'ai bien compris la littérature afférente au sujet.

Paradoxalement, c'est au moment où je m'efforce à ne pas penser à la course à pied que, stimulé par la vue d'un kiosque à journaux richement doté en magazines culturels, mon esprit formule une réponse.

Montaigne, cherchant à analyser *a posteriori* l'évidence qu'est pour lui son amitié avec La Boétie écrit : « Parce que c'était lui ; parce que c'était moi ». Cette affirmation n'éclaire guère, mais exprime qu'il y a quelque chose d'évident, de naturel, d'ineffable, comme de l'ordre de l'instinct qui se joue, de la manière dont il aime un aliment, une odeur ou une sensation. Ce qu'on sait moins, c'est que La Boétie, lui, préalablement à sa rencontre avec Montaigne, avait défini ce qu'est une amitié idéale dans son *Discours sur la servitude volontaire*. Le titre de cet écrit politique pourrait être celui d'un ouvrage analysant la psychologie des coureurs (*Le bagne de la liberté*, de Marc Desmazières, le confirme) et son propos pourrait être extrapolé à la course à pied. Comme l'amitié, la course est exigeante et demande humilité, abandon et découverte avant de déboucher sur un nouveau moi, enrichi de cette expérience.

À la façon de Montaigne, je proclame : « Je cours parce que j'aime ça ! »

À l'instar de La Boétie, j'explique : « Je cours parce que c'est exigeant et que cette exigence me fait progresser. »

D'ailleurs, aujourd'hui j'aurai finalement enquillé une trentaine de kilomètres.

Repos !

Paradoxalement, le jour de la fête du travail, ou des travailleurs, est chômé.

À croire qu'on se dépense plus pendant ses loisirs qu'en allant travailler, que la hiérarchie de l'historique *panem et circenses*[1] a été inversée, l'énergie consacrée aux loisirs étant

---

1. Du pain et des jeux : revendications d'un peuple romain en pleine décadence

devenue plus importante que celle dédiée à la recherche de notre subsistance.

Lorsque j'ai élaboré mon plan d'entraînement « maison » pour L'Ultra-Trail de Côte d'Or, j'ai prévu de courir la distance de l'épreuve, 105 km, en un « week-end choc », soit 35 km par jour pendant trois jours. L'idée était de familiariser l'esprit, voire le corps, à cette distance et ainsi la démystifier.

Plusieurs événements m'amènent à réviser cette stratégie d'entraînement.

D'abord, Coach Frédéric m'ouvre les yeux sur deux choses :
– la course trail (changements d'allure, de terrain et de déclivité permanents) est très différente de la course sur route (allure la plus régulière possible sur un revêtement uniforme avec des déclivités douces) ;
– entraînement (accumuler distance d'une part et dénivelés d'autre part dans mon plan initial) et apprentissage sont deux choses distinctes. Dans mon plan je n'avais prévu aucune pratique de *trail*, or, à choisir, il faut privilégier l'apprentissage.

Ensuite, à force d'accumuler des kilomètres, j'ai un genou qui me suggère de modérer mon enthousiasme le temps qu'il se refasse une santé.

Par ailleurs, courir 35 km par jour pendant trois jours, cela suppose (en comptant douche, récupération, etc.) d'y consacrer une quinzaine d'heures de temps éveillé pendant un week-end familial.

Enfin, il tombe des trombes d'eau.

En fait, je n'ai pas envie de m'y mettre.

Réflexion et flemmardise ayant pris le dessus, il me reste à concevoir un plan B qui me permette de progresser vers mon objectif, tout en préservant un peu plus mon genou que s'il devait courir, dès aujourd'hui, 105 km. Idéalement, ce plan B me ferait envie afin de raviver une motivation principalement négative : je ne m'entraîne que parce que je crains d'échouer. Je fouille donc un peu, et je m'inscris.

Le plan B est une course officielle, qui s'intitule « The Trail » (en toute simplicité), en version 63 km, départ samedi après-midi.

Avantages :
– je ne cours qu'une fois en quatre jours ;
– je m'initie au trail (terrain, alimentation, course avec sac à dos) ;
– je finis la nuit (donc une seule demi-journée de temps éveillé sacrifiée) ;
– je n'ai pas à me préoccuper de l'itinéraire, car il s'agit d'une course officielle.

Inconvénient :
Je reproduis le schéma d'entraînement au marathon auquel je ne crois pas : ne courir que 30 km pour préparer une course de 42 km ; ne courir que 63 km pour préparer une course de 105 km.

En résumé, dans le droit fil de la tradition du premier mai, ce week-end ce sera repos : seulement 63 km de course à pied !

La vérité sort de la bouche des enfants

Pour ce premier trail, 63 km donc pour découvrir, apprendre et tester aussi bien matériel que stratégie de course en vue de l'Ultra-Trail de Côte d'Or dans un mois. Ambiance rentrée des classes dans un nouveau collège.

J'arrive avec mon nouveau sac à dos, mon cuissard acheté il y a quelques semaines mais que je réservais pour une telle occasion, mes chaussures de trail pas encore complètement faites au pied et des tonnes de bonnes résolutions.

Dès que j'arrive, je comprends que je suis le seul à avoir du matériel neuf, et que, eu égard au teint buriné des uns et des autres malgré un cumul d'environ douze heures d'ensoleillement depuis le début de l'année, pendant que je m'entraînais au trail sur internet et chez Décathlon, les autres couraient.

Je prends aussi conscience qu'avec ma course de 63 km, je fais figure de gentil plaisantin puisque s'alignent, au départ, tous les concurrents des formats 63, 85 et 110 km.

Enfin, comme dans le règne animal, sans avoir l'air d'y toucher, chacun a lustré et mis en avant son plumage pour impressionner l'adversaire : les t-shirts « 100 km de Millau » croisent les Buff « Marathon des Sables » et les doudounes « The Trail, finisher 2013 ». Autant dire que ma tenue neuve, promo de la quinzaine du running du mois dernier, de Décathlon, dont j'étais si fier, me fait honte. Un point pour la communication non-verbale.

L'aspect positif de la situation, c'est que comme je ne sais toujours pas ce que je suis censé faire pour une course aussi longue, il me suffit d'observer ceux qui savent. Je sais aussi que le plus gros défaut des nouveaux venus sur longues distances est de partir trop vite. Je me réjouis donc de partir en même temps que les 85 et 110 km qui, normalement, vont adopter un rythme encore plus raisonnable que celui que je dois adopter ; je m'apprête donc à partir en mode escargot de Bourgogne avec le troupeau des trailers expérimentés et me répète en boucle les lignes directrices de ma stratégie de course : partir doucement, ne pas courir en montée, marcher 500 m tous les 3 km de course.

Partir doucement, ne pas courir en montée, marcher 500 m tous les 3 km de course.

Top départ.

Tous les coureurs partent comme des fusées sur une section de plat en bitume, se bousculant et jouant des coudes pour grappiller quelques places. Interloqué, surpris, je n'envisage pas d'accélérer, et ce d'autant moins que j'ai encore mon sandwich poulet-mayonnaise sur l'estomac. Partir lentement, c'est fait... mais je suis à peu près le seul !

Première montée, au bout d'1,5 km, brutale, féroce. Je ne cours pas.

D'une part parce que j'en suis incapable et d'autre part parce que le sentier est étroit et il est impossible de doubler.

Je crois que je commence à comprendre la nécessité qu'il y avait à ne pas se retrouver derrière avant la montée, d'où le départ fulgurant.

Première leçon du jour : étudier le profil du terrain avant le départ. Ne connaître que la position des ravitaillements n'est pas suffisant.

Après la longue montée, nous arrivons sur un plateau dont le début coïncide avec le 3ᵉ kilomètre de la course. Conformément à mon plan, je commence à marcher à la surprise des spectateurs et autres coureurs. Je ne peux pas m'empêcher de penser que marcher 500 m après avoir marché près d'1,5 km dans la montée, cela fait 2 km de marche d'affilée ; pas vraiment ce que j'avais en tête quand j'ai mis au point cette stratégie.

Après les 500 m de marche réglementaires, je recommence à courir, au moment où le chemin commence à s'élever de nouveau, en un traître faux plat. Les coureurs qui m'ont dépassé sur le plat et que je rattrape me regardent d'un air de plus en plus interloqué. Si à ce stade de la course nous en sommes au même point, eux sont frais alors que je souffle comme un bœuf.

Deuxième leçon du jour : oublier l'alternance course-marche dictée par le chronomètre. Le terrain se chargera de l'imposer.

Après cette entame de course rugueuse, je m'attends à aller de surprise en déconvenue au cours de l'après-midi. Or, je suis agréablement surpris de constater que, contrairement à ce que je pensais, les côtes ne sont pas des tortures pour les jambes, mais plutôt des moments où on peut récupérer un peu. Les descentes quant à elles, pour des raisons qui m'échappent, sont d'excellents moments pour dépasser, les autres coureurs semblant prendre plaisir à contenir leur vitesse, se fatiguant ainsi beaucoup plus les jambes qu'une descente débridée ne le ferait.

Je découvre aussi que la course à pied avec dossard peut être une course plaisir. Échanges avec les autres concurrents, discussions et encouragements avec les bénévoles, portions de course en solitaire pour profiter de la nature… tout le contraire d'une grosse machine à attirer le coureur en milieu urbain.

Je note par ailleurs que l'irrégularité de l'effort, imposée par le terrain, permet de mobiliser des groupes musculaires différents à des moments différents, retardant ainsi l'échéance de l'épuisement. Bien qu'ayant passé presque deux fois plus de temps sur les chemins que sur le bitume parisien, je finis la journée moins fatigué et les jambes moins douloureuses.

Enfin, pendant les 30 derniers kilomètres, je me félicite quant à ma gestion de la course puisque je ne suis dépassé que par deux coureurs et que j'en rattrape une bonne quinzaine qui a explosé en route.

Le lendemain matin, à ma fille de quatre ans et demi qui m'interroge sur la course, j'explique ce motif de fierté. Elle me répond : « Mais, Papa, c'est normal que personne ne te double : ils étaient déjà tous devant toi ! ».

Eu égard à mon classement final, je crains que cela ne soit pas complètement faux...

Bon moisiversaire (7)

Un mois après le Marathon de Paris, je réalise une petite tournée des popotes fraternelles avec un questionnaire dont la seule ambition est de prendre des nouvelles des uns et des autres.

Je demande donc à Donald et Roch si, un mois après le marathon, ils ont récupéré, courent encore, se sont inscrits à une autre course, continuent à frimer ou ont déjà oublié cet épisode athlétique.

L'analyse des réponses amène à penser que :

– notre entraînement a été mené à la perfection (*no pain*, ou alors avec du rouge et du saucisson) puisque tout le monde a récupéré et personne ne traîne de séquelles physiques ;

– l'accoutumance à la course à pied n'est pas un effet secondaire de la préparation au marathon puisque de nous trois je suis le seul à avoir rechaussé des baskets afin de courir.

Au-delà de ces motifs de satisfaction, nous notons en revanche un effondrement des valeurs traditionnelles et une déliquescence de la société française qui ne sait plus reconnaître ses héros. À notre grande surprise, et contrairement à ce que les marchands du stade ont pu nous faire croire pendant six mois de préparation, le marathonien n'est pas adulé par les foules.

Impossible donc de frimer. Impossible, sauf à adopter une attitude très second degré, d'arborer le t-shirt *finisher* du Marathon de Paris au bureau ou lors de dîners en ville.

Quant à la médaille, à part défiler avec le 8 mai, nous ne lui voyons guère d'utilité. Encore que Roch la laisse négligemment traîner, bien en évidence dans l'entrée de son appartement... Mais, dépité, il précise : « C'est con, je comptais frimer pendant au moins trente ans avec ce marathon mais tout le monde s'en fout un peu... »

Je finis par les interroger sur leurs projets d'avenir en matière de course à pied.

Donald : « Le foot c'est mieux ! »

Roch : « J'ai complètement arrêté le sport et je ne me suis jamais senti aussi bien. »

Ridicule

Ce vendredi soir de mi-mai je me rends en voisin à La Défense pour la Vertigo race, ascension de 954 marches, soit 48 étages, dans la tour First.

Le meilleur individuel aura battu le record de l'épreuve avec un temps inférieur à cinq minutes et le meilleur relais, composé de pompiers, ce qui est rassurant, aura battu le record par équipe en un peu plus de trois minutes.

Pour ma part, je m'inscris à cette course avec pour seul objectif de gravir des marches afin de m'entraîner au dénivelé d'un ultra-trail fin mai, convaincu que mon manque de pratique verticale sera l'un de mes talons d'Achille.

Aucun objectif ni aucune ambition donc pour cette Vertigo race.

Bien entendu, une fois qu'on s'est inscrit, qu'on a pris un dossard, qu'on s'est rendu sur place, on ne peut s'empêcher de commencer à cogiter, se renseigner sur les conditions de course (serons-nous 800, en même temps, dans la même cage d'escalier ?), se documenter sur les stratégies de course (faut-il partir vite, accélérer au milieu et sprinter à la fin ?), collecter des informations sur le profil des inscrits l'année précédente, etc. Je me mets donc à réfléchir comme un concurrent inscrit à une compétition, avec, tout d'un coup, sortis de nulle part, une stratégie de course, une ambition, un objectif.

La bonne nouvelle, c'est que mon analyse est pertinente : des entraînements sous forme de course verticale semblent être une pratique habituelle chez les trailers parisiens puisque je me retrouve, au départ, coincé entre une ceinture porte dossard « 6000D » (course d'environ 60 km en montagne avec 4 000 m de dénivelé) et un t-shirt *finisher* « TDS » (course de 119 km en montagne avec plus de 7 000 m de dénivelé).

L'excellente nouvelle, c'est que ma deuxième analyse est bonne : le dénivelé sera bien un de mes talons d'Achille.

Que dire ?

Savoir que je n'ai jamais été un athlète et que me remettre au sport la quarantaine révolue ne me permettra pas de prétendre à un niveau de performance respectable dans la communauté des athlètes, cela ne pose aucun problème.

Savoir que j'ai presque vingt ans de plus que la majorité des concurrents et que, n'ayant pas mis à profit ces vingt années pour acquérir une expérience sportive, je ne pourrai pas faire appel à la « force de l'expérience » puisque, justement, je n'ai ni force, ni expérience, cela ne pose aucun problème.

Savoir que, fort de ces informations, je ne me suis inscrit qu'à des épreuves d'endurance n'impliquant que des efforts longs de faible intensité plutôt que des efforts courts à forte intensité et, donc, que je ne peux pas espérer figurer parmi les meilleurs concurrents qui, eux, sont des forcenés de l'effort court à forte intensité, cela ne pose aucun problème.

Jusqu'au jour où je participe à la Vertigo race et où je me rends compte, de visu, de la catégorie de morphotypes dans laquelle mes performances me classent.

Dit moins délicatement, je m'aperçois que, parmi les gens de mon niveau, ne figurent que des anorexiques (les femmes) ou des obèses (les hommes), tous les autres valides m'ayant dépassé avant le 20e étage, sans que je puisse même imaginer tenter de résister à leur assaut.

Salutaire leçon d'humilité.

Mais la meilleure des nouvelles, c'est que je n'avais prévu cette course que pour m'entraîner à lutter contre l'un de mes deux talons d'Achille, la course verticale. Finalement, elle me permet de travailler, aussi, sur mon deuxième talon d'Achille identifié : la gestion mentale des coups durs, coups de mou et autres coups de barre.

Plus que deux semaines de semi-entraînement et semi-repos pour être prêt.

Bon dernier

Bon dernier se traduit en anglais par *dead last*. Cette expression me semble parfaitement rendre compte de mon Ultra-Trail de Côte d'Or.

Si l'expression « les premiers seront les derniers » a trouvé à s'appliquer puisque le dossard le plus élevé (181) a remporté la course, j'aurais pu, ayant été classé dernier (116ᵉ), prétendre à une miette de gloire. Mais de gloire il n'a pas été question sur les sentiers bourguignons.

Pour paraphraser Corneille :
Nous partîmes deux cents, mais par un long effort,
Nous nous vîmes cent arrivant à bon port,
Tant, à nous voir marcher avec un tel visage,
Les plus éprouvés abandonnaient tout courage.[1]

Pour user d'une image, l'ultra-trail, c'est comme un départ en vacances dans le Sud, depuis Paris, en voiture, le week-end du 15 août.

Je me lève trop tôt pour parcourir une longue route. Avant même le départ, pas habitué à l'heure indue – 3 heures du matin –, j'ai les yeux qui se croisent, l'estomac qui proteste, le cerveau en mode veille.

Quand je pars, il fait nuit et il fait frais ; le paysage n'est pas très intéressant, mais cela n'a pas d'importance, je suis déjà tourné vers le soleil, la nature, le repos qui m'attendront à l'arrivée.

Petit à petit, la ville laisse place à la campagne, la nuit à l'aurore puis la fraîcheur au soleil.

Et je me dis, quasi lyrique et encore frais, que, véritablement, ce n'est pas la destination qui importe, mais le voyage.

Déjà se présentent les premières difficultés que j'aborde avec philosophie ; je sais que je vais finir par arriver à bon port – et c'est bien l'essentiel – mais je ne sais pas quand ; c'était prévu.

Arrive l'heure de la première pause.

---

1. « Nous partîmes cinq cents ; mais par un prompt renfort, Nous nous vîmes trois mille en arrivant au port Tant, à nous voir marcher avec un tel visage, Les plus épouvantés reprenaient de courage. » (Corneille, *Le Cid*, acte IV, scène 3)

Je me surprends à constater que j'ai pris du retard sur mon plan de marche, que je suis déjà fatigué et que mes compagnons de route ont les traits tirés.

Après une brève escale, je reprends la route, fermement décidé à maintenir ma moyenne.

Plus question de se laisser dépasser en côte, quitte à provoquer un ralentissement ; après tout, il n'y a pas de raisons d'être le seul à laisser passer les autres.

Après quelques heures de plus, je n'en peux plus du soleil qui n'en finit pas de se lever face à moi ; de doubler et me faire doubler par les mêmes en permanence ; d'entendre la redondante sélection musicale qui m'accompagne ; de ne plus avancer, sans que je sache pourquoi ni combien de temps cela va durer.

Une fois épuisées mes réserves de patience, d'énergie et ma capacité de concentration, mon esprit décroche et je me laisse porter par le flux.

Hébété, je progresse lentement, de pauses qui s'imposent en escales techniques, que ce soit pour faire le plein de carburant ou pour vidanger.

J'observe avec commisération les naufragés de la route, feux de détresse allumés et gilet fluorescent de rigueur qui, abattus, me regardent passer en attendant l'hypothétique dépanneuse qui les ramènera à la civilisation.

Je ne consulte plus ni GPS ni montre et je ne me demande plus « Quand est-ce qu'on arrive ? ».

Enfin, j'en viens à un stade où il ne m'importe plus d'arriver ; ma seule préoccupation est de continuer, malgré la fatigue et l'hébétement, à avancer.

Et puis, comme par enchantement, je finis sans même m'en rendre compte, par toucher au but, trop épuisé pour m'en réjouir.

L'ultra-trail, c'est comme l'éternité. Cela paraît long, très long, surtout vers la fin.

Bon moisiversaire (8)

Ce moisiversaire, avec une journée de retard, est l'occasion d'une célébration grandiose, grâce à mes généreux compagnons de route et mécènes.

Au lendemain du Marathon de Paris, Roch nous avait déjà régalés Donald et moi d'une côte de bœuf généreusement arrosée, ce qui nous avait permis de reconstituer une partie de nos réserves en protéines et toutes nos réserves en gamma-GT, enzymes dont la production est stimulée par la consommation alcoolique.

Arthur ne voulant pas être en reste, s'était proposé, avec Donald, pour m'inviter chez Pic dans l'hypothèse où je finirais l'Ultra-Trail de Côte d'Or dans les temps impartis par l'organisation.

Ce fut fait de fort belle manière (le déjeuner, pas la performance athlétique). Merci pour ce moisiversaire trois étoiles !

La mauvaise nouvelle, malgré tout, de ce moisiversaire, est qu'il va désormais me falloir élargir la base de mes mécènes-parieurs. Mes hôtes du jour semblent être devenus beaucoup moins joueurs.

Syllogisme

À la veille du marathon, je m'étais inquiété de n'avoir pas parcouru toute la distance prévue au plan d'entraînement, pour m'apercevoir que ledit plan prévoyait quelques dizaines de kilomètres après l'épreuve.

En matière de *préparation* au marathon, cette recommandation m'a laissé dubitatif. À moins d'avoir recours à une machine à remonter le temps pour profiter pendant le marathon de l'effet de ces ultimes kilomètres effectués après l'épreuve, je n'en percevais pas bien l'intérêt : en quoi courir après la course allait m'aider *pendant* la course ?

Passé le marathon, après deux jours à traîner jambes raides et courbatures, avachi sur mon canapé, comme un retour aux sources, j'ai fini par faire connaissance avec le concept de récupération.

Parce que chez ces gens-là, Monsieur, on ne se repose pas, on *récupère*.

Après avoir ricané quelques instants devant les conseils suivants :

– ne pas courir, ce qui est assez intuitif vu que je ne pouvais même pas marcher ;

– boire beaucoup, ce qui tombe sous le sens, vu que j'avais transpiré sang et eau ;

– manger beaucoup, surtout des fibres et des protéines, ce qui se fait tout seul vu que l'effort ça creuse et que j'en avais un peu marre des viandes blanches et des pâtes ;

– dormir beaucoup, ce qui est facile vu que je ne parvenais pas à me (re)lever, je n'y ai plus pensé et j'ai oublié.

Résumons : deux semaines après le marathon, j'avais repris l'entraînement en vue de l'Ultra-Trail de Côte d'Or de fin mai, avec le sentiment qu'il restait beaucoup de chemin à parcourir pour parvenir à couvrir la distance et grimper le dénivelé. Sur un coup de tête, pour compléter cet entraînement, je m'étais inscrit au Trail de l'Yonne, qui se courait le 3 mai, soit quatre semaines après le marathon.

Dès le 4 mai donc, re-belote :

– deux jours de courbatures, jambes raides et gros dodo ;

– trois ou quatre jours de steak saignant, eau à gogo, et glandouille, puis, en voiture Simone pour un nouveau bloc d'entraînement, avec, toujours, l'Ultra-Trail de Côte d'Or en vue, trois semaines plus tard.

Dès le 1er juin, dix de der :
- deux jours de courbatures, jambes raides et gros dodo ;
- trois ou quatre jours de steak saignant, eau à gogo, et glandouille,

puis, en voiture Simone pour un nouveau bloc d'entraînement, avec, en vue, sept semaines plus tard, la 6000D (fin juillet, La Plagne, 65 km, 3 500 m de dénivelé positif).

Sauf que cette fois-ci, Simone renâcle un peu à embarquer dans le train de l'entraînement. Je me souviens alors qu'il ne suffit pas de se reposer, mais qu'il convient aussi de *récupérer* et, affalé sur mon fidèle canapé, me renseigne sur cette fameuse, ou fumeuse, notion.

Comme souvent en course à pied, l'affirmation pseudo-scientifique (au sens où il n'y a, en général, pas de protocole expérimental pour démontrer la règle) vaut dogme.

Ainsi, après un marathon (42 km), tu ne courras pas pendant 42 jours !

C'est la règle de Foster qui énonce qu'il faut respecter un jour de récupération par kilomètre couru en compétition. Enfin, sauf si, comme Foster (Anglais émigré en Nouvelle-Zélande), le coach parle anglais, auquel cas la règle est d'un jour de repos par mile couru en compétition (le mile couru hors compétition ne fatigue pas, lui, visiblement), soit vingt-six jours de repos après un marathon. D'après la règle de Foster, donc :
- Il me sera impossible de courir plus de la moitié de 365 miles par an puisqu'il faut récupérer une journée par mile couru, ce qui limite donc le volume annuel à 182,5 miles par an, soit 292 km ;
- Plus je cours longtemps, plus je récupère longtemps, donc moins je cours longtemps.

En pratique, cela signifie que, dans la mesure où Christophe Le Saux, trailer français dont la grande majorité des gens aux centres d'intérêt normaux ne savent rien, a prévu de courir, en compétition, en 2014, 2 852 km : Vibram Honk Kong 100 km, Trail de la Galinette 42 km, Gruissan Phoebus Trail 50 km, Transgrancanaria 125 km, Sacré Trail des collines 42 km,

L'Electric Trail 42 km, Marathon des Sables 250 km, Ultra-trail du Mont Fuji 170 km, Trail des Caraïbes 130 km, Trail du CSP 118 km, Trail de la Cordillère blanche 230 km, Lavaredo Ultra-Trail 120 km, Andorra Ultra-Trail 83 km, Ultra-Trail de Maurice 120 km ou Transkarukera 120 km, Trans-Gaspesia 270 km, Ultra-Trail du Mont-Blanc 170 km, Tor des Géants 330 km, Championnats de France de trail 60 km, Diagonale des fous 163 km, Transmartinique 130 km. Il devra, en 2014 toujours, récupérer pendant 1 772 jours (car 2 852 km = 1 772 miles).

Autant dire qu'on retiendra plus le nom de Foster pour la bière que pour sa règle. D'ailleurs je vais aller en récupérer un pack de six pour m'installer sur le canapé et récupérer un peu d'amplitude abdominale.

Saint Suaire

Ce paragraphe n'a pas pour vocation de présenter Jésus en ultra-runner, encore que son ascension du mont des Oliviers, au milieu d'une foule en délire, puisse faire penser à l'arrivée de l'UTMB à Chamonix ou à l'arrivée au sommet de la Zegama-Aizkori, deux courses de référence chez les coureurs de montagne.

Ce week-end, nous nous rendons en famille (élargie de parrains, marraines, filleule) courir et marcher aux différentes épreuves organisées dans les jardins du château de Versailles, déguisés en coureurs pour les uns, en princesses pour les autres, selon la classe d'âge.

Rien de tel qu'une météo pourrie pour ruiner une idée qui avait l'air excellente sur le papier. Quoi de mieux qu'une journée avec pique-nique au milieu des grandes eaux ? La même journée, mais avec les grandes eaux dans les bassins et pas en déversement continu, ou presque, depuis le ciel.

Je n'avais jamais bien compris, jusqu'à ce jour, la nécessité de se protéger le bout des seins d'un sparadrap, recommandation qu'on lit souvent dans la littérature associée à la course de fond.

Par prudence, et sans trop réfléchir, j'avais fait mienne cette recommandation et me protégeais toujours en cas de course, que ce soit un semi-marathon, un marathon ou un ultra-trail.

Le ridicule de la situation m'avait échappé : je me protégeais pour un semi-marathon, mais pas pour une sortie longue de 20 à 30 km qui n'était qu'un entraînement. Comme je n'ai pas eu à m'en plaindre, sauf au moment d'arracher le sparadrap après les courses, j'y pensais puis j'oubliais.

Ce week-end, donc, course de 15 km, après une petite heure à attendre sous la pluie et avec un taux d'humidité, pendant la course, proche de 100 %.

Comme la course faisait moins de 20 km et qu'elle n'était pas vraiment un objectif, mais plutôt l'occasion de faire une sortie familiale mâtinée – il a fallu mettre le réveil un dimanche matin – d'entraînement, je n'ai pas eu le réflexe pavlovien du sparadrap.

Pour résumer la situation, en course à pied : sein + sueur = saint suaire. Mon t-shirt blanc est devenu irrémédiablement sanguinolent. J'ai beau avoir été matinal, j'ai eu mal.

Bon moisiversaire (9)

Ce neuvième mois de course à pied a été caractérisé par la gestion des conséquences physiques de mon état de coureur et, donc, par un ralentissement considérable de l'activité physique.

Dit autrement je me suis découvert une tendinite du genou un peu particulière, dite de l'essuie-glace, en ce que la douleur ne se manifeste qu'après quelques kilomètres de course à pied, à peu près toujours au même kilomètre.

Cette tendinite laisse donc, chaque jour, l'espoir que la guérison est complète... jusqu'au 8e kilomètre.

En conséquence, le kilométrage parcouru en juin est quatre fois moins important qu'en mai ce qui, en matière de préparation pour ma découverte de la course montagne en juillet (6000D, La Plagne, le 26 juillet, jour d'anniversaire de ma fille, 63 km et environ 4 000 m de dénivelé positif cumulé), laisse à désirer. Les conséquences se font sentir autant sur le plan physique, encore que le repos forcé sera peut-être tout aussi bénéfique qu'une séquence de surentraînement, que mental : saurai-je encore courir plus de 20 km si je n'ai pas atteint cette distance une seule fois en deux mois ?

Inquiet, donc, de ne pas être en état de participer à la 6000D, je me concocte un programme de préparation physique générale qui n'implique pas de courir ou de solliciter le genou, mais qui puisse contribuer à me faire progresser dans l'appréhension des dénivelés.

En quelques clics donc, me voici à choisir entre les programmes Batman, Wolverine ou Superman, tous à base de gainage, abdominaux, pompes et tractions.

Quelques clics plus loin, je suis convaincu d'ajouter des séances de corde à sauter qui à ma grande surprise ne solliciteraient que peu les genoux.

Enfin, parce qu'à défaut de faire du bien cela ne peut pas faire trop de mal, j'ajoute une ou deux séries d'étirements.

Sauf qu'assez rapidement, tout ceci me devient insupportable.

Si je cours, c'est parce que j'aime courir, pas parce que je veux à toute force courir demain marginalement plus vite qu'aujourd'hui. Si je cours, donc, c'est pour courir, pas pour faire de la musculation, du streching et autre cardio-training.

En conséquence, pour fêter dignement le neuvième moisiversaire de l'aventure marathon qui a dérapé en expérience ultra-marathon, je décide de revenir aux sources du projet initial et de courir, à l'entraînement, la distance d'un marathon.

Après tout, n'ai-je pas lu (on trouve tout et son contraire sur internet), que :

– il n'a pas été établi que la mise au repos soit la solution à toutes les tendinites ;

– la douleur associée à la tendinite « essuie-glace » *(fascia lata)* dépend de l'angle formé par la jambe pendant la foulée et, donc, qu'en modifiant la foulée la douleur ne devrait pas réapparaître ;

– cette tendinite est causée ou aggravée par la course en dénivelé alors que je me propose de courir sur du plat.

Je décide donc de partir de Neuilly-sur-Seine pour rejoindre les boulevards des Maréchaux (4 km) pour faire le tour de Paris en suivant ces boulevards (34 km) avant de rentrer à Neuilly-sur-Seine (4 km) en petites foulées avec pour objectif de courir, *piano ma sano*, tout le long.

Reality check : quand on veut courir un marathon avec un seul genou, on finit par ne courir qu'un semi-marathon. Retour en métro, dépité de ne pas pouvoir en faire plus.

Finalement je vais me remettre à la préparation physique générale.

Cross training

J'ai longtemps cru que sous ce vocable se cachait la science de l'entraînement au cross, ces courses hivernales dans la boue et sur terrain vallonné qui se pratiquent pointes aux pieds, alternativement sous une pluie glaciale et par température négative.

En fait, le *cross training* est un concept – ou au moins un sujet de discussion – en vogue chez les coureurs de longue distance. C'est l'entraînement croisé, autrement dit, la pratique de plusieurs sports qui seraient complémentaires afin de continuer à progresser en course à pied.

L'idée de départ est de se dire que comme la course à pied sollicite beaucoup les articulations, en particulier les genoux, remplacer la course à pied par du vélo, par exemple, permettrait de faire travailler les mêmes groupes musculaires tout en limitant les risques de blessure associés à un entraînement intensif.

L'idée trouve son application, aussi, en cas de blessure. Difficile de courir avec un ou deux orteils cassés mais aucun problème pour faire du vélo ou de la natation.

Partant de cette idée, tout un discours s'est créé sur la meilleure façon de multiplier les entraînements complémentaires afin d'améliorer sa pratique sportive (endurance et puissance) et développer harmonieusement sa musculature (et diminuer ainsi le risque de blessures).

Les disciplines jugées efficaces pour un entraînement croisé en course à pied sont le cyclisme, car c'est un sport porté qui peut se décliner dans sa pratique tant dans un objectif de renforcement musculaire que dans un travail d'endurance ; la natation, car il n'y a pas d'impact et c'est une activité d'endurance qui permet de muscler le haut du corps sans pour autant créer une musculature préjudiciable aux performances du coureur ; le ski de fond, car là aussi il n'y a pas d'impact et c'est l'activité qui sollicite le plus l'intégralité du corps dans un travail en endurance ; enfin, le renforcement musculaire, car il permet de protéger le corps des gestes répétitifs et traumatisants en course à pied.

Dit comme ça, cela ne paraît pas complètement idiot l'entraînement croisé.

Je ne peux toutefois m'empêcher d'observer que les efforts demandés aux muscles des jambes sont concentriques en course à pied et excentriques à vélo et, donc, que si ce sont bien les mêmes membres qui sont sollicités, ils le sont de manière antagoniste. Dit autrement, si je commence à savoir courir sans être immédiatement essoufflé et sans avoir mal aux jambes, je suis bien incapable de pédaler plus de cinq minutes sans souffrir ; c'est donc qu'il y a assez peu de lien entre les deux activités.

De plus, pour parvenir à vélo à la même dépense énergétique qu'en course à pied il faut passer environ deux fois plus de temps sur la selle qu'en courant. L'efficacité horaire de l'entraînement est donc diminuée d'autant.

Plus prosaïquement, je me dis aussi que tenter de développer la partie musculaire qui n'est pas sollicitée par la course à pied revient à demander à un tennisman droitier de faire des concours de bras de fer du bras gauche pour rééquilibrer sa musculature.

Surtout, me dis-je, si on veut mieux courir, quitte à s'entraîner, autant courir.

Dit comme ça, cela paraît complètement idiot l'entraînement croisé.

En réalité, la question se pose de manière un peu plus subtile. Cette stratégie d'entraînement est-elle plus ou moins efficace qu'un entraînement spécialisé systématique ? Par exemple, nous savons déjà qu'il vaut mieux parfois courir moins – et donc laisser le corps récupérer – pour mieux progresser, ce qui est assez contre-intuitif.

En l'absence de souris cobayes adeptes du marathon et du trail, pour se faire une idée, on peut se tourner vers les forcenés de l'entraînement croisé, les triathlètes.

Dans la mesure où ils partagent leur temps d'entraînement entre trois disciplines – course à pied, natation et vélo – à temps d'entraînement équivalent, ils devraient être trois fois moins efficaces en course à pied que des trailers ou marathoniens purs.

En formulant les choses ainsi, je me rends compte, intuitivement, que cela ne peut être vrai, car on ne peut pas imaginer que la pratique sportive du vélo et de la natation compte pour rien dans l'état de forme et dans la capacité à courir du triathlète.

Mais la question qui se pose n'est pas de savoir si l'entraînement croisé ne sert à rien, mais si son efficacité est supérieure à celle d'un entraînement purement spécifique. L'examen des performances des triathlètes en course à pied montre que celles-ci sont très proches de celles des athlètes purs (plus de 19 km/h sur les courses de 10 km à semi-marathon) ; en s'entraînant donc « trois fois moins » à la course à pied que les athlètes.

Sur la base de cette comparaison, qu'en conclure ?

D'une part que l'entraînement croisé ne semble pas nuire à la performance en course à pied.

D'autre part que l'entraînement croisé n'apporte pas de bénéfice décisif... puisque les triathlètes ne courent pas mieux que les athlètes.

Cette conclusion m'arrange : je ne sais pas nager et je n'ai pas de vélo.

Être bi, ou ne pas être bi ?

Tendinite essuie-glace au genou et consultation du docteur Google qui hésite entre étirements – ou pas –, acupuncture, kinésithérapie, ostéopathie, semelles orthopédiques, repos partiel ou total, glaçage du genou tous les jours, anti-inflammatoires, boire beaucoup (d'eau)...

Seule certitude, aucun des traitements suggérés ne fonctionne, ce qui me laisse toute liberté de choisir le « traitement » qui me convient, et ce à deux semaines et deux jours de la 6000D pour laquelle je ne me suis toujours pas entraîné.

Pas décidé à abandonner l'idée de courir en montagne, je fais l'impensable et m'adresse à un véritable médecin, qui plus est athlète, qui me conseille un cocktail : hydratation, étirements, vélo. Et comme je n'aime pas les étirements, je bois un peu plus pour compenser.

Je prends la direction de Décathlon – période de soldes oblige – pour investir dans un vélo, mon cœur balançant entre un véritable vélo (utilisable pour aller au bureau, c'est un plus) et un vélo d'appartement (utilisable par toute la famille et me permettant d'effectuer une partie de ma pratique sportive, chronophage, à la maison ; ce sont deux plus), le soleil plaidant pour une pratique en extérieur.

J'ai la surprise de découvrir que le prix d'un vélo dépend du nombre de roues : vélo d'appartement, une roue, 99 € ; bicyclette, deux roues, 199 €. Comme si le stéréo était deux fois plus cher que le mono, les bipolaires deux fois plus malade que les monomaniaques et le bikini deux fois plus couvrant que le monokini. La logique m'échappe.

Comme je débute dans la pratique, je décide de commencer par une roue, abandonnant l'option *bi* aux véritables sportifs.

Premier constat : comme il pleut depuis l'acquisition, bon choix pour l'instant.

Deuxième constat : l'enthousiasme familial pour l'acquisition est mitigé, aucun autre séant que le mien n'a usé la selle pour l'instant.

Troisième constat : la pratique du cyclisme redéfinit et porte vers de nouveaux sommets le concept de monotonie, concept qui avait été inventé pour la course à pied.

Le seul intérêt de ce vélo d'appartement, au-delà du fait qu'il est censé m'aider à continuer à m'entraîner malgré ma tendinite, est qu'il me laisse le loisir, pourvu que je ne force pas trop, de lire pendant mes quelques séances de sport. Je découvre ainsi, tout en pédalant, que le deuxième surnom de la tendinite « essuie-glace » est « tendinite du cycliste ».

Malgré cette découverte tardive, je reste optimiste, état adjacent à celui de l'inconscience et confirme mes billets de train pour la 6000D ; départ 6 h 41 le vendredi 25 juillet, début de la course samedi à 6 h 00, retour dimanche à 7 h 10.

Association d'idées

Vendredi, je décide de me rendre au bureau et d'en revenir en courant, soit presque 20 km dans la journée. J'espère que la perspective du week-end aura fait oublier à mes genoux leur tendinite.

Arrivée tardive à la maison, jambes raides, genoux bloqués. Cocktail d'anti-inflammatoires au dîner.

Samedi matin, inconscient à l'œuvre, je me suis adonné au seul sport qui se pratique avec des cannes : le golf. Samedi après-midi, même message subliminal de mon corps : je suis reparti des soldes chez mon fournisseur habituel de matériel avec des bâtons de trail, sortes de béquilles sportives. Freud en sourirait.

Le départ pour la 6000D à La Plagne est dans une semaine ; on dirait que cela titille mon inconscient.

Con-tent

Après un trail plat (1 400 m de dénivelé pour 63 km) pour voir si j'étais susceptible de tenir la distance, un ultra-trail avec un peu de dénivelé (3 800 m de dénivelé pour 105 km) pour tester si je pouvais survivre à un véritable trail, je m'attèle donc ce week-end à mon premier *trail de montagne*. Environ

3 500 m de dénivelé positif pour 65 km pour déterminer si je peux absorber des dénivelés positifs intenses et l'altitude. C'est La 6000D à La Plagne, course dont c'est la 25ᵉ édition.

Comme toujours, il y a plusieurs manières de relater l'événement.

Soit en mettant l'accent sur les difficultés : « Le ciel était zébré d'éclairs la veille au soir, et la pluie intense lorsque nous nous levâmes au mitan de la nuit pour, dans l'obscurité d'une aube combattue par de lourds nuages noirs, nous lancer à l'assaut d'un glacier qui, protégé par les formidables forces de la nature, devait se dérober à nous » pour, tel César dans *La Guerre des Gaules*, en creux, mettre en évidence la valeur du conteur.

Soit, de manière plus subtilement snob, en faisant passer pour une promenade de santé ce que chacun sait être une épreuve : « Plus la journée avançait, plus la nature, attendrie par nos efforts, se dévoilait à nous, soulevant avec pudeur ses jupons de brouillard et nous caressant d'un timide soleil qui réchauffait nos cœurs autant que nos mains rosies par la bise d'altitude », accréditant ainsi, toujours en creux, l'idée que le conteur est hors du commun.

À défaut de choisir entre ces deux techniques narratives, un compte-rendu équilibré permettrait de trouver un titre adapté à la course, *Des hauts et des bas*. « Après une ascension attaquée avec entrain, tout à mon bonheur de ne ressentir aucune gêne au genou, je pus, dès le début des pentes les plus raides, constater qu'en plus de genoux en état de fonctionnement, des cuisses et des mollets puissants – qui me faisaient jusqu'alors défaut – s'imposaient. »

Ou alors, je pourrais tenter d'entretenir un peu de suspense avec un titre du type *Finisher ou Pleurnicheur ?* et imaginer un récit, à la Stephen King, à la fois haletant, larmoyant et héroïque, faisant revivre chacun des mètres de dénivelé parcouru, en décrivant avec force détails chacune des douze crampes au mollet ou à la cuisse ressenties, en relatant avec souffle le moment où : « suspendu d'une main au-dessus du vide, à l'aplomb d'une falaise dont le brouillard interdisait de sonder la profondeur, j'ai vu fondre sur moi un choucas qui, bien que borgne... ».

Si je recherchais la notoriété – et en usant d'un pseudo –, je pourrais, pour attirer une audience peu coutumière des récits de course à pied, commencer par un *teaser*, expliquant que : « tout a commencé rue du Jeu de boules, au cœur d'un village appelé Aime, et où la seule règle était, qu'à 25 ans, il fallait que ce soit raide, dur, long et humide à la fois pour que le plaisir soit communicatif. » De glorieux aînés se sont déjà adonnés à la chose : Cyril Lignac qui, abusé, a lu *Le Banquet* de Platon peut en témoigner. Pour attirer un lectorat international, le titre pourrait être *Climax*. Mais j'attendrai d'avoir 50 ans et les cheveux gris, ou d'être un ancien président de la République, pour me lancer dans ce genre de « littérature ».

Je me rends donc à la 6000D sans autre ambition sportive que de découvrir le trail de montagne et de ne pas aggraver une tendinite du genou qui, dix jours avant le départ, m'interdit de monter ou descendre une volée de marches sans grimacer.

Cette course a tout pour être mythique : c'est sa 25ᵉ édition – un effort particulier a été fait par l'organisation pour la promouvoir – et la veille au soir, le ciel a été brièvement zébré d'éclairs, ce qui autorise, quitte à devoir affronter le mauvais temps, à rêver des conditions de course dantesques dont les épopées se nourrissent.

C'est dans ce contexte que, pour la première fois depuis que je me suis mis à courir, je parviens à rejoindre, sinon l'élite, au moins une élite, pour peu que l'élite se définisse comme un groupe limité de personnes aux caractéristiques ou performances hors du commun.

Élite athlétique qui, à l'issue de la course, s'avère hors d'atteinte, plus encore cette année que les années précédentes. Les vainqueurs, homme et femme, sont les mêmes que l'an dernier, mais cette fois-ci dans un temps encore meilleur.

Je n'arrive toujours pas à concevoir que le vainqueur boucle l'épreuve en 5 h 37, à plus de 11 km/h de moyenne !

Il est un autre groupe d'élite qu'il faut saluer, celui des féminines. Les 104 courageuses qui prennent le départ ne représentent qu'1/15 des partants. Et si je ne me trompe pas dans mes fastidieux calculs, leur performance moyenne est meilleure que la performance moyenne des hommes.

Enfin, il existe un groupe encore plus sélect, dont je fais partie, de 83 coureurs. Il s'agit des coureurs qui abandonnent en cours de route.

Eh oui, j'ai abandonné.

Et malgré cet abandon, je suis con-tent.

Con surtout, d'avoir pris le départ avec une tendinite que dix jours de repos n'auront pas permis – sans surprise – de soigner.

Con aussi, de ne pas avoir abandonné plus tôt, au 20e kilomètre, après avoir mis une demi-heure à descendre 600 m d'une pente douce, genou droit bloqué, crampes récurrentes aux deux mollets et crampe aux adducteurs droits (je n'imaginais pas que cela soit possible). Mais peu après cette descente, 200 m de plat et un ravitaillement me font oublier cet épisode douloureux et repartir pour une dizaine de kilomètres d'ascension.

Mais, surtout, content d'avoir pu courir environ six heures dans la montagne.

Content de faire l'expérience d'une course superbement organisée, entouré de spectateurs enthousiastes avec l'impression, parfois, d'être un coureur du Tour de France dans l'ascension de l'Alpe d'Huez, cornes de brume, cloches et encouragements dans les oreilles.

Content d'avoir pu échanger avec d'autres coureurs, confirmés ou débutants, (dont deux, pas encore majeurs, qui ont triché sur leur certificat médical pour pouvoir prendre le départ), souvent ouverts et adeptes de l'humour et de l'autodérision.

Content d'avoir pu tester de véritables dénivelés positifs. Je garde un souvenir ému du dernier raidillon avant La Plagne 2000, ascension pendant le dernier tiers de laquelle une crampe se déclenchait, très exactement, tous les douze pas. Dénivelés auxquels je ne suis absolument pas préparé, cela se confirme.

Content de n'avoir pas fini trop fatigué. L'impossibilité de courir sur plat et en descente à cause de la tendinite m'a en effet permis de récupérer des efforts en montée.

Content, quitte à devoir abandonner, d'avoir été arrêté par un problème mécanique, pas par un manque d'endurance.

Content aussi, de ne pas être revenu en béquilles ou en fauteuil roulant.

Bon moisiversaire (10)

Vacances et tendinite obligent, le moisiversaire de début août est en forme de carte postale : peu de texte, peu d'intérêt.

Pas de projet, à part l'ascension du Tourmalet à vélo, mais je n'ai pas de vélo.

Rien d'autre à faire donc que l'ascension du pic du Midi... en mode randonnée et non en courant. Et ce n'est déjà pas rien, d'autant plus que ça fait mal quand même.

Je me dis que cela ne va pas être simple de tenir tout août sans courir pour laisser à la tendinite le temps de disparaître. Je souris en me rappelant qu'au début de l'aventure, la problématique était inverse : comment tenir un mois en courant trois fois par semaine ?

Il a dû se passer quelque chose à un moment ou à un autre pour me faire ainsi basculer du côté des coureurs. Mais quoi, et quand ?

Publicité mensongère

Après une semaine au pied du Tourmalet, nous effectuons une étape de transition qui nous mène des dénivelés du pic du Midi au plat pays des Landes avec passage à Lourdes, dans l'espoir d'une guérison miraculeuse de la tendinite au genou.

Tout de suite, dès l'entrée dans Lourdes, je ressens un doute certain sur l'efficacité du pèlerinage. Les deux premiers commerces rencontrés en entrant dans la ville sont des pharmacies. S'il y a bien un lieu où il ne devrait pas y avoir de pharmacies, c'est bien à Lourdes, non ?

Pour juger de l'efficacité de l'intercession de Bernadette et Marie, je rechausserai mes baskets dans les Landes cette semaine, un an après m'être brièvement essayé au footing.

Barbie Girl

Après une semaine dans les Landes à ne rien faire sinon bronzer au bord de la piscine et découvrir le rosé pamplemousse qui est au vin ce que Britney Spears est à la grande musique, retour en nos pénates franciliens.

En ce dernier week-end d'août, reprise de la course à pied après presque un mois d'interruption. L'enjeu est de tester le genou et tenter de boucler une dizaine de kilomètres sans défaillir. Pour les coureuses locales, l'enjeu semble plutôt être l'entretien ou l'exhibition du bronzage estival.

Si tout se joue à l'âge Play School pour les garçons, et à l'âge Hello Kitty pour les filles, que de dames en fillettes !

Sur 47 coureuses croisées ce jour-là, 42 portent du rose, soit en thème principal soit en accessoire. Et pourtant pas une ne semblait avoir moins de 13 ans, âge auquel Barbie, princesses et princes charmants ont rejoint le monde onirique de l'enfance.

Mesdames, mesdemoiselles, pas la peine de vous habiller en princesse pour courir : le prince charmant ne fait pas de course à pied, car le prince charmant est un branleur. On n'a jamais vu un prince charmant faire un effort ; le seul qui ait jamais tué un dragon a été fait Saint et s'appelait Georges.

Le prince charmant est un rider. Pour le rencontrer, selon votre type de prince, plusieurs solutions.

Pour celles qui aiment les princes tatoués à gros muscles et gros cubes, direction la route 66 où l'Easy Rider vous abordera à une station-service pendant que vous ferez le plein de votre décapotable de location en vous demandant si tout ce soleil ne va pas vous abîmer la peau, d'autant plus que vous avez oublié votre lait hydratant aux graines de jojoba, et si le look queue-de-cheval / casquette de baseball n'est pas un peu *too much*.

Pour celles qui aiment les princes au corps délié et bronzé, direction les plages de Californie pour admirer les surfeurs. Ils embrassent tout l'été toutes les Belles au Bois Dormant sur leur serviette de bain sur la plage et vont se réfugier en fin de saison, quand les températures baissent, dans le foyer douillet d'une Blanche Neige qui a été abandonnée par ses nains.

Pour celles qui aiment les princes branchés et festifs, direction Ibiza ou Saint-Trop'. Avec un peu de chance, au petit matin, le prince de la nuit vous ramènera, belle Cendrillon, votre sac à main oublié dans sa Porsche décapotable au sortir d'une nuit de danse.

Mais le prince charmant n'est pas un runner alors, par pitié, arrêtons avec le rose !

Bon moisiversaire (11)

Les avis sont unanimes.

C'est idiot, dangereux et cela ne sert à rien ; ça nécessite une longue préparation et ça ne s'improvise pas.

Bref, c'est irrésistible.

Pour fêter la fin des vacances, pour reprendre la course à pied après un mois d'arrêt « thérapeutique » afin d'oublier une tendinite, pour fêter le 11e moisiversaire, je vais tenter, au pied levé, de courir vingt-quatre heures non-stop le week-end prochain.

Reste juste à déterminer l'horaire de départ, l'itinéraire, l'organisation logistique des ravitaillements (tout porter ou prévoir des pauses restaurant) et prier pour une météo clémente.

Vingt-quatre heures chrono, préparatifs

Courir vingt-quatre heures, c'est une libération de l'esprit : pour une fois, pas de pression chronométrique !

Comme de plus je n'ai pas d'objectif kilométrique à l'esprit, puisque le seul objectif est de courir/marcher/tituber de fatigue pendant vingt-quatre heures, je vais retrouver le plaisir simple et naturel de la course à pied, plaisir ressenti, je crois, une fois seulement en un an, à l'occasion de The Trail. Les barrières horaires étaient tellement généreuses qu'elles n'étaient pas un sujet d'inquiétude et comme je n'avais aucune idée de ce que pouvait être un chrono raisonnable sur 63 km, je ne m'en suis pas préoccupé.

Ceci étant dit se pose une question pratique : quelle distance vais-je parcourir ?

Sauf à réaliser une boucle de quelques kilomètres – ce que je me refuse à faire pour ne pas être tenté d'abandonner à chaque passage au début de la boucle – il me faut bien m'interroger sur la longueur du parcours. Que faire si j'arrive au bout du chemin après vingt-deux heures de course seulement ? Que faire si après vingt-quatre heures, je suis encore à 10 km d'une gare ?

Une solution élégante, comme diraient les mathématiciens d'une démonstration, serait de courir douze heures dans une direction, n'importe laquelle, puis de faire demi-tour pour rentrer. Je trouve que cela manque un peu de charme.

En train de m'énerver sur la difficulté à constituer un itinéraire assez long (la ceinture verte d'Île-de-France, le GR11, etc.) et simple à suivre (je n'ai pas envie d'acheter quatre cartes IGN à lire, au milieu de la nuit, à la frontale), la providence m'apporte alors la solution.

Ce week-end, de vendredi à dimanche, est commémoré le centenaire de la mort de Charles Péguy qui eut la bonne idée de réaliser un pèlerinage, en 1912 puis en 1913, qui lui a inspiré un poème célèbre (« Présentation de la Beauce à Notre-Dame de Chartres ») et dont le parcours, peu ou prou Paris-Chartres a été réhabilité et aménagé pour pouvoir être pratiqué à pied.

Je participerai donc, à ma manière, à cette commémoration en faisant l'aller-retour Paris-Chartres. Je verrai bien où le chronomètre m'arrêtera sur le chemin du retour.

Maintenant que la question de l'itinéraire est réglée, reste à me pencher sur des sujets pas tout à fait annexes comme la stratégie nutritionnelle et d'entraînement (ou repos), de la semaine qui précédera cette promenade, la stratégie de ravitaillement et d'hydratation en course, la sélection du matériel à (em)porter, les horaires...

Vingt-quatre heures chrono, J-1

À dix-huit heures du départ, l'état des lieux est préoccupant.

Une seule des quatre cartes IGN nécessaires au suivi du parcours est disponible, ce qu'un aller-retour boulot-Vieux Campeur, qui m'a pris près de deux heures hier me permet de constater. Je m'élancerai donc sans carte.

Je pensais m'en sortir en chargeant la trace GPS du parcours. Malheureusement, je m'aperçois que je ne dispose pas de l'autonomie nécessaire dans ma montre GPS ou dans mon smartphone pour avoir recours plus de six heures d'affilée à la fonctionnalité GPS. Je m'élancerai donc sans trace GPS exploitable.

En matière de préparation alimentaire une semaine intense de boulot a imposé une alternance sandwichs et gueuletons : la liste des carences (vitamines, glucose, sucres lents) est aussi longue que celle des excès (bœuf Angus, vin rouge, vin blanc, bière, schnaps). Je m'élancerai donc sans réserves énergétiques.

En matières de sommeil, l'intense semaine de boulot s'est traduite par deux nuits à moins de trois heures de sommeil chacune. Je m'élancerai donc fatigué.

Enfin, ma préparation physique est inexistante : aucun exercice depuis trois semaines, à l'exception d'un petit 10 km de reprise il y a une semaine. Je m'élancerai donc sans aucun foncier.

Pour l'instant, me dis-je, pas de panique, j'ai encore la matinée de demain pour prendre connaissance de la météo qui a l'air de se dégrader et réfléchir à ce que j'emporte dans mon sac à dos. Soit 12 litres d'eau, quatre repas complets et des vêtements de pluie ce qui devrait m'empêcher de courir eu égard au poids. Soit avec l'espoir de trouver bars, restaurants et supérettes ouverts sur le chemin, en temps utile, y compris la nuit et le dimanche matin, et le risque de ne pas trouver et, donc, de finir déshydraté au bord de la route avant même d'avoir entamé le deuxième tour de cadran de la montre.

Vingt-quatre heures : Plus c'est long, plus c'est bon

Pourquoi vingt-quatre heures ?

Dieu sait que je me pose souvent cette question pendant cette journée.

Avant de partir, je me dis que, c'est parce que j'ai déjà couru 10 km, puis un semi-marathon, puis un marathon, avant de m'essayer au trail plat puis à un trail d'un peu plus de 100 km avant d'échouer lors d'un trail de montagne. Ne me reste donc, dans le sens de la progression en durée et distance, comme objectifs évidents que 100 miles (160 km) ou vingt-quatre heures.

Comme je n'ai que très peu couru depuis un mois, je veux retrouver le plaisir simple de courir, sans contraintes. J'opte donc pour un format vingt-quatre heures, la durée de la course restant la même qu'on aille vite ou lentement. C'est censé m'éviter, en théorie, de me décourager comme quand je cours sur une distance fixe : trop lent, je vois alors la ligne d'arrivée constamment s'éloigner, en temps.

Mes quelques recherches sur les courses de vingt-quatre heures m'effraient : les véritables coureurs tournent sur des circuits courts, d'environ 1 km, pendant toute la durée, ce qui leur permet de passer régulièrement devant leur table de ravitaillement. Ma seule certitude, avant de démarrer, est que si je parcours plusieurs fois la même boucle, je n'aurai pas la force de caractère de tenir vingt-quatre heures et je m'arrêterai à un des passages au début de la boucle.

Ma seule véritable inquiétude avant de partir est de trouver un parcours simple à suivre pour éviter de me perdre et dépenser de l'énergie mentale à constamment vérifier chemins, bifurcations et direction. Je souhaite aussi que ce parcours soit agréable : je pourrais faire plusieurs fois le tour des boulevards des Maréchaux avec arrêts aux stations-service pour les ravitaillements, mais ce serait bien peu bucolique.

Les contraintes de la vie familiale m'imposent un départ en début d'après-midi samedi, avec l'estomac plein, ce qui me permet de diminuer un peu les quantités de nourriture à emporter.

L'itinéraire, sans point de ravitaillement a priori défini, impose tout de même de réfléchir un minimum à la composition du sac à dos. Pour les aliments solides, une barre énergétique ou équivalent (pâte d'amande, gel énergétique, etc.) par demi-heure, soit 48 unités. Pour la boisson, c'est plus compliqué ; à raison d'un demi-litre d'eau par heure, il me faudrait porter, au début, 12 litres, ce que je n'envisage pas de faire. Je décide donc de partir avec 2 litres dans une poche à eau et 2 bidons, vides, de 500 ml chacun. J'envisage, jusqu'à 10 heures du soir, de refaire le plein de liquide en cours de route dans les lieux d'habitation traversés. Ensuite, avec 3 litres, je pourrai tenir six heures, jusqu'au petit matin. Enfin, me dis-je, je rencontrerai bien fontaine, ruisseau ou rivière. Un K-way, une veste légère, un couteau et une lampe frontale plus tard, je suis paré.

Je me retrouve donc un peu avant 2 heures de l'après-midi à Lozère, à proximité de l'école Polytechnique, devant une des maisons – repeinte à neuf – dans lesquelles Charles Péguy a vécu. J'y rencontre François Haye et Marie-Françoise dont la fin de semaine est rythmée par les commémorations. La course à pied a beau être un sport individuel, je crois que c'est quand même celui qui permet de faire le plus de rencontres : dimanche à 5 h 22 du matin, François Haye était encore sur Facebook pour suivre mes tribulations.

Si ma seule ambition est de courir vingt-quatre heures, je ne peux, bien entendu, m'empêcher de m'assigner un objectif kilométrique de l'ordre de 160 km, ce qui me permettrait de coupler deux objectifs en un : ma première course de 100 miles et mon premier vingt-quatre heures.

J'avais décidé, avant le départ, d'adopter la méthode Cyrano pour retarder le plus longtemps possible le moment à partir duquel je ne pourrais plus courir. Dit autrement, j'avais prévu de courir six minutes, marcher une minute, courir six minutes, marcher une minute, etc. Ma progression est donc rythmée par le signal sonore de mon chronomètre toutes les sept minutes, ce qui, incidemment, rythme aussi ma prise de boisson.

La première demi-heure, comme souvent sur longue distance en ce qui me concerne, est consacrée aux menus réglages de confort ; resserrer une sangle par ci, rééquilibrer le sac à dos par là ; resserrer un lacet ; ranger des accessoires qui font du bruit ou tapent sur la hanche, etc. C'est un rituel qui permet de monter en chauffe sans se préoccuper de ses sensations initiales et donc, d'éviter de se poser des questions existentielles dès le début.

Comme en plus il me faut prêter attention au marquage discret de l'itinéraire en milieu urbain, il s'écoule vite une heure avant que je remarque que le parcours est bien agréable, plutôt logiquement et visiblement marqué, et très vert malgré la densité urbaine.

C'est vers la fin de cette première heure que je commence à ressentir des tiraillements dans mon genou gauche, tiraillements bien connus associés à ma tendinite du *fascia lata* contractée sur l'Ultra-Trail de Côte d'Or et dont j'avais réussi, avec mauvaise foi, à me convaincre qu'elle serait guérie après trois semaines de repos. Ma seule sortie de 10 km, une semaine plus tôt et après deux semaines de repos, n'avait pas été totalement rassurante de ce point de vue.

Pour éviter de trop y penser, iPod dans les oreilles, cerveau en mode *off*, regard vissé au sol 30 m devant moi et accélération – légère – du rythme. Plus que l'iPod, la longue traversée d'un bois, qui marque la fin de l'environnement urbain, me permet de ne plus penser à ce genou. Je m'évade également dans le spectacle d'un groupe de jeunes qui en mode « sauvage » – c'est ce que m'évoquent leurs regards furtifs et leur air gêné – s'essaient à la descente en rappel et au saut à l'élastique depuis un pont surplombant une vallée verte.

Après 2 h 30 de course, survient une première petite montée un peu longue que j'attaque avec enthousiasme, les tiraillements au genou ayant disparu. Immédiatement, petite crampe aux deux mollets. Je passe donc en mode randonnée pour la montée et souris béatement : « ça y est, me dis-je, ça pique un peu, ça commence pour de bon, je viens de passer en mode ultra ».

Je commence aussi, un peu, à m'inquiéter de la suite des événements : il me reste près de vingt-deux heures de progression à assurer.

Par chance, la montée mène à Forges-les-Bains où supérette et pharmacie sont ouvertes. Je m'offre une pause d'une demi-heure, une tablette de chocolat noir, pour le magnésium et parce que j'aime ça, une canette de Coca, bien frais parce qu'il fait chaud, 2 litres de Badoit, pour tenter de rattraper le retard d'hydratation car je transpire énormément du dos depuis le début et un tube de Sportéine, pour l'effet placebo.

Je repars donc restauré, reposé… et prudent sur le rythme de course. La sortie du village passe devant un superbe château, longe un beau parc puis contourne un centre équestre avant de serpenter dans les bois et les champs ; la séquence est bucolique à souhait ; je repars heureux.

Le plus frustrant dans la relation de la course est qu'on cite les événements saillants, mais que l'essentiel n'est pas là. L'essentiel est justement entre ces moments saillants, quand on avance, plus ou moins vite, mais sans difficulté, l'esprit à peine conscient du corps et de son environnement, dans une sorte d'ahurissement proche de la béatitude. Et ces heures et kilomètres parcourus en semi-conscience, difficile, a posteriori, de les décrire puisqu'on ne les a vécus qu'à moitié.

Pour décrire la suite de l'après-midi jusqu'au coucher du soleil, que dire à part que la météo était parfaite, ensoleillée mais pas trop chaude, les chemins roulants et fermes mais pas trop secs, les paysages variés avec des sous-bois apportant ombre et fraîcheur. J'ai même eu l'occasion de quelques rencontres animales, du lapin aux nombreux chevaux broutant au pâturage, montés ou tirant calèche.

Après cet interlude quasi mystique, retour à la réalité de la course à pied avec deux gros coups au moral.

La première défaillance est matérielle ; je m'aperçois que ma poche à eau est percée et que ce que je pensais être, depuis le début, une transpiration surabondante du dos, que je m'expliquais par le poids du sac, est en réalité une fuite pernicieuse de boisson isotonique. Je me retrouve donc, après environ six heures de course, au moment où je vais avoir besoin de stocker de l'eau pour la nuit, sans eau et sans aucun moyen d'en embarquer plus d'un litre grâce à mes deux bidons vides. À ce désagrément, il convient d'en ajouter un autre qui ne se matérialisera qu'à l'issue de la course. Je n'avais jamais compris pourquoi certains coureurs de longue distance se rasent ou s'épilent les jambes ; peut-être sont-ce d'anciens cyclistes qui ont transité par le triathlon et qui ont conservé cette habitude. Ce que je comprendrai très bien en revanche, à l'issue de mon périple quand il s'agira d'enlever mon cuissard dans lequel auront, pendant près de vingt heures, macérées puis séchées six heures de fuite d'eau sucrée, c'est qu'il aurait été avisé de m'épiler le maillot.

La deuxième défaillance est mentale. Je vide mon sac pour le débarrasser de ce qui est détrempé et repartir. Ce faisant, je m'interroge sur mon plan de marche et m'aperçois que malgré de bonnes sensations et des conditions de course optimales, je n'avance pas, mais alors pas du tout, avec une moyenne de l'ordre de 6 km/h à peine.

Heureusement, la fin du jour approche et mon attention est détournée de ces déceptions par le coucher du soleil et le jeu de la lumière sur la nature.

Je ne peux m'empêcher aussi, de noter ce qui pourrait être des coups de feu ou des préparatifs de feu d'artifice. Et je crois me souvenir avoir lu un article sur un conflit entre l'organisation d'une course nature et une fédération de chasse, ce week-end étant celui de l'ouverture de la chasse. Voilà un détail que j'aurais peut-être dû vérifier avant de partir.

La nuit tombe, j'arrive à Dourdan en ayant soif et rêvant d'un restaurant asiatique qui saurait servir de la soupe bien chaude, à consommer sur place et à emporter dans mes bidons. Il y en a un, et un seul ; il est fermé. C'est un mal pour un bien. Je m'attable dans un restaurant, face au château, et profite d'excellentes rillettes maison en attendant le plat lorsque je m'aperçois que je n'avais prévu aucune pause dans mon plan de course. Autant dire que comme plan, on fait mieux.

Je repars de nuit, ayant revêtu une veste de mi-saison, les jambes moins raides que je ne le craignais, et j'arrive assez vite dans un bois où j'ai la confirmation que mon prochain achat sera une véritable lampe frontale ; celle, donnée en cadeau à tous les participants du Marathon de Paris, n'est pas à la hauteur dès que les arbres masquent la lune ; chaque bifurcation est l'occasion de perdre cinq minutes à scruter minutieusement chaque tronc d'arbre de chacune des branches du croisement afin de trouver mon chemin.

Plus je m'enfonce dans les bois, plus je m'inquiète de l'ouverture de la chasse. En effet, bien qu'il fasse nuit, les coups de feu ne cessent de se rapprocher. Je me doute que les chasseurs n'ont jamais vu de cerf ou sanglier avec une lampe frontale et, donc, qu'ils ne risquent pas – en théorie – de me tirer dessus. Mais comme la nuit est noire dans les bois, ma lampe peu puissante, mon approche silencieuse, et les coups de feu véritablement nourris, je m'inquiète de l'état de lucidité de nos amis chasseurs à l'heure du digestif.

Une heure plus tard, mes craintes disparaissent : j'aperçois les premiers panneaux annonçant le feu d'artifice dont je ne cesse de me rapprocher en courant... C'est à moi que la lucidité fait défaut, pas aux chasseurs.

Soulagé, je repars d'un bon pas, me semble-t-il, dans un nouveau bois, encore plus sombre. En fait les piles de ma lampe frontale commencent à faiblir, mais je n'en prendrai conscience que beaucoup plus tard.

Ce bois a conservé l'humidité des semaines passées et, évidemment, je ne vois pas l'immense flaque au milieu de laquelle je me retrouve immobilisé avec de la boue jusqu'en haut des chevilles. Je perds une chaussure en m'extrayant de cette position inconfortable et me retrouve donc allongé sur mon K-way encore humide de la boisson isotonique, dans la flaque de boue, la main à la recherche de la chaussure qu'il me faudra remettre telle quelle. Je crois entendre un hibou s'esclaffer bêtement à ce spectacle. Bien entendu en repartant, concentré sur mes pieds, je me prends une branche en plein visage ce qui me permet de compléter cette séquence boueuse par un bain de siège.

Je prends néanmoins tout ceci avec le sourire ; il fait beau et chaud, je ne souffrirai pas du froid et la boue séchera rapidement.

Une demi-heure plus tard, à 11 heures, je m'accorde une pause, assis sur un tronc, au milieu de la forêt, lampe frontale éteinte afin de profiter du bruyant silence de la nature.

Ce sera le dernier moment vraiment agréable de mon périple.

Au moment de repartir je ressens une douleur sourde prendre possession de ma cuisse gauche, comme une crampe ou une tendinite. Je ne peux de fait plus courir ni soulever ma jambe de plus de trente centimètres. J'accueille la survenue de cette douleur avec philosophie. La seule certitude dans une course longue c'est qu'il y aura au moins un véritable coup de barre et que celui-ci comme les cours de philosophie ou de mathématiques du samedi matin après une soirée trop arrosée le vendredi, bien que semblant interminable, prendra fin après une heure ou deux.

Il suffit de continuer à progresser et laisser du temps au temps.

C'est ce que je me dis pendant près de deux heures, mais j'en suis rendu à un tel point que je ne peux véritablement plus avancer. À partir de minuit, je suis réduit à compter mes pas, en marchant, pour m'obliger à en faire une cinquantaine avant de m'arrêter pour une pause. Après une heure à ce rythme, n'ayant pas encore atteint la marque des douze heures de course, et ne voyant vraiment pas comment poursuivre treize heures de plus, je prends la décision, à 1 heure du matin, d'abandonner la partie et de rentrer chez moi.

J'appelle donc ma femme Isabelle qui, inquiète de me savoir seul dehors pendant la nuit, m'avait demandé de poster régulièrement sur Facebook pour connaître ma progression. Par ailleurs, elle m'avait dit qu'elle dormirait avec son téléphone portable à portée de main.

Pas de réponse, je bascule directement sur messagerie.

Furieux, mon sang ne fait qu'un tour et, plutôt que de renouveler l'appel ou d'essayer sur le téléphone fixe de la maison, je pars comme une furie sur les chemins, alternant marche et course, fulminant, prenant le ciel à témoin pas très heureux ici.

Un peu plus tard, une fois l'adrénaline retombée, je me rends compte que cela fait une heure que j'avance, que je suis au milieu de nulle part et que j'ai toujours aussi mal à la cuisse. Mais j'ai achevé mon premier tour de cadran horaire !

En théorie, psychologiquement, le plus dur est fait puisqu'il en reste moins, en temps, à faire que ce que j'ai déjà fait.

Je reprends la route sur le mode de la claudication, toujours sans autre perspective que d'avoir mal et de me traîner pendant une douzaine d'heures dont, probablement, quatre ou cinq en déshydratation eu égard à l'évolution de mes réserves d'eau.

Le plus difficile est de savoir que je ne courrai plus jusqu'à la fin de mon périple, alors que je souhaitais *courir* vingt-quatre heures et non marcher.

Afin d'éviter de trop broyer du noir, je prends la décision de dormir un peu durant les heures les plus creuses de la nuit. Je m'installe donc dans un talus, entre 3 heures et 4 heures du matin.

Des crampes aux mollets me réveillent tous les quarts d'heure. Un peu raide, je me relève, range ma couverture de survie, pense à changer de lampe frontale et découvre, miracle, que celle qui a des piles neuves éclaire bien mieux que la précédente. Je repars en trottinant, de la musique dans les oreilles, une barre de céréales à la main et un cachet de Sportéine dans la bouche, concentré sur mes mollets et les signes annonciateurs de crampes.

Il me faudra presque une heure pour m'apercevoir que je n'ai plus mal à la cuisse et que je cours. Incapable d'expliquer ce miracle, j'en profite autant que faire se peut et avance à la lueur de la lune rousse. Cet état de grâce durera presque deux heures.

Subitement, à moins que cela ait été progressif et que je ne m'en sois rendu compte que d'un coup, je ressens de fortes douleurs aux ligaments croisés antérieurs. Mes ligaments situés devant le tibia, en bas, qui soulèvent les pieds, sont en feu. Et peu importe comment je marche, de face, en arrière, en montée, en descente, sur du plat, en pas chassés, ils interviennent. Je ne peux désormais plus que me traîner lamentablement entre deux effondrements dans les fossés et sur les talus pour récupérer ; je ne parviens à parcourir que 20 km pendant les sept dernières heures de mon escapade.

Cela ne m'empêche pas de vivre des moments agréables tels que le lever du soleil, la dissipation des brumes matinales sur les champs, les encouragements des quelques randonneurs rencontrés, la caresse du soleil pendant une de mes pauses, l'émerveillement quand les flèches de la cathédrale de Chartres apparaissent pour la première fois à l'horizon, la satisfaction d'être, au moins, parvenu jusqu'à la fin du chemin Charles Péguy.

Cependant, à l'issue de ces vingt-quatre heures à chaud, je ne peux m'empêcher d'être déçu : kilométrage parcouru ridicule ; état physique lamentable symptomatique d'une forme et d'une préparation que j'avais surestimées.

Une fois les batteries rechargées à coup de steak tartare et de litres d'eau minérale, en terrasse devant la cathédrale de Chartres, c'est le plaisir qui prime.

Plaisir d'avoir passé une journée dehors, d'avoir profité du soleil et de la campagne, d'avoir tenu vingt-quatre heures malgré tout, d'avoir prolongé un peu le mois d'août.

Trois jours plus tard, les ligaments croisés antérieurs toujours très enflammés, chevilles toujours enflées par des œdèmes, je me dis que du plaisir au bonheur il n'y a qu'une marche et qu'une préparation physique mais surtout logistique un peu plus sérieuse m'aurait permis de ne pas rater cette marche.

Par exemple, j'ai ramené les deux tiers de la nourriture emportée avec moi. J'aurais pu échanger ce poids contre plus de liquide. Ou encore, je m'étais équipé de chaussures de *trail* (peu d'amorti, bonne accroche) plutôt que de chaussures de route (plus d'amorti et moins d'accroche) or, il n'avait pas plu depuis une semaine donc pas vraiment besoin d'accroche.

Tant mieux, cela me laisse une marge de progression, et la possibilité de tenter de faire mieux – plus long, plus loin – la prochaine fois. Reste à déterminer où et quand.

Pardon ?

Aujourd'hui, pour la première fois, je me prends au sérieux comme coureur puisque je décide d'aller, non pas chez mon médecin généraliste habituel, mais chez un *médecin du sport*.

On ne devrait jamais se prendre au sérieux.

Mon raisonnement est le suivant. J'ai deux tendinites aux releveurs. Si je vais chez mon généraliste, il va me dire d'arrêter de courir, de boire beaucoup d'eau et me prescrire un anti-inflammatoire. Je n'ai pas besoin de consulter pour ça.

Je me rends donc chez un *médecin du sport*, dont j'attends beaucoup, eu égard aux tarifs. Il me recommande d'arrêter de courir, de boire beaucoup d'eau et de prendre du Voltaren pendant une semaine. Tout ça pour deux fois le prix de la consultation du généraliste.

Si je n'ai pas l'impression d'en avoir pour mon argent en matière curative, en revanche, en matière d'analyse physiologique, je reçois plus que mon dû.

Eu égard à mon absence de souplesse (il me manque 13 cm pour pouvoir toucher le sol de mes mains, jambes tendues), à la forme arquée de mes jambes, à l'absence de musculature des cuisses digne de ce nom et aux sinuosités de ma colonne vertébrale, le spécialiste conclut qu'il conviendrait que je ne coure pas plus de 10 km d'une traite. Et encore, d'après lui, il est probable que je ne puisse courir aussi longtemps que dans la douleur.

Je passe rapidement sur la recommandation de ne faire ni vélo, ni montées d'escaliers, ni course à pied pendant trois mois.

Autant dire que je maintiens mon programme de course – trois courses le mois prochain – sans hésiter.

Pourquoi, alors, aller voir un *médecin du sport* si c'est pour ne pas écouter ses conseils ? C'est juste que je n'ai pas trouvé le *bon* médecin du sport, celui dont les recommandations me conviennent.

Par respect pour le trou de la Sécu, je vais donc désormais rester avec mon excellent généraliste ; il soigne aussi bien et il est nettement moins désagréable.

Bon anniversaire

Il y a un an, les frères Chevignard célébraient Noël avec neuf mois de retard en s'élançant sur le bitume parisien, autour du jardin du Luxembourg, pour prendre toute la mesure de leur inaptitude athlétique sur dix longs kilomètres.

Est donc venu le temps du premier bilan des aventures pédestres des trois mousquetaires Chevignard, avec Arthur dans le rôle de d'Artagnan, à la fois membre du groupe mais pas complètement, un an après avoir repris la course à pied et six mois après le Marathon de Paris.

Pour tenter une approche scientifique du bilan, nous pouvions compter aujourd'hui, sur les 10 km de Neuilly, course qui fait écho à notre point zéro, à savoir les 10 km du jardin du Luxembourg, épreuve qui nous avait mis face à nos carences, manquements et méformes.

D'Artagnan, qui a une mission plus noble à accomplir, accompagner sa fille Ninon dans ses premières semaines de vie, n'est pas sollicité pour cette aventure pédestre. À dire vrai, renseignements pris, la couverture assurance de la course de Neuilly me semblait insuffisante pour faire face à l'apoplexie annoncée d'Arthur sur une telle épreuve ; il ne nous a donc pas semblé utile de rejouer, avec le même pistolet, à la roulette russe avec sa vie et, incidemment avec l'équilibre financier de la ville dont je suis un contribuable.

Donald, sollicité pour cet exercice de *benchmarking*, comme il dirait dans ses fonctions professionnelles, nous fait part d'un différend philosophique, différend qu'une longue maturation intellectuelle lui permet de résumer en quelques termes dont la force n'a d'égal que la profondeur : « Faites chier avec vos conneries, je n'ai pas besoin d'une course pour savoir que je suis une bouse ! ».

Restent donc Roch et moi pour servir de base statistique significative à notre exercice de bilan.

À tout seigneur, tout honneur. Roch avait fini, haut la main, premier de la fratrie autour du Luxembourg il y a un an, à la fois parce que c'est le plus jeune, mais aussi parce qu'il avait eu la déloyauté de s'entraîner avant la course.

Après avoir peu ou prou abandonné l'idée de se préparer en vue de la moindre course au lendemain du Marathon de Paris, le retour sur le bitume s'annonce périlleux. Il réalise le même chrono que l'an dernier – ce qui tend, d'après lui, à prouver que l'entraînement ne sert à rien.

Pour ma part, pour rétablir l'équilibre, je termine cette fois avec autant d'avance sur Roch que j'avais de retard sur lui l'an dernier. Match nul[1] à un an d'intervalle. Ce qui tend à démontrer que l'entraînement n'est pas inutile.

Après une bouteille de Corton 2007, nous décidons de nous en tenir aux conclusions scientifiques du jour : Roch continuera à ne pas courir ; je continuerai à m'entraîner.

---

1. Grégoire : 45 min 45 s ; Roch : 52 min 32 s

DÉSERT :
LE MARATHON
DES SABLES

Le Marathon des Sables : mirage ?

La veille de l'Ultra-Trail de Côte d'Or, Isabelle qui avait dû rester éveillée jusqu'à 1 heure du matin pour me véhiculer sur la ligne de départ de la course m'avait, agacée, demandé si je n'avais rien trouvé de plus idiot à faire de mes week-ends.

Le lendemain de l'Ultra-Trail de Côte d'Or, me voyant incapable de marcher et sans doute blessé au genou, elle avait répondu à sa propre question, en m'assénant que jamais je ne pourrais trouver plus crétin comme activité.

Stimulé par ce défi implicite et probablement involontaire, et dans un premier temps uniquement à titre informatif, je me mets alors à rechercher quelle pourrait bien être *la course à pied la plus difficile au monde*.

Très rapidement, émerge, dans la presse grand public, un nom : le Marathon des Sables.

Contrairement à ce que le nom semble indiquer, la distance est bien supérieure à celle d'un marathon puisqu'il s'agit de courir, en six étapes, 250 km dans le Sahara marocain. Comme la distance et le lieu ne suffisent pas à rendre la course assez ardue, les coureurs évoluent en autonomie alimentaire : ils doivent porter avec eux sac de couchage, matériel et nourriture pendant toute la course. Petite concession au confort : l'eau est distribuée au fur et à mesure ; il n'est pas requis de courir avec une citerne sur le dos ou de partir à la recherche de puits et sources.

Assez content de ma trouvaille, je n'imagine pas une seconde m'inscrire : dès que la température extérieure est supérieure à 35 °C, je souffre quasi systématiquement de migraines.

J'envisage d'autant moins de participer, que les récits de course sont dantesques. Ampoules et déshydratation semblent communes, et la perfusion une technique habituelle pour se donner les moyens de repartir. Pas question de me mettre en danger pour ce qui ne reste qu'un loisir.

Et puis, à force de regarder toutes les vidéos possibles et imaginables, lire tous les comptes-rendus de course et tous les livres écrits, en français ou en anglais, sur cette aventure, je finis par ressentir une attraction de moins en moins résistible pour cette épreuve.

Finalement, résolu à passer à l'acte, ne serait-ce que pour donner un sens à cette deuxième année de course à pied qui débute, je m'enquiers des modalités d'inscription. Je m'inquiète également du meilleur moyen d'annoncer à Isabelle que j'ai trouvé une activité infiniment plus déraisonnable qu'une promenade dans la campagne bourguignonne.

Courageux, mais pas téméraire, je commence par m'inscrire sans souscrire d'assurance annulation, et décide de ne pas en parler dans l'immédiat.

Inutile précaution : mon historique de navigation sur l'ordinateur familial informe tout le monde de mes intentions et de mon obsession du moment.

L'inscription au Marathon des Sables ne suscite pas plus d'incompréhension ou d'inquiétude, pas moins non plus, que celle au Marathon de Paris un an plus tôt.

Running obsession

Un des enseignements d'un an de course à pied est qu'un entraînement régulier soulève des soupçons de pratique obsessionnelle ou d'addiction chez l'observateur non coureur.

Il semblerait que le seuil psychologique de déclenchement de l'alarme se situe à trois entraînements par semaine. Un entraînement, on est un coureur du dimanche, deux entraînements, on s'entretient – c'est dit avec un semblant de respect –, trois entraînements, on est sportif – c'est dit avec un semblant d'admiration –, quatre entraînements et plus, on est un addict – c'est dit avec commisération.

Ces observateurs bienveillants disposent même, désormais, d'un mot, la bigorexie, et de l'autorité de l'Organisation mondiale de la santé (OMS) qui a reconnu cette maladie, ou dépendance, en soulignant que les populations les plus à risque sont les culturistes et les pratiquants de sports d'endurance.

Je ne connais pas le culturisme, je me rangerai donc à l'opinion de l'OMS concernant les adeptes de la gonflette.

En revanche, je m'interroge sur la pertinence de l'analyse concernant les sports d'endurance : dans la mesure où pour s'entraîner à l'endurance, à durer dans le temps donc, il n'y a guère d'autre choix que de pratiquer longtemps son sport, n'est-il pas normal que le sportif d'endurance... passe du temps à s'entraîner ? Comme l'un des critères du diagnostic de bigorexie est le temps passé à s'adonner à la pratique sportive, il est légitime de s'interroger sur les critères d'appréciation de l'éventuelle dépendance.

Au-delà des travaux de l'OMS, je trouve le regard que le public porte sur l'entraînement sportif en général et à la course à pied en particulier particulièrement déroutant.

Un amateur de golf qui s'adonne à une séance de practice par semaine et un dix-huit trous le week-end, consacrera donc environ cinq heures hebdomadaires à son loisir ; cela est socialement acceptable.

Or, cinq heures par semaine, pour un coureur, c'est environ 200 km par mois. Soit un mois qui correspond à la phase finale d'une préparation à un marathon, préparation souvent jugée chronophage et désocialisante par l'entourage.

Au-delà de cet exemple simpliste qui permet d'illustrer la différence de traitement qui est accordée à la course à pied quand il s'agit d'analyser l'intensité de sa pratique, l'exemple le plus frappant en matières d'obsession porte sur une activité qui, chaque jour, en moyenne, accapare un peu plus de cinq heures. Il s'agit bien entendu d'une moyenne quotidienne ; il peut donc y avoir des jours de relâche, mais qui seront alors compensés par des journées plus intenses.

Tant que l'activité n'est pas nommée, chacun convient qu'une telle activité ne laisserait pas beaucoup de place à la vie. En effet, nous consacrons entre huit et dix heures par jour à satisfaire nos besoins biologiques (dormir, boire, se nourrir, voire se laver) et, sauf le week-end puisqu'il faut bien respecter les trente-cinq heures hebdomadaires, sept heures par jour à travailler plus une à deux heures dans les trajets domicile-travail. Ne reste donc que sept heures libres par jour. En consacrer plus de cinq d'entre elles à une seule activité ? Socialement inacceptable !

Et pourtant, une étude parue au printemps analyse les comportements des personnes âgées de 16 à 44 ans face à la multiplicité des écrans. En France, cette population passe en moyenne 2 h 15 devant la télévision, 1 h 15 sur un ordinateur portable, 1 h 30 sur un smartphone et 30 min sur une tablette. Soit un total de 5 h 30.

Eh bien c'est socialement acceptable puisque c'est la norme. À titre de comparaison, un plan d'entraînement au Marathon des Sables – plan que peu de sportifs amateurs considéreraient sans appréhension – prévoit, au plus intense de la préparation, 140 km de course à pied par semaine et uniquement pendant deux semaines consécutives, soit entre douze et quatorze heures de pratique hebdomadaire ; trois fois moins que notre consommation d'écrans ! Et donc, à entendre les sédentaires qui jugent de la pratique sportive des autres, ceci serait socialement inacceptable, puisque hors-norme ?

Depuis que j'ai pris connaissance de cette étude sur les écrans, chaque fois qu'on m'interpelle sur ma pratique, ce qui est de plus en plus courant, je demande à mes interlocuteurs s'ils se souviennent de tout ce qu'ils ont vu sur leurs écrans depuis une semaine. Et si cela valait vraiment la peine d'y consacrer trente-cinq heures au moins (cinq heures par jour pendant sept jours), soit autant de temps qu'à leur activité professionnelle.

Je ne crois pas avoir convaincu qui que ce soit de se lever de son canapé pour aller courir, mais au moins à ce stade de la discussion, mes contradicteurs se mettent à débattre de leurs habitudes sédentaires plutôt que de mes pratiques pédestres.

Marathon des Sables : c'est parti

Cette semaine est la première du plan d'entraînement qui est censé, *s'il ne me tue pas*, me permettre de finir en relative bonne santé la trentième édition du Marathon des Sables en avril.

Avec le sens de l'à-propos qui me caractérise, cette première semaine d'entraînement comprend deux sorties d'une heure en kayak sur la Seine ; si jamais nous sommes victimes d'un déluge dans le Sahara, je serai certainement le seul à y être préparé. J'ajoute une petite séance de practice de golf, à proximité du bunker tout de même, pour commencer à m'habituer à la présence de sable.

Pour ne pas réinventer l'eau tiède, j'ai suivi le plan d'entraînement d'un double *finisher* du Marathon des Sables (2008 et 2010) qui a eu la bonté de le poster sur son blog.

Je me suis dit que s'il s'était inscrit une troisième fois, c'est que la première n'avait pas dû être trop douloureuse et le plan d'entraînement pas trop mauvais puisqu'il reproduit le même pour sa troisième participation.

Au-delà de ces considérations qui ont l'air parfaitement raisonnables, il y a aussi, surtout, le fait que ce plan d'entraînement est le seul à inclure le Trail des templiers auquel je participe.

Bref, c'est parti pour 2 000 km de course à pied d'ici fin mars, deux fois plus que pour la préparation au Marathon de Paris d'il y a un an. Vu d'aujourd'hui, avant de m'y atteler, cela me paraît sensé eu égard à la différence de distance à parcourir (42 km pour Paris, 250 km pour le Sahara).

Les histoires de templiers finissent mal, en général

Dans son homélie (1130-1136), appelée *De laude novae militiae* (Éloge de la nouvelle chevalerie), Bernard de Clairvaux présente un portrait physique et surtout moral des templiers, qui s'opposait à celui des chevaliers du siècle : « Ils se coupent les cheveux ras, sachant de par l'Apôtre que c'est une ignominie pour un homme de soigner sa coiffure. On ne les voit jamais peignés, rarement lavés, la barbe hirsute, puant la poussière, maculés par les harnais et par la chaleur... »

Dans la plus pure tradition templière, c'est bien dans cet état que je finis le parcours de presque 75 km après quinze heures de course et marche sous un beau soleil, quand il fait jour, dans un superbe paysage, au cœur des Causses, magnifiées par les couleurs de l'automne. Comme la balade s'achève sans blessure ou tendinite et sans trop de courbatures le lendemain, malgré l'absence de préparation spécifique, le bilan de la journée est plutôt satisfaisant... si l'on s'arrête à ces appréciations superficielles.

La réalité est moins glorieuse.

Je perds énormément de temps en montée, temps que je ne peux récupérer en descente, les chemins monotraces étant trop étroits pour doubler. Je flirte, dans le dernier quart du parcours, avec les barrières horaires. Je termine dans le dernier décile des coureurs ayant achevé l'épreuve.

Bref, une nouvelle fois le terrain me convainc que je suis à peine au niveau de ce genre de courses et qu'à moins de travailler les montées, ce qui, sur les rives de la Seine, est une gageure, il me sera difficile d'y progresser.

Ce Trail des templiers est tout de même l'occasion de clore de manière agréable un premier cycle de découverte de la course de fond, de 10 à 100 km, avec ou sans dénivelé.

La conclusion de cette première année est que je bannirai les dénivelés importants à court terme et limiterai les ambitions de ma deuxième année de course à pied à la progression en distance. Il m'a fallu un an pour passer de 0 à 100 km ; l'objectif de l'année sera de parcourir 100 miles d'une traite soit environ 160 km, et d'améliorer ma vitesse en marathon.

À force de courir, je finirai bien par développer un semblant de musculature aux cuisses et au dos pour, dans deux ans, si je ne suis pas parvenu à me dégoûter de ce sport, m'attaquer de nouveau aux dénivelés.

La quadrature du cercle ?

J'aborde le deuxième mois du plan d'entraînement au Marathon des Sables et, cette semaine ainsi que la prochaine, débute le kilométrage significatif : 70 km cette semaine, 80 km la semaine prochaine.

Ce kilométrage reste faible comparé à ce que la fin de préparation suppose (140 km par semaine), mais suscite des questions que je ne m'étais pas posées jusqu'alors et qui vont assez rapidement s'imposer à moi. Pour simplifier, 100 km de course à pied dans la semaine, c'est dix heures dehors à courir et au moins deux heures de plus pour se préparer, se doucher, etc., soit douze heures hebdomadaires.

Comme le plan d'entraînement est basé sur quatre séances hebdomadaires, il me faudra donc trouver quatre jours dans la semaine où je peux, en moyenne, consacrer trois heures à la course à pied. Autant dire que si c'est, théoriquement, possible samedi et dimanche, pour le reste de la semaine ça semble mission impossible.

Quelles solutions alors ?

En augmentant un peu les volumes de course à pied du week-end, je peux diminuer la contrainte quotidienne en semaine à deux fois deux heures. Sauf qu'en matières d'entraînement, c'est idiot de réaliser deux grosses journées d'affilée, le corps n'ayant pas le temps d'assimiler l'effort le bénéfice sera moindre.

En partant du principe que temps de travail et temps familial sont à peu près incompressibles, reste comme variable d'ajustement le temps de sommeil. Je pourrais, deux fois par semaine, me lever une heure plus tôt que l'heure anormalement matinale à laquelle je me lève déjà les jours où je cours. Sauf que, le meilleur moyen de ne pas progresser est de ne pas récupérer. Plus le kilométrage hebdomadaire augmente, plus je devrais dormir.

En partant du constat qu'il m'est difficile de réaliser les séances d'entraînement de « semaine » en deux jours, je pourrais aussi les répartir sur trois ou quatre jours, ramenant ainsi la contrainte quotidienne à un niveau habituel.

Et encore, je ne m'interroge que sur la manière de faire rentrer dans mon agenda actuel les temps de course. Parce qu'en théorie je devrais aussi intégrer plus de temps de récupération !

Bref, ça va coincer.

Et comme je n'ai pas assez de contraintes, je me suis, pour cette année, donné un deuxième objectif qui est d'améliorer significativement mon chrono marathon. Cela suppose un entraînement spécifique.

Comme l'année ne dure que douze mois, pas question de remettre cet entraînement-là à l'après-Marathon des Sables. Je fais donc le choix de m'y atteler en même temps.

Concrètement, cela signifie que je suis censé travailler ma vitesse une à deux fois par semaine. Or, si je savais courir vite et longtemps, je ne serais pas en train de me poser toutes ces questions, mais je serais en train de gagner des courses. Autrement dit, une ou deux fois par semaine je vais devoir courir plus vite que d'habitude, mais pas longtemps. Cette nouvelle contrainte rallonge d'autant les séances hebdomadaires restantes pour être au rendez-vous du kilométrage pour le Marathon des Sables.

Ce n'est plus la quadrature du cercle, mais la cubitude de la sphère !

À la recherche de solutions pour faire tenir entre douze et seize heures de sport par semaine dans mon agenda, je m'intéresse au plan d'entraînement de Lahcen Ahansal qui a remporté dix fois le Marathon des Sables. À ne pas confondre avec son frère, Mohamad Ahansal qui, pour l'instant, n'a gagné « que » cinq fois l'épreuve, après avoir fini sept fois derrière son frère – qui ne participe plus.

Dans les grandes lignes, jusqu'à trois mois avant l'épreuve, au titre de la préparation foncière, 220 km de course à pied par semaine. C'est à peu près ce que je courais en un mois au plus intense de ma préparation au Marathon de Paris. De trois mois à trois semaines avant l'épreuve, au titre de la préparation spécifique, course à pied tous les jours, au moins quatre heures par jour (avec exercices de vitesse, d'ascension, de course dans le sable, etc.). Enfin, les deux dernières semaines avant la course, repos avec « seulement » 80 km de course à pied par semaine, ce que je peine à réaliser actuellement.

Soit je me trouve rapidement un emploi de gardien de chèvres ou de méhariste à Neuilly-sur-Seine (les deux principales professions de Lahcen Ahansal), soit il faut que j'abandonne l'idée de figurer honorablement au classement de l'épreuve.

SaintéLyon : pour amateurs éclairés

Ce matin, minuit, départ de la SaintéLyon qui, comme son nom l'indique démarre à Saint-Étienne et s'achève à Lyon, 72 km plus loin.

Cette course, à la lampe frontale, a lieu en même temps que la Fête des lumières à Lyon, le premier week-end de décembre ; presque en hiver donc. Cette année, comme chaque année, températures négatives et quelques flocons de neige mais, à la différence des autres années, beaucoup de boue : jusqu'à la cheville pendant la majeure partie des trente-cinq premiers kilomètres, sauf quand le chemin devient une mare ou un ruisseau.

Pour cette dernière course de l'année, je décide de changer ma manière de courir et de prendre en compte tous les excellents conseils qui m'ont été dispensés depuis un an.

Sosthène (13 ans) à qui j'explique que je serai peu en famille ce week-end car je vais courir m'a demandé :

— Mais pourquoi cours-tu autant ? Encore, tu serais un champion, je comprendrais, mais là ?

— Je ne cours pas tant que ça, regarde, hier je n'ai pas couru. En revanche si j'étais un champion, je ne ferais que ça, tous les jours et je ne pourrais pas avoir un métier en même temps.

— Ah bon, et ça gagne bien un champion de *trail* ?

— À une ou deux exceptions près, non.

— Bon, ben, c'est mieux si tu n'es pas un champion alors.

J'ai donc suivi ce conseil à la lettre et je n'ai pas gagné la Sainté Lyon cette année.

Célestin (10 ans) me dit ensuite :

— Mais tu vas courir la nuit, dans la forêt alors ?

— Oui, entre Saint-Étienne et Lyon.

— Et le parcours est sécurisé ?

— …

— Ben oui, pour les loups. Ils ont prévu quelque chose pour que les loups ne vous attaquent pas ?

— Euh non, je ne crois pas. Mais tu sais nous serons très nombreux sur le parcours, même si les loups attaquent, il y a peu de chance que ça me tombe dessus.

— De toute façon, soit les loups ont très faim, et ils mangeront les premiers qui arriveront près d'eux. Soit ils sont malins et ils attendront les derniers où il y aura les gros. Il vaut mieux que tu ne sois ni premier, ni dernier papa »

Je suis donc ce conseil à la lettre et je n'arrive pas dernier de la SaintéLyon cette année.

Au-delà de ces deux conseils spécifiques à cette course, je m'attache à suivre les leitmotivs de tous ceux qui ont supporté (au sens de supporter « in English ») ma pratique pédestre cette année.

Mathilde, bien que sur le podium de triathlons et engagée sur des cross et courses, fait mine de ne pas aimer courir et insiste, à chaque fois, pour faire attention à ne pas se blesser. C'est la voix de la sagesse et je prends soin, pendant cette course, afin de préserver mes genoux, à ne pas descendre à grande vitesse dans la boue des chemins détrempés, bien que j'aime ça et qu'il s'agisse des seuls moments d'une course où je peux gagner du temps sur les autres concurrents. Je me contente d'une foulée souple et parviens ainsi à éviter toute douleur articulaire jusqu'à la fin de la course et donc, pour une fois, à courir jusqu'au bout, sans période de marche « thérapeutique ».

Merci Mathilde, conseil efficace.

Au suivant ! Lors de l'Ultra-Trail de Côte d'Or j'ai couru pendant une vingtaine de kilomètres avec un presque sexagénaire meneur d'allure aux 100 km de Millau depuis plusieurs années. Il m'a expliqué deux choses :

– qu'il fallait, pour les longues distances, courir « au cardio », c'est-à-dire ne pas se préoccuper de sa vitesse de progression, mais de son rythme cardiaque en adaptant les efforts pour qu'il reste stable autour de 75 % de la fréquence cardiaque maximale afin de durer le plus longtemps possible ;

– que l'ennemi des jambes et articulations, sur longue distance, n'était pas la pente prise de front, mais le devers qui oblige des muscles latéraux, que nous sollicitons peu en course à pied puisque nous travaillons la propulsion avant, à intervenir pour maintenir les articulations ; il n'avait donc de cesse de se positionner sur les portions les plus « horizontales » des routes et chemins.

Mission presque accomplie pour le premier point (80 % de FCM), à l'exception des deux premiers et deux derniers kilomètres où l'euphorie du moment met à mal les meilleures résolutions.

Mission accomplie pour le second point même si cela implique de courir plus souvent dans l'eau gelée des flaques et ruisseaux situés au milieu des chemins ravinés par la pluie depuis des semaines. Ça ne fait froid que la première heure, ensuite on ne sent plus ses pieds. Pour la première fois depuis que je m'aligne sur des courses plus longues que le marathon, je n'ai pas mal aux hanches et pas une fois je n'arrête de courir pour cause de jambes trop raides dues à la fatigue ou à des crampes.

Merci Michel, conseils avisés.

Un jour Hermine (5 ans), me voyant rentrer d'une sortie matinale donc nocturne, observe que ma lampe frontale a laissé une marque sur mon front et me dit :

« Papa, ta lampe est trop serrée, ça empêche la respiration du sang vers ton cerveau, c'est pour ça que tu as une marque sur ton front et que tu dis n'importe quoi. Il faut serrer ta lampe moins fort. »

C'est ce que je fais au 30ᵉ kilomètre et, par miracle, mon mal de tête et mes douleurs aux oreilles – serrées sous l'élastique de la frontale – disparaissent en moins de cinq minutes.

Merci Hermine, conseil avisé.

Marie-Amélie (OuiRun4Fun) tente un jour de me convaincre qu'une course n'est pas, comme je le pratique, qu'une étape dans la progression vers de plus longues distances ou une promenade qui se doit d'être agréable, mais bel et bien le moment où il faut se fixer un objectif, si possible à la limite de ce qu'on sait faire, objectif à atteindre à toute force. Bref, une course ce n'est pas une balade, c'est un test des capacités physiques et mentales. Donc, ambitieux, avant la SaintéLyon, je me dis : « Marre d'être abonné au passage "ric-rac" des barrières horaires, je vise d'être... dans la moyenne. » Jusqu'à présent, je laissais mes jambes gérer la première moitié de la course et ma tête, la seconde, afin de m'emmener à l'arrivée. Malheureusement, comme ma volonté est moins efficace en course à pied que mes jambes, les fins d'épreuve étaient toujours « limite horaire ». Cette fois-ci donc, c'est une première, je ne m'arrête pas de courir quand la lassitude s'empare de moi au 50ᵉ kilomètre avec, comme seule perspective, 22 km de descente sur des routes qui ne présentent pas d'intérêt, ni même quand un paysage mérite que je m'y attarde. Je ne ralentis pas pour discuter avec un autre coureur qui a l'air sympa, ce qui n'empêche pas d'échanger avec ceux qui courent à peu près au même rythme. La course est bien moins conviviale et agréable que d'habitude, mais le chronomètre plus satisfaisant.

Merci Marie-Amélie, conseil avisé.

La Chèvre de monsieur Seguin, elle, m'a appris qu'il fallait tenir bon, ne pas lever le pied ou baisser les bras pour les sports mobilisant le haut du corps, jusqu'au lever du soleil, même si je ne sais pas bien pourquoi vu qu'elle se fait quand même boulotter à l'aube. Je me dis aussi, pendant la course, que cette feignasse a tenu jusqu'à l'aube en été, quand les nuits sont courtes alors que je cours deux semaines avant la nuit la plus longue de l'année. Toujours est-il qu'au 50ᵉ kilomètre, à 6 h 30 du matin, je pense à sa détermination en me disant que si je suis, moi aussi, bête à manger du foin de m'être lancé par défi et sans trop réfléchir, dans cette escapade nocturne, je peux au moins courir jusqu'au lever du jour.

Merci la chèvre, j'ai couru comme toi.

Quant à Coach Frédéric, il m'a fait, aux Buttes Chaumont, une magistrale démonstration des différents types de foulées en fonction du terrain (forte pente en montée, forte pente en descente, montée en devers, descente en devers, etc.). Démonstration par l'exemple pour ce qu'il était possible de faire, explications pour ce qui ne l'était pas (terrain gras, terrain dur, etc.). Je crois bien que sans ces informations, je me serais très vite épuisé dans la boue, avec des appuis fuyants, que ce soit vers l'arrière ou latéralement avant, comme beaucoup, de n'avancer qu'en marchant. Dans la mesure où presque la moitié de la course était sur terrain très gras, détrempé ou givré, il n'est pas impossible que je me sois – sans ces conseils – découragé avant d'atteindre le « refuge » du bitume.

Merci Frédéric, conseils avisés.

Isabelle, elle, ne m'a donné aucun conseil. Merci de ne pas l'avoir fait, et, surtout, merci de me permettre de passer autant de temps sur les routes, que ce soit pour courir ou pour me rendre à des courses.

Grâce à tous ces conseils, après être péniblement arrivé une demi-heure avant les barrières horaires à l'Ultra-Trail de Côte d'Or et au Trail des templiers, j'ai la satisfaction, à Lyon, d'arriver plus de cinq heures avant. Cela ne fait pas encore de moi un coureur digne de ce nom, mais me permet enfin, de constater un *progrès*.

Chaud froid

Mais pourquoi aller courir, dans le froid et de nuit, la SaintéLyon en pleine préparation du Marathon des Sables qui se courra de jour, dans le Sahara ?

Le premier intérêt, qui n'a qu'un lien indirect, est que, justement, cette course m'a permis de couper la préparation au Marathon des Sables afin d'éviter de sombrer dans la routine, l'uniformité, l'ennui... sans pour autant nuire au volume kilométrique.

Le deuxième intérêt, fortuit, c'est d'avoir couru pendant longtemps sur un sol instable où, comme sur le sable, les appuis sont fuyants. Foulée moins efficace et tendons beaucoup plus sollicités : sable et gadoue, même combat !

Le troisième intérêt a été de rencontrer des participants au Marathon des Sables, reconnaissables pour certains à leur superbe sac à dos MDS jaune canari, et échanger avec eux sur leur préparation ou la comparer avec la mienne. Comme je n'ai jamais revu les quatre compères que j'ai doublés au 50ᵉ kilomètre, je suis relativement rassuré. Certes j'aurais pu les trouver sur les réseaux sociaux et deviser avec eux, mais entre ce que chacun publie et ce que chacun est capable de faire, en réalité, pendant la course...

Le quatrième intérêt a été de commencer à réfléchir à la répétition d'efforts. La difficulté du Marathon des Sables, j'imagine, n'est pas tant de parcourir telle ou telle étape. Même la plus longue, environ 80 km, au détail de la chaleur près, ne présente pas, a priori, de difficulté particulière pour qui s'entraîne à des trails plus longs qu'un marathon. En revanche, au Marathon des Sables, dès le lendemain de l'étape de 80 km, qui elle-même a été précédée par 2 ou 3 jours à plus de 30 km chacun, il faut courir l'étape marathon. Et là, je dois fournir un gros effort d'imagination pour me projeter dans cette configuration. Le lendemain de la SaintéLyon, je n'imaginais même pas pouvoir courir le jour suivant. Et la petite vingtaine de kilomètres effectuée le surlendemain de la SaintéLyon s'est chargée de renforcer ma conviction qu'il est heureux qu'il reste encore plusieurs mois d'entraînement.

Contrairement aux apparences, ce n'était donc pas complètement idiot de courir de nuit en hiver pour se préparer à la chaleur du Sahara. S'il y a de bien meilleurs moyens de m'entraîner, il me reste à les découvrir.

Bonne année ?

En 2014, me disent mes applications GPS, j'aurai couru 2 014 km dont 475 avec un dossard.

Bonne année ? Je ne saurais le dire, je n'ai pas de base de comparaison.

Gageons qu'en 2015 je courrai au moins un kilomètre de plus.

Les choses sérieuses commencent

Départ dans trois mois pour le Sahara marocain ; il convient donc, au-delà de l'entraînement qui suit son cours, que je commence à me préoccuper des aspects matériels de cette course d'une semaine en autonomie.

Le Père Noël a très bien fait les choses. Il faut dire que j'ai été sage cette année : la course à pied me laissant assez peu de temps pour faire des bêtises. Je suis désormais équipé d'un sac à dos spécifiquement développé pour le Marathon des Sables. Il s'agit du modèle Olmo, d'une contenance de 20 litres. Marco Olmo, né en 1948, est une figure historique du trail : il a gagné l'Ultra-Trail du Mont-Blanc jusqu'à ce que la génération Kilian Jornet fasse son apparition. Aujourd'hui encore, il fait mieux que tenir son rang : l'an passé, il est arrivé onzième du Marathon des Sables. Autant dire que si une paire de chaussures portait son nom, je m'en serais probablement aussi équipé.

Reste à remplir, mais pas trop, ledit sac à dos.

Pour mémoire, mis à part l'eau qui est fournie, chaque jour, en plusieurs fois, aux concurrents, ceux-ci courent en autonomie. Cela signifie que je porterai tout ce dont j'aurai besoin : sac de couchage, change, nourriture, gamelles, matériel de sécurité obligatoire (aspivenin, fusée de détresse, couverture de survie, balise GPS), œuvres complètes de Charles de Foucauld...

Mon dilemme est le suivant.

Moins j'emporte de matériel, plus je suis léger, plus je cours vite, moins je passe de temps à me dépenser, moins j'ai besoin de récupérer entre les étapes et plus mon temps de récupération est important.

Mais, moins j'emporte de matériel (tapis de sol, vêtements de rechange, friandises, appareil photo ?), moins je pourrai récupérer, car par exemple, mon sommeil et mon alimentation seront de moindre qualité.

À l'inverse, plus je privilégie le relatif confort, plus mon sac sera lourd et plus je devrais dépenser d'énergie pour parvenir au terme des étapes. Je serai donc plus fatigué, j'aurai besoin de consommer plus de calories et donc il me faudra emporter plus de nourriture. En revanche, meilleure sera la qualité de ma récupération.

Mon cœur balance, la plus mauvaise solution étant probablement d'adopter une voie moyenne qui risque de conjuguer les inconvénients des deux philosophies : se fatiguer avec un sac trop lourd, mais pas assez complet pour permettre un confort favorable à la récupération.

Sans idée préconçue sur le sujet, encore qu'une dizaine d'années de scoutisme et un service militaire au sein de la Force d'Action Rapide ne m'aient pas habitué à penser confort en matière de camping, je tente de m'inspirer des pratiques de mes prédécesseurs.

Malheureusement, il apparaît que les choix réalisés par les coureurs répondent à des logiques culturelles plus qu'objectives, ce qui interdit de tirer des conclusions des pratiques passées.

Ainsi, les concurrents anglais « lambda » (classés au-delà de la 100ᵉ place) prennent un sac moyen de plus de 11 kg avec plus de 5 kg de nourriture pour 19 200 calories. Les concurrents français « lambda », quant à eux, emportent un sac moyen de moins de 9 kg avec près de 1 kg de nourriture de moins que les Anglais pour 16 800 calories. Enfin, les concurrents « élite », classés parmi les trente premiers, emportent un sac moyen de 7 kg avec moins de 5 kg de nourriture pour 16 000 calories.

À ce poids de sac, il convient d'ajouter le poids de l'eau portée en courant, de 1 à 3 kg.

La première observation qui me vient à l'esprit est que bien que le nombre de calories minimal imposé par l'organisation soit de 14 000 (2 000 par jour de course), personne ne s'est risqué à emporter aussi peu alors que le gain de poids serait significatif (environ 550 g).

Étant français, le chemin à parcourir pour parvenir au poids optimal des élites est moins important à parcourir, culturellement, que si j'étais anglais. Mais le dilemme reste entier. En théorie, et comme le diraient montagnards et randonneurs de la vieille école, on ne devrait pas s'engager dans une telle expédition sans un minimum de matériel. Ainsi j'en arrive à la liste suivante :

– Trousse à pharmacie : la caravane des coureurs est accompagnée d'une équipe médicale complète avec, donc, une pharmacie complète. La mienne se compose donc juste d'un tube de crème solaire et d'une plaquette d'Imodium. Les coureurs de fond comprendront, les autres imagineront que courir longtemps favorise le transit intestinal.

– Trousse de couture : les coureurs anglais ont des tonnes de matériel en trop et en cas de besoin, il doit être possible de faire appel à la solidarité. Ça fait un peu passager clandestin, mais j'essaie d'être pragmatique. Je ne me chargerai donc de rien.

– Trousse de toilette et vêtements de rechange : je ne vois pas bien comment une bande d'un millier de coureurs suant dans le désert pendant une semaine sans accès à des douches peut en terminer autrement qu'en sentant le fennec faisandé. Autant en tirer les conclusions qui s'imposent et m'appuyer sur ma longue expérience scoute : on emporte toujours trop de sous-vêtements, linge de toilette et change. Cette fois-ci ce sera une tenue de course, une tenue de bivouac plus chaude, une paire de chaussettes de rechange, au cas où celle portée se troue, du papier toilette et basta !

– Équipement de cuisine : à part une cuillère pour mélanger la nourriture lyophilisée à de l'eau chaude dans un fond de bouteille en plastique et donc de quoi faire chauffer de l'eau, besoin de rien d'autre... mais c'est déjà beaucoup à porter (gamelle, couvert, briquet).

– Équipement culturel : le temps de course moyen, réparti sur sept jours, est d'environ cinquante heures, soit sept heures par jour. Cela laisse donc dix-sept heures par jour pour se nourrir, se soigner, dormir, ne pas se laver, échanger avec les autres concurrents... et s'ennuyer. Se pose donc la question de l'iPod (et donc des batteries supplémentaires), de l'appareil photo ou de la Gopro (et de batteries supplémentaires également), d'un peu de littérature (papier ou Kindle), d'un calepin et d'un crayon. Dans la mesure où l'organisation s'entoure de photographes et cameramen professionnels et remet aux concurrents, quelques mois après la course, un DVD résumant l'épreuve, je ne suis pas certain qu'il soit utile que je m'encombre d'un appareil de prise de vue. Pour ce qui est de l'iPod, à ce jour, je ne l'utilise qu'en courant ; reste à me défaire de cette habitude ou à l'emmener dans le Sahara, mais dans les deux cas cela ne sera pas un outil de lutte contre l'ennui au bivouac. Restent le Kindle (qu'il faudra pouvoir recharger), pour lire, et le calepin, pour écrire.

– Couchage : les nuits peuvent être fraîches (5 à 10 °C, après des journées entre 35 et 50 °C). Il convient donc de ne pas lésiner sur le sac de couchage et ne pas tenter de gagner quelques grammes qui se traduiront en heures de sommeil perdues. Cette précaution étant l'enseignement de cinq nuits glacées pendant l'ascension du Kilimandjaro il y a quatre ans. En revanche se pose la question du tapis de sol. Nous dormons dans le désert, donc sur des cailloux et plus précisément sur un tapis de chamelier qui n'a pas pour vocation de nous protéger le dos. Trois options : dormir à la dure, dormir sur un tapis de sol (environ 400 g à porter) ou... dormir sur un demi-tapis de sol (coupé à mi-hauteur, et qui ne protège donc que le dos, pas les jambes). N'ayant jamais dormi avec un tapis de sol lorsque j'étais en camping, j'ai du mal à me convaincre qu'il est absolument nécessaire de s'en équiper. Ceci étant, j'étais âgé d'un quart de siècle de moins la dernière fois que j'ai dormi sous la tente...

C'est donc avec impatience que j'attends les soldes d'hiver pour finaliser la partie équipement, avant d'attaquer la problématique alimentation qui représente, quand même, 60 % du poids total.

Quand il y a de la gêne, il n'y a pas de plaisir

Avant même les soldes, je décide de me préoccuper du conditionnement de tout ce que je dois emporter.

Les vétérans du désert recommandent de se défaire de l'ensemble des emballages des repas lyophilisés, ce qui permet de s'alléger de près de 1 kg. Deux conditionnements sont préconisés, le sac étanche à sandwich pour les repas complets et, pour les poudres énergétiques ou protéinées à diluer dans l'eau au petit déjeuner ou à l'arrivée de l'étape du jour, le préservatif. Ce conditionnement permet de se dispenser de la corvée du dosage en plein désert et l'absence de lubrifiant évite que le sable ne s'accroche à la membrane et la perce à force de frottements.

Je prends mon courage à deux mains pour entreprendre la pharmacienne de quartier (environ 60 ans) et sa laborantine (moins de 30 ans) à une heure de faible affluence.

Mon introduction est maladroite :

— Bonjour, je pars une semaine au Maroc au printemps et j'aurais besoin sur place de deux ou trois préservatifs par jour, taille XXL, et sans lubrifiant. Je voudrais en tester avant de partir. Ce serait possible ?

Quelques explications complémentaires plus tard, la pharmacienne me laisse entre les mains de sa laborantine.

Je découvre qu'en France le préservatif sans lubrifiant n'est plus autorisé. La laborantine s'empresse de me rassurer en m'affirmant que les lubrifiants sont tous de qualité alimentaire et qu'elle n'a jamais eu de soucis gastriques. Après prise de références sur le site internet *leroidelacapote.com*, elle se prend au jeu et s'investit dans le choix des modèles : goût neutre, fraise, banane ou un assortiment ? Avec ou sans réservoir ? Résistance renforcée ?

Tout à notre problématique, nous ne nous rendons pas compte que la pharmacie se remplit peu à peu de mères de famille et retraitées qui font la queue pour leurs propres besoins et ne perdent pas une miette de notre discussion... sans en connaître le contexte.

Ma réputation dans le quartier est faite.

Détox

Après deux réveillons de Noël, un repas de famille, un réveillon de Nouvel An et, bien que l'Épiphanie ne soit que mardi, une ou deux galettes généreusement arrosées de champagne pour le goûter samedi avant de finir, pour le dîner, les 200 g de foie gras qui accompagnaient des montagnes de crêpes, journée détox par le *running*.

Comme à chaque fois que le calendrier nous offre un pont, je réalise la balade qui emprunte l'ensemble des ponts de Paris, soit un peu moins qu'un marathon en distance.

Détox culturelle pour débuter. Quand je cours pour éliminer foie gras et champagne avec mes chaussures à 125 €, ma montre GPS à 250 €, mes vêtements techniques à 150 € l'ensemble et mon iPod, et qu'il me faut slalomer entre les sans domicile fixes dormant sur les bouches de ventilation du métro, je ne peux m'empêcher de penser que j'ai raté quelque chose à Noël, malgré un passage à la messe le jour dit.

Détox calorique pour continuer. Quand je pars courir avant l'aube pour éliminer les excès alimentaires des deux semaines précédentes, je ne prends pas de petit déjeuner (un expresso, deux carrés de chocolat), je ne me préoccupe guère d'emporter du ravitaillement (à peine un berlingot de crème de marrons) et, content de courir léger, je ne m'encombre pas d'eau. Mais comment savoir combien de temps courir pour éliminer tous ces excès cumulés ? J'ai mis au point, bien malgré moi, une méthode infaillible : je cours jusqu'à ressentir un très gros coup de bambou pas étranger au fait qu'un berlingot de crème de marrons, c'est un peu juste en matière d'hydratation pour trois heures de course. Ensuite, je vais quémander un verre d'eau chlorée à 10 °C chez un cafetier qui, bien que parisien et auvergnat, me le sert fort obligeamment. Ce traitement, à l'effet tord boyaux, et trente minutes de course supplémentaire me permettent de me délester de cette sensation en même temps que du contenu de mon estomac. Bref, une purge.

Détox running enfin. Alors que j'étais parti pour courir deux bonnes heures, mais sans plan précis, agréablement surpris par la météo clémente et, une fois le soleil levé, la lumière ambiante, je décide d'allonger un peu ma balade en allant voir s'il n'y a pas des ponts à Issy-les-Moulineaux, Boulogne-Billancourt, etc. Et puis je me rends compte qu'avec un petit effort supplémentaire je pourrais boucler un marathon pour ce premier week-end de l'année. Je me mets à faire des détours pour allonger la distance, tant et si bien que je me perds aux alentours de l'Île Seguin et que, le temps de retrouver le droit chemin, je m'aperçois que ce n'est plus un marathon mais un (petit) ultra-marathon que je vais finir par courir. Et là, à moins de 2 km de la distance marathon, l'overdose, la purge. Plié en deux au-dessus de la Seine, je nourris les poissons. Épuisé. Quelques SMS d'appel au secours plus tard, je reprends mon chemin pour 2 km en trottinant (ben oui, ça ne ressemble à rien un footing de 40 km, alors que 42,195 km...) avant d'être récupéré en voiture à encore 5 km de la maison.

Leçon retenue : la course à pied, cela a beau être simple, ce n'est pas toujours facile. Pour éviter l'overdose, je ne courrai pas demain.

Fashion victim

J e me rends, pour ce premier week-end de soldes, dans une boutique running sous prétexte de compléter mes acquisitions pour le Marathon des Sables.

Pour ce moisiversaire, je m'offre un cadeau running grâce aux soldes, fin de série et autres fariboles commerciales qui permettent de se rendre compte qu'un article coûtant habituellement plus de 100 € peut être vendu à 30 € seulement.

J'ai donc acquis une paire de chaussures de course dont je n'ai absolument pas besoin et qui présente trois caractéristiques essentielles. Elle n'est pas chère ; elle arbore une jolie touche d'orange, ce qui justifiera de mettre mes superbes et très colorés pantalons orange le week-end ; elle est japonisante, ce qui me permettra de remplacer mes chaussures de samouraï ramenées du Japon et usées jusqu'à la corde.

Bref, un choix éclairé, technique, rationnel...

Retour à la maison, ouverture de la boîte et, surprise : il y a une notice ! C'est la première fois que je rencontre des chaussures qui nécessitent un mode d'emploi. Après lecture de la notice traduite du japonais au français par un écolier vietnamien, sourire crispé : les runnings n'en sont pas. « Ces chaussures n'ont pas été conçues pour courir » ! Mais alors, pourquoi les vendre chez un marchand de chaussures de sport ?

C'est là que tout le génie stratégique japonais s'exprime. Comment vendre plus de chaussures de sport à une population de sportifs qui n'augmentera pas en nombre et qui ne fera pas plus de sport demain qu'aujourd'hui ?

Nike, Adidas et Puma ont répondu en vendant des chaussures *lifestyle*.

Mizuno répond en vendant à sa base de clientèle existante des chaussures de « récupération » à porter entre les séances de running pour muscler orteils et mollets. Et comme toujours, au Japon, tradition et innovation technologique se mêlent pour justifier le bien-fondé de l'idée : ces chaussures seraient une extrapolation des sandales en paille des samouraïs, concept traditionnel validé à son tour par un laboratoire de recherche.

Comment expliquer le principe ? L'idée est de porter des sandales trop courtes, de manière à ce que les orteils en dépassent et se recroquevillent au-delà de la sandale pour la maintenir, ce qui musclerait lesdits orteils, la plante des pieds et une partie du mollet. À l'intérieur de la chaussure il y a donc, au ras de la plante des pieds, une « marche » descendante qui fait que les orteils sont en suspension, sauf à se replier pour prendre appui au sol. Il faut reconnaître que cela ne fonctionne pas trop mal : la posture change imperceptiblement, un peu comme quand on chausse des bottes de ski et que, par réflexe, on bascule le centre de gravité vers l'avant. Je ne sais qu'en penser, mais ce qui est certain, c'est que pour un article lancé en milieu d'année 2012, on ne trouve pas beaucoup de littérature qui ne soit pas inspirée des communiqués de presse originels de Mizuno et que fin 2014, le produit est déjà une fin de série vendue avec 70 % de remise. Clairement, l'objet n'a pas trouvé son marché.

En école de management, on dirait : bonne idée stratégique, mauvaise exécution marketing. Marketing à la japonaise : peu de publicité, la puissance du concept et l'avancée technologique étant censées, à elles seules, convaincre le chaland.

Mais l'idée est-elle mauvaise pour autant ?

Si je ne constate pas de tendinite ou d'ongle incarné d'ici le prochain moisiversaire, c'est que, au moins, les Mizuno Be ne font pas mal, à défaut d'améliorer les performances. Et l'essentiel n'est pas là : je peux désormais remettre mes pantalons orange !

Au-delà de ce cadeau moisiversaire qui n'a pas grand chose à voir avec mes objectifs de course, je tombe sur la paire de chaussures dont rêvent tous les coureurs depuis la nuit des temps, enfin, depuis l'invention de la chaussure de sport en tout cas, à savoir : la chaussure ressort. En bref, l'arme absolue, ou peu s'en faut, du *running*. La chaussure qui court vite, comme disent les enfants.

Mon attention est attirée par le look d'une marque suisse, On Running, dont la promesse marketing est de nous faire courir « comme sur des nuages ». Bien entendu, pas question d'acquérir une paire de chaussures de course à pied sur la base du seul look, je cours trop pour me laisser convaincre par ce type d'argument. Je m'approche donc d'un vendeur pour qu'il puisse me convaincre, sur la base d'arguments techniques, que ce n'est pas pour le look que je vais acheter ces chaussures dont je n'ai pas franchement besoin. Son argumentaire : « Ce n'est pas plus mal qu'une autre marque en matière d'amorti… »

Face à tant d'enthousiasme, je cesse donc de prétendre que je suis motivé par autre chose que la curiosité et complète mon panier avec le modèle Cloudsurfer de On Running, *swiss design* (« atterrissage en douceur, propulsion en puissance »). Après tout, quand un pays qui a inventé le Velcro, le papier d'aluminium, le muesli, le couteau suisse, l'horlogerie de précision et le chocolat Lindt prétend avoir fait une avancée technologique en matière de chaussures de course, pourquoi ne pas s'y intéresser ?

L'idée de la chaussure est de combiner l'amorti d'une chaussure d'entraînement (amorti qui évite de se blesser, mais implique poids et manque de dynamisme) et le dynamisme d'une chaussure de course (qui sacrifie le confort des articulations à la performance) tout en incitant le coureur à respecter une attaque au sol par la plante des pieds, et non le talon, ce qui serait l'*alpha* et l'*oméga* de la technique de course. Le meilleur moyen de se rassurer à l'entraînement est d'aller un peu plus vite que d'habitude pour un niveau d'effort donné.

Je sors donc de la boutique avec deux sacs pleins de chaussures, accessoires, etc., convaincu d'avoir fait d'excellentes affaires puisque j'ai acheté moins cher, grâce aux soldes, des articles que je n'aurais jamais achetés autrement.

Place au test, dès le lendemain.

Je sors les chaussures de la boîte et me rends compte qu'elles ont un numéro de série qu'il faut enregistrer sur le site de On Running. Je ne sais pas bien ce qui se passe si on ne les enregistre pas. L'amorti révolutionnaire n'est pas activé ? On ne peut pas courir ? Discipliné, j'enregistre la paire sur internet puis me lance dans ce que mon plan d'entraînement qualifie d'un jogging de récupération. Et là, surprise, sans faire exprès, je me retrouve à courir moitié plus que prévu en distance et à un rythme plus élevé, le tout sans fatigue particulière.

Toutefois, comme je ne cours pas l'œil rivé à mon chrono et que je ne suis pas très doué dans la gestion de mes allures de course, j'hésite à attribuer cette heureuse surprise aux nouvelles chaussures.

Néanmoins intrigué, je décide de réaliser un véritable test pour comparer les performances de mes Asics canal historique et de mes On Running canal révolutionnaire. Je décide donc de courir deux fois presque 10 km avec les nouvelles chaussures un jour (aller-retour au bureau) et, le lendemain, de répéter la séquence avec les chaussures habituelles. Ce faisant, j'ai bien conscience que je serai un peu plus fatigué le deuxième jour que le premier et que cela peut influer sur les résultats, mais difficile, en ce moment, de trouver un jour où je ne suis pas fatigué par les kilomètres parcourus la veille.

Mardi, je me lève donc avant l'aube (c'est facile en hiver) et me rends au bureau en Cloudsurfer. Rien à signaler, temps de parcours dans la moyenne habituelle, pas de douleurs, sensation de course agréable avec une foulée plus bondissante que d'habitude, à tel point que je me surprends à répéter, au rythme de mes impulsions : boing, boing, boing, boing... À 175 appuis par minute, ça saoule vite.

Le soir, même parcours, dans l'autre sens. Habituellement, le retour du soir est toujours un peu plus lent, la fatigue de la course du matin et de la journée cumulée se faisant sentir. Et là, retour des sensations du premier jour de test et meilleur temps de parcours depuis longtemps sur ce tronçon, le tout avec le même effort que d'habitude et surtout une sensation de dynamisme et de légèreté bien agréable dans un quotidien de coureur plutôt caractérisé par les jambes raides de l'effort de la veille. Boing, boing, boing, boing...

Je finis la journée convaincu que les Cloudsurfer sont l'arme secrète du coureur.

Mercredi, je me lève avant l'aube (c'est moins facile que la veille) et hésite à mener le test au bout ; pas envie de remettre mes Asics et de retrouver une foulée pesante. En fait, pas vraiment envie de courir. Un café et un carreau de chocolat plus tard, Asics aux pieds, je m'élance. Rien à signaler, pas de dou-leur, pas de boing, boing, boing, boing... temps de parcours un peu plus rapide que la veille mais dans la moyenne.

Retour le soir, toujours pas de boing, boing, boing, boing... pas de sensation de vitesse particulière, pas de soucis non plus. Temps de parcours plus lent que la veille, mais plutôt dans la bonne moyenne.

Et donc, en matière de performance pure, à une minute près, c'est-à-dire rien sur un parcours de presque 20 km par-semé de feux rouges, même temps de course. Pas d'avantage pour les Cloudsurfer ou les Asics sur ces distances au rythme entraînement.

Arnaque alors ?

Dans la mesure où je ne cours pas moins vite et que je ne me blesse pas plus avec les Cloudsurfer et où les sensa-tions de course sont bien plus agréables (boing, boing, boing, boing...), je ne suis pas mécontent d'une acquisition qui a le mérite de réenchanter un peu la répétition de l'entraînement, ce qui n'est déjà pas mal. Reste à les tester sur des distances plus longues pour confirmer ces bonnes sensations.

Go go alors ?

C'est certain, j'ai été victime du marketing. Mais bon, un jour ou l'autre mes Asics arriveront en fin de vie et il me faudra les remplacer. J'ai juste un peu anticipé sur cette échéance ; je ne vais pas courir nu-pieds non plus...

100 km à pied, ça use, ça use...

Pour la première fois depuis que j'ai commencé à m'entraî-ner pour le Marathon des Sables, cette semaine comporte 100 km de course à pied, ce qui était mon quota mensuel à mes débuts !

Après une semaine à 70 km, et deux semaines à 80 km. Et avant une semaine à 120 km.

Vivement la semaine de « repos » à 50 km fin janvier.

Pour bien commencer cette semaine de 100 km : repos le lundi. Il sera toujours temps de caser ces kilomètres dans la semaine.

Pour la série suivante, ce sera avec le sac à dos ; sinon, c'est trop facile.

One step beyond

J'ai déjà évoqué pourquoi, à mon avis, un coureur ne devrait pas avoir à se justifier, en tout cas pas plus que quelqu'un qui regarde la télévision aussi longtemps que le coureur arpente bitume et chemins. Mon intention était de persuader que courir est une activité de loisir comme une autre, voire même plus saine que d'autres, mais que la société observe avec un regard différent. Je pensais avoir fait, certes rapidement, le tour de la question, bien que n'ayant probablement convaincu personne, et ne plus avoir à y revenir.

Mais on n'est jamais mieux trahi que par soi-même.

En apprenant que Sir Ranulph Fiennes, à 71 ans, après avoir atteint chacun des deux pôles terrestres à pied, et s'être lui-même amputé du bout des doigts, qui avaient gelé, pour éviter que la gangrène s'installe, s'est engagé sur le Marathon des Sables de cette année pour devenir le Britannique le plus âgé à boucler l'épreuve, je n'ai pu m'empêcher de penser qu'il était givré. De son propre aveu, il pense qu'il sera physiquement incapable de bouger après le premier jour... mais qu'il lui suffira de faire appel à un peu de détermination pour terminer la course.

Tout bien considéré, j'en arrive à la conclusion que la plupart de ceux qui s'engagent sur le Marathon des Sables sont certainement cintrés. Reste à savoir si je dois m'inclure dans cette catégorie.

Le surlendemain de cette découverte et réflexion, je passe un agréable moment en agréable compagnie (le double effet du champagne justifie la répétition). Début d'année oblige, chacun évoque ses résolutions ou projets et je découvre que l'assistance est composée de semi-marathoniens, marathoniens et raiders, une population donc a priori plutôt ouverte au concept de sport d'endurance.

Et pourtant, à la mention du Marathon des Sables, immédiatement l'incompréhension, et pour les plus ouverts d'esprit, l'amusement, s'affiche sur les visages. À leurs yeux je peux m'inclure dans la cohorte des givrés qui vont arpenter le Sahara en avril, au même titre que le papy anglais qui s'ampute les doigts en se promenant sur la banquise.

Comme ce sont des gens intelligents et familiers des sports d'endurance, combinaison pas nécessairement courante, je me demande pourquoi ils considèrent ce qui est au-delà du marathon comme déraisonnable. Quelles sont les étapes physiques et psychologiques qui mènent du point zéro en course à pied, à l'ultra ? J'essaie d'identifier à quel moment on bascule dans l'ultra et ce faisant dans l'incompréhension pour le commun des mortels.

Enfant, ou préadolescent, j'ai entendu, comme tous ceux de ma génération, mes parents m'expliquer qu'il ne fallait pas commencer à fumer. En effet, cette première cigarette ouvrirait la voie à la dépendance et ferait sauter l'interdit de l'inhalation de la fumée ce qui, de manière certaine, me jetterait dans les bras de la résine de cannabis avant, puisque j'aurais goûté à la drogue et fait sauter ce verrou psychologique, de me soumettre à la dictature des drogues dures qui me mèneraient à ma perte.

En irait-il de même pour la course à pied ?

Une fois les premiers kilomètres bouclés, la dépendance – au rythme de trois ou quatre doses de running par semaine – se met en place et il devient de plus en plus difficile de se passer de course à pied.

Une fois la dépendance installée, la promesse d'un monde meilleur, dont l'existence est certifiée par un des plus gros producteurs et consommateurs d'adrénaline et d'endorphine de l'histoire de la course à pied, arrive rapidement. Emil Zátopek : « Si tu veux courir, cours un kilomètre. Si tu veux changer ta vie, cours un marathon. »

Impossible de résister à l'augmentation des doses de kilomètres et donc, on finit par courir un marathon. Et là, déception. Malgré la boulimie de kilomètres, pas tous bien assimilés, on s'aperçoit que, noyé au milieu du peloton, on est au mieux très *moyen*. Moyen parce que courir un marathon est devenu une pratique courante, de plus en plus populaire, presque banale. Moyen parce que le chrono n'a rien d'exceptionnel. Une solution s'impose alors, pour lutter contre la déception ressentie : l'ultra-distance.

Mais le coureur s'interroge quand même. A-t-il les dispositions physiques et psychologiques nécessaires pour s'embarquer dans une telle aventure ?

Il consulte et est vite rassuré ; il a toutes les compétences requises. Pour courir un ultra-marathon, il convient d'être suffisamment arrogant pour croire qu'on peut y arriver et assez idiot pour tenter de le faire.

Et puis, il se dit qu'il connaît ses capacités et ne fera rien de vraiment stupide, juste un peu plus d'endurance afin de titiller ses limites physiques. Comme la nature est bien faite, il saura rester à l'écoute de son corps et ne pas se mettre en danger. Avec cette ligne de conduite, il se lance ainsi dans des ultra-courts, entre 50 et 70 km, et apprend à gérer les coups de barre. Après quelque temps, il passe à des ultra-marathons de taille moyenne, 70 à 100 km, et se rend compte qu'il peut continuer à courir après avoir vomi.

Finalement, quand il s'aligne sur des courses à durée plus conséquente, il découvre que même un petit moment d'inconscience, sur le bord du chemin, est bon pour la récupération et qu'il peut continuer à courir après. Ces petits désagréments font partie intégrante de la course. D'ailleurs, une fois ces étapes initiatiques passées, il se rend compte qu'à partir d'un certain stade, son état – second – n'empire plus. Mieux, il se met à apprécier cet *état second*. Souvent, en course à pied très longue, le coureur flirte avec l'hypoglycémie, la fatigue et l'inconscience, ce qui lui procure des états de conscience modifiée, comme l'hypnose ou la transe le feraient, l'emmenant dans d'agréables sphères cotonneuses ou chatoyantes.

Une fois qu'il en est là de sa progression, il se retourne, mesure le chemin parcouru et réussit à se convaincre qu'il a suivi une progression normale, raisonnée et raisonnable en course à pied qui est, somme toute, un sport qui ne peut être *que* raisonnable puisqu'on s'arrête naturellement quand on atteint ses limites physiques.

Bref, je ne comprends pas que certains puissent juger que la course à pied soit une activité déraisonnable. Enfin, jusqu'au moment où je tombe sur une citation du pape de l'ultra-marathon. Dean Karnazes : « Si tu veux courir, cours un kilomètre. Si tu veux changer ta vie, cours un marathon. Si tu veux parler à Dieu, cours un ultra-marathon. »

Je me dis qu'il est complètement cinglé et m'aperçois qu'il me reste des étapes à franchir en matière d'acceptation et de pratique, n'ayant jamais été victime d'hallucinations ni rencontré Dieu pendant mes courses.

Mais finalement, qu'est-ce qui fait qu'on juge déraisonnable une pratique, qu'elle soit sportive, télévisuelle, caritative, etc. chez les autres ? Ne serait-ce pas notre propre niveau de pratique ? Quelqu'un qui ne court pas peut comprendre que l'on fasse un jogging d'une trentaine de minutes et peut entendre que l'on s'inscrive à une course de 10 km. Mais un semi-marathon ? Voire un marathon ? C'est réservé aux « addicts », non ?

Un coureur de 10 km, lui, ne jugera pas déraisonnable de courir un semi-marathon. Il aura un avis plus partagé sur le marathon et fera part de son incompréhension pour l'ultra-marathon.

Chacun se fixe des limites à un niveau que son expérience personnelle ne lui permet pas d'envisager de dépasser. Chacun voit le monde à travers le prisme de ses propres frontières, auto-imposées.

En cette nouvelle année, je m'accorde une minute d'introspection sur ce que sont, dans ma vie, les limites que je me suis assignées et que j'ai intégrées. Pour ensuite, essayer d'imaginer ce qu'il y a à découvrir au-delà de cette zone dite de confort.

Au pied du mur

Et voilà, inscription définitivement validée avec le règlement de la dernière échéance.

Dossard attribué. Numéro 1466 sur 1 500 dossards.

Comme les derniers seront les premiers, je ne serai pas loin du podium en toute logique judéo-chrétienne. À moins que cette logique ne fonctionne pas en terre musulmane.

Pas d'assurance annulation. Plus moyen de reculer désormais.

Marathon des Sables, entraînement

Mieux vaut tard que jamais.

À la recherche d'un plan d'entraînement pour le Marathon des Sables, j'ai fini par sélectionner le plan d'un coureur qui avait pour lui d'avoir couru trois fois l'épreuve sans modifier son plan d'entraînement, confirmant la justesse dudit plan, ou l'obstination de son auteur.

Comme ce plan avait aussi pour intérêt d'inclure le Trail des Templiers auquel j'étais inscrit, j'en ai alors déduit qu'il était adapté à ma pratique. J'ai donc structuré ma préparation selon ce plan sans me poser plus de questions.

Maintenant que je suis parvenu, en termes de durée aux deux tiers du plan de trente semaines et à la moitié du plan en matière de kilométrage (960 km sur 2 000), il n'est plus temps de changer de stratégie.

En revanche, le temps des interrogations, lui, est bien arrivé.

Paul-Henri, qui a plus de recul que moi sur le sujet puisqu'il n'envisage pas de courir le moindre marathon, encore moins dans le sable, m'avait pourtant bien alerté sur la question qu'il convenait de se poser en me demandant : « Ton mec là, avant de faire le Marathon des Sables, il était quoi ? Champion olympique du marathon ou champion d'Europe de Triathlon ? ». J'ai ri, puis j'ai oublié de vérifier.

Quelques semaines plus tard, quand est venu le moment de renseigner dans le tableur de suivi d'entraînement le temps mis à boucler Les Templiers, soit une quinzaine d'heures en ce qui me concerne, j'ai observé que mon « référent » n'avait, lui, mis que onze heures.

Je n'ai pas ri, puis j'ai oublié de m'interroger sur ce que cela signifiait.

Désormais, je m'interroge.

Plus le temps passe, plus je me pose des questions simples qu'il aurait été utile de soulever plus en amont.

Par exemple, si je dois courir 100 km cette semaine, est-ce la même chose en matière de préparation de faire cinq fois 20 km ou trois fois 33 km ? Si je dois courir 20 km dans la journée, est-ce aussi efficace de faire deux fois 10 km (matin et soir) qu'une fois 20 km ?

Par exemple, dans la mesure où la maîtrise des risques de déshydratation est un point clef de la course, vaut-il mieux s'entraîner à courir sans boire pendant les sorties longues afin d'habituer le corps à économiser la consommation de liquides ou vaut-il mieux s'entraîner à boire très régulièrement afin d'habituer le corps à absorber, en mouvement, de grandes quantités de liquide ?

Par exemple, est-il utile de s'entraîner systématiquement avec la paire de chaussures trop grande de deux pointures – les pieds gonflent sur grande distance et dans la chaleur – achetée pour l'occasion ? Le risque étant de se blesser car les pieds ne gonflent pas quand il fait 5 °C, mais cela permettrait de s'habituer au dynamisme propre à ces chaussures et aux modifications subséquentes de la foulée.

Pour trouver des réponses, je retourne voir le blog de mon « référent » et le détail de la préparation effectivement réalisée par celui-ci et non, juste la préparation théorique que j'ai dupliquée.

Stupeur et tremblements !

D'abord, je redécouvre que ledit référent s'est classé, deux fois sur trois, dans les cent premiers de la course. Ce n'est pas une ambition dont j'ai les moyens physiques. Le plan n'est pas adapté à mes capacités. En effet, ce classement dénote une condition physique de départ bien supérieure à la mienne.

Ensuite, je m'aperçois, un peu tardivement, que le kilométrage hebdomadaire annoncé est un kilométrage théorique. En effet, un système d'équivalence transforme les heures de rameur ou de vélo d'appartement en heures de course à pied et donc, en distance sur la base de 10 km pour une heure. Ainsi, sur la première moitié du plan d'entraînement de mon « référent », un tiers des kilomètres déclarés n'a pas été couru. Quand on sait qu'une heure de vélo consomme moitié moins d'énergie qu'une heure de course à pied, ce n'est pas tout à fait un détail.

J'en conclus que je devrais peut-être me demander si m'obstiner à courir est la meilleure préparation pour la course à pied. Comme j'ai fait mienne la devise « un esprit simple dans un corps sain », j'ai tendance à penser que oui. Mais je retiens cette méthode de comptabilisation de « l'entraînement croisé » pour compter les heures passées sur les pistes de ski en février. Cela m'évitera d'avoir à m'infliger une double ration de sport pendant cette période.

J'observe aussi que sur les dix dernières semaines d'entraînement qu'il me reste à faire, mon « référent » n'aura réalisé le kilométrage hebdomadaire préconisé que la moitié du temps. Il y a certainement une leçon à en tirer en matière de gestion de la fatigue.

Mais à l'inverse, me dis-je, pourquoi mettre en place un plan d'entraînement si c'est pour ne pas s'y tenir ? À partir de quel moment est-on assez épuisé pour s'autoriser à sauter une séance d'entraînement ? Si je m'écoutais, en ce moment ce serait presque tous les jours. N'y a-t-il pas justement, avantage, en matière de préparation psychologique et peut-être même physique, à courir en étant fatigué par les efforts cumulés des jours précédents ? Après tout, c'est bien ce qui va m'arriver pendant la semaine saharienne.

Bref, l'entraînement bat son plein, je cours de plus en plus et ai donc de plus en plus de temps pour m'interroger sur cette préparation.

Je préfère ça aux périodes de moindre kilométrage qui précéderont le départ pour le Maroc et qui seront, temps libre oblige, propices au questionnement quant à la course elle-même.

Ça commence à devenir lourd

Ce matin, première course avec le sac à dos Marathon des Sables, chargé de manière raisonnable à 5 kg. Tout de suite, c'est moins drôle.

Mon rythme se dégrade automatiquement de près de 10 % et j'ai la sensation de piétiner, comme si j'évoluais constamment en montée, plutôt que de simplement courir.

Du fait du sac à dos, le corps bascule en avant et les orteils tapent au fond des chaussures. Après 10 km, je me retrouve avec le troisième orteil de chaque pied en sang. Rien de grave ; je ne m'en rends compte qu'en me douchant, mais je me demande ce que cela va donner avec du sable sous les chaussures et du soleil au-dessus de la tête.

Slimfast

Interrogés sur leurs motivations en matière de course à pied, 12 % des pratiquants répondent s'être mis à courir pour perdre du poids.

C'est une démarche que je ne comprends pas ; il me semble que débuter un régime demande un effort de volonté certain pour s'y tenir. Commencer la course à pied est, il faut bien le reconnaître, un chemin de croix les deux premiers mois et demande de mobiliser un minimum de volonté en l'absence de tout progrès notable malgré une fatigue récurrente bien présente.

Mener de front ces deux changements me paraît titanesque, mais il ne m'appartient pas d'en juger.

Il semble en tout cas acquis pour le grand public que la course à pied fait perdre du poids. Je ne suis pas certain que cela soit exact, mais difficile de lutter contre l'image que donnent des coureurs de fond les Kenyans qui sont taillés dans des cure-dents. Il importe peu qu'ils soient forts en course de fond en partie du fait de leur génotype et de la morphologie associée. On préfère penser qu'ils sont maigres *à cause* de la course à pied.

Quand je me penche sur l'évolution de mon poids depuis mes débuts, je ne peux que constater que si la course à pied a un effet, celui-ci est diffus. Poids de départ, 77 kg, poids qui restera inchangé pendant trois mois. Une gastro-entérite et un mois plus tard, 4 kg ont disparu. Pour perdre de nouveau 4 kg, il faudra attendre douze mois de plus, soit un total de 8 kg perdus en seize mois.

Pas très impressionnant comme régime.

À noter toutefois que le sport tend à échanger les graisses contre du muscle. Or, le muscle est plus dense, donc plus lourd, que les graisses. C'est plus sain, mais ce n'est pas plus léger.

Poids de forme

Rien de plus évident que la notion de poids de forme dont la définition tombe sous le sens, comme celle, par exemple, de rapport qualité-prix, tout aussi populaire.

Le produit qui a le meilleur rapport qualité-prix doit être choisi. Ce n'est pas compliqué, c'est le produit qui, euh, eh bien celui qui, par exemple, s'il y en a deux au même prix et s'il y en a un qui est mieux, faut prendre celui qui est mieux mon brave monsieur. Et s'ils ne sont pas au même prix ? Eh bien entre un produit super cher de super qualité et le même super pas cher et super mal fait, tu choisis... en fonction de ton budget.

Heureusement, pour la notion de poids de forme, c'est plus clair, la science est passée par là, tous les experts nutritionnistes, biomécaniciens, physiologistes, se sont penchés sur la question et les critères sont scientifiquement établis, une bonne fois pour toutes.

Même les enfants ont entendu parler, en primaire, de l'IMC, l'indice de masse corporelle (promu par l'OMS), qui est l'alpha et l'oméga de l'appréciation du rapport taille/poids.

Pour déterminer mon IMC, je prends mon poids (66 kg), ma taille en mètres (1,80) que j'élève au carré (1,80 x 1,80 = 3,24) puis je divise le poids par le carré de la taille (soit 66 / 3,24 = 20,37) ce qui me donne mon IMC qui reste à comparer avec un graphique indiquant comment cet indice me situe entre la mort par dénutrition et la mort par obésité. J'ai la satisfaction de constater que je suis idéal, de ce point de vue aussi.

Ma satisfaction est de courte durée, car il apparaît que cet IMC ne sert absolument à rien pour déterminer le poids de forme : la mise en évidence de l'IMC sur un graphe poids/ taille démontre que, pour 1,80 m, mon poids peut varier entre 60 et 80 kg sans que je change de catégorie « IMC ». Je ne suis pas certain, en revanche, que mes capacités de vitesse ou d'endurance soient les mêmes avec un poids de 60 kg (après ablation d'un ou deux os majeurs donc) ou de 80 kg (après six mois de repas d'affaires sans faire de sport donc).

La finesse de l'analyse laisse à désirer, et ce d'autant plus que la composition du poids n'est pas évoquée. Or, si un kilo de graisse et un kilo de muscle ont la même valeur au sens de l'IMC, c'est moins vrai quand on court ou fait du sport.

Pour finir de me convaincre que l'IMC n'est pas d'une grande aide, je m'intéresse au cas de sportifs emblématiques.
Sébastien Chabal, 113 kg, 1,91 m, IMC 31,5 ==> obèse
Florent Manaudou, 99 kg, 1,99 m, IMC 25 ==> en surpoids
Alberto Contador, 62 kg, 1,76 m, IMC 20 ==> limite en sous-poids.

Je me plonge dans le reste de la littérature sportivo-scientifique sur le sujet pour ne pas rester sur ma faim. Je comprends que je peux avoir recours à sept formules de calcul différentes (Lorentz, Broca, Monnerot-Dumaine...) qui complexifieront ma compréhension du sujet (calcul de l'indice de masse graisseuse, statut glycogénique, état d'hydratation...) et me permettront de calculer un indice.

Mais il semblerait qu'il n'existe aucune étude qui mette en évidence un lien direct entre performance et évolution d'un de ces indices. Faut-il pour autant jeter le bébé (l'IMC) avec l'eau du bain ?

Quand je compare les données de François d'Haene, qui a tout gagné en ultra-trail en 2014 (75 kg, 1,92 m, IMC : 20,32) et les miennes (IMC : 20,37), je me dis que tous les espoirs sont permis pour la saison 2015.

Pourquoi ?

Comme mère, épouse, enfants, frères et amis ne cessent de me demander pourquoi je cours et que je ne sais répondre, comme je l'ai déjà fait, que par des pirouettes, j'ai fini par intégrer la question.

Je me la pose chaque fois que je me retrouve dans une situation scabreuse – nuit, pluie, froid, déshydratation, hypo-glycémie, crampes – à cause de ma pratique.

À dire vrai, je n'ai pas de réponse, au-delà de l'évident : « Parce que j'aime ça », qui n'éclaire pas grand monde. Si j'avais une réponse, je ne sais pas trop quel crédit il faudrait lui accorder ; après tout, je ne suis que débutant.

Il n'en reste pas moins que c'est une question, sinon lan-cinante, au moins prégnante dans le cadre d'une pratique qui permet de dégager pas mal de temps pour la réflexion.

C'est donc avec un intérêt certain que je prends connais-sance de l'initiative de Geoff Roes, un coureur d'ultra améri-cain d'excellente réputation, détenteur de plusieurs records sur des trails de 100 miles, dont le prestigieux Western States 100.

En tentant d'analyser les raisons qui font qu'il court, il en arrive à la conclusion, après des dizaines de milliers d'heures de course à pied, qu'il ne parvient pas à exprimer l'évidence qu'est la course à pied, tout comme il lui semble impossible d'expliquer pourquoi le genévrier sent bon.

Et donc, modestement, du haut de son expérience de coureur d'ultra, il demande aux lecteurs du blog (*www.irunfar.com*) de lui soumettre une rédaction de 350 mots pour expliquer pourquoi ils courent. Il dote l'exercice d'une invitation d'une semaine en Alaska pour participer à un de ses camps d'entraînement à l'ultra-running.

L'intérêt de la démarche, pour le néophyte que je suis, est qu'elle s'adresse probablement uniquement, ou presque, à des coureurs confirmés d'ultra. Pourvu que le nombre de réponses soit suffisant, cette initiative permettra d'avoir une vision aussi exhaustive que possible du champ des possibles en matière de réponse.

Ne doutant de rien, à part de ma capacité à convaincre Isabelle que je vais partir une semaine en Alaska pour courir si je gagne le concours, je soumets une réponse inspirée à la fois de mes réflexions et de quelques lectures qui m'ont semblé pertinentes.

« Les cyclistes, golfeurs, footballeurs ne sont jamais interrogés sur leurs motivations sportives. Pas même les coureurs de courte distance ne sont interpellés sur les raisons qui les poussent à courir.

Ce n'est donc pas tant le fait que nous courrions qui intrigue, mais plutôt les raisons pour lesquelles nous courons aussi longtemps, bien après que le plaisir de la course se soit dissipé.

Est-ce que je tente d'échapper à des problèmes ? Suis-je à la recherche d'une forme d'abrutissement qui m'isole du monde ?

Est-ce que je cours dans un monde merveilleux imaginaire ? Suis-je à la recherche d'un monde meilleur fait d'arbres, de fleurs, d'abeilles, de rivières et de montagnes pures, peuplées de gens simples ayant le goût de l'effort ?

Est-ce que je cours vers un avenir radieux ? Suis-je à la recherche de limites toujours plus lointaines afin de me convaincre qu'il existe en mon sein un être plus fort, meilleur, plus résilient ?

Il y a un peu de tout ça probablement. Mais, surtout,

J'ultra-cours car j'échouerai. Chaque fois que je m'élance dans une course, j'ai le risque d'échouer parce qu'il n'y a de réussite valable que si l'on s'attaque à des défis a priori hors d'atteinte.

J'ultra-cours parce que c'est idiot. L'énergie et les ressources que ce sport consomme sont sans commune mesure avec les bénéfices que je peux en tirer. Et c'est ma liberté d'exercer ce choix irrationnel.

J'ultra-cours parce que c'est égoïste. Je ne peux partager avec personne le bonheur que j'éprouve à m'épuiser pour réaliser un objectif inutile, idiot, sans signification. Mais au moins, cet égoïsme ne coûte rien à personne d'autre.

Mais avant tout, j'ultra-cours parce que j'aime le sentiment d'aventure.

Chaque fois que je m'élance, je ne sais pas jusqu'où j'irai, à quoi ressemblera le parcours, où le chemin m'emmènera. Vais- je me retrouver aux portes de l'enfer à devoir me battre contre mes démons et une météo éprouvante ? Vais-je traverser les jardins d'Éden ? Quelle sera la vue depuis le sommet du monde ?

J'ultra-cours parce que je suis vivant. Je me reposerai quand je serai mort. »

Je n'ai pas gagné le concours et je n'irai pas courir dans les montagnes en Alaska…

Une centaine de membres de la communauté des coureurs d'ultra répond à cet appel à contributions. Pour la moitié d'entre eux, la course à pied semble avoir une valeur thérapeutique ; pour l'autre moitié, la course permet au même titre que la méditation, de s'extraire du monde et de s'approcher de la zénitude. Enfin, une minorité exprime le fait qu'elle court parce qu'elle aime ça et qu'elle aime le fait d'avoir réalisé quelque chose ou atteint un objectif.

Ces réponses, convenues, confirment pour la plupart que l'enfer c'est les autres (et un peu le petit vélo qui tourne dans la tête). Je préfère m'attarder sur ce qui ne figure pas parmi les réponses. Il n'est pas fait référence à la compétition, alors qu'un tiers des messages du blog sur lequel ce concours est organisé est consacré à l'analyse des résultats des courses. La phraséologie volontariste du marketing du *running* (« *just do it* », « *better your best* », « *me, just faster* », etc.) n'apparaît pas. Les notions de vitesse ou distance ne sont pas évoquées alors que tous les messages du blog, quand ils ne traitent pas de compétition, sont consacrés aux méthodes d'entraînement. Il n'est jamais fait référence à la communauté des coureurs alors que la culture trail s'affiche comme très communautaire et ouverte aux autres amoureux de la nature et de la course.

Je ne suis donc pas convaincu par la grande majorité des réponses qui semblent n'avoir que peu de relations avec la réalité de l'ultra-running, en tout cas dans ses manifestations sur internet. Je crois que beaucoup de répondants ont tenté de formuler des réponses « nobles », plus à même de leur permettre de remporter le prix, plutôt que des réponses sincères. Je ne suis pas mauvais joueur ; à la rigueur, mauvais perdant.

Encore que la contribution du vainqueur, pleine d'humour, méritait plus que la mienne d'être distinguée (même à mes yeux) :

« "Parce qu'il est là !" La fameuse citation de Mallory concernant les raisons pour lesquelles il s'était attaqué à l'Everest est soit :

– une maxime pleine de sagesse qui explique parfaitement pourquoi je cours ;

– complètement idiote.

Peu disposé à accorder le bénéfice du doute à un homme en tweed qui aurait réussi, en quelques mots, à me cerner il y a une centaine d'années de cela, je me suis lancé à la recherche de meilleures explications. Après tout, j'avais à ma disposition encore plus de trois cents mots et les infinies ressources d'internet.

Grâce aux dernières techniques d'analyse des données, une régression k-NN (*k Nearest Neighbors* soit la théorie des plus proches voisins en français) et une analyse syntaxique, j'ai compilé et analysé tous les textes postés depuis la nuit des temps sur internet et qui comprennent la phrase « Pourquoi je cours ». (Je suis un boute-en-train en soirée.)

Les résultats sont décevants.

Les mots-clefs : fort, en bonne santé, heureux correspondent bien à ce que j'en pense, mais sont trop clichés pour être crédibles. En surfant sur les comptes Instagram de mes amis, fiers de leurs vacances et vies de famille, je me suis aperçu qu'Internet n'était peut-être pas le meilleur endroit pour découvrir la vérité tant elle est maquillée afin d'éviter toute forme d'introspection.

Il me fallait chercher ailleurs, mais où ?

Après une sortie longue émotionnellement déstabilisante impliquant Taylor Swift, bien qu'il m'en coûte de l'admettre, j'ai compris que la musique que nous choisissons pour courir reflète parfaitement notre état d'esprit. J'ai donc recopié l'ensemble des paroles de ma *playlist running* afin de créer un nuage de mots représentatif des termes les plus courants.

Le résultat est stupéfiant : douleur, perte, peur – c'est-à-dire l'exact opposé de ma recherche sur internet – figurent en tête de liste, mettant en évidence que ma motivation provient de conflits inconscients. Apparemment, mes échecs passés se sont accumulés jusqu'à former une montagne qui fait obstacle à mon bonheur.

La course à pied, ce sport sadique utilisé comme punition dans tout autre sport, semble me faire du bien. Après chaque course, cette montagne d'ombres du passé semble avoir diminué, comme si la poussière que je retire de mes chaussures avait été retirée de son sommet. Avec assez de kilomètres, peut-être cette montagne, grain de poussière par grain de poussière, finira-t-elle par disparaître.

Mais pas aujourd'hui. Aujourd'hui, je cours parce qu'elle est là. »

Courir aux sensations

Je m'inscris dans une vision romantique de la course à pied, aux antipodes de la vision techno, entraînement fractionné, séance au seuil, nutrition pointue, chronométrage permanent, suivi des dérives cardiaques, calcul de la VMA, travail sur le VO2 max, etc.

Cela ne m'empêche pas, bien entendu, de céder aux sirènes du marketing techno, parfois, et de m'acheter une montre GPS qui pour plus de 250 € fait la même chose qu'une application gratuite sur smartphone ou une paire de chaussures design qui ne fait pas courir plus vite.

Mais je serais plutôt Rocky à ses débuts, que Drako, produit du dernier état de la science sportive dans mon approche, le talent en moins.

Il y a donc une expression que j'ai toujours adorée en course à pied pour désigner l'entraînement, c'est celle de la « course aux sensations ». Je n'ai jamais véritablement compris ce que cela signifiait, mais ça fleure bon le « Je cours comme je le sens et ça ira bien. ».

Il faut reconnaître que pour les sorties longues, cela fonctionne plutôt bien ; je ralentis quand j'ai un petit coup de pompe, plutôt que de forcer et m'arrêter quelques kilomètres plus loin, et j'accélère quand le sucre de ma goulée de crème de marrons réveille mon cortex avant de nourrir mes muscles.

Hier soir, ce n'était pas le même contexte ; mon plan d'entraînement Marathon des Sables me laisse un peu de répit en ce qu'il m'impose une *petite semaine* d'assimilation, c'est-à-dire 50 km dans la semaine contre 120 km la semaine dernière, ce qui coïncide avec mon plan d'entraînement marathon que je tente de mener de front et qui m'impose une *grosse semaine* (pour un objectif marathon) à 50 km... mais avec deux séances de vitesse. Une de 13 km puis, trois jours plus tard, une de 27 km. Or, la vitesse, ce n'est ni mon fort ni ce que je travaille pendant les semaines ou je mange des kilomètres au petit déjeuner, déjeuner, goûter et dîner.

Pour changer, aujourd'hui, je tente la séance de vitesse en courant aux sensations, c'est-à-dire sans regarder toutes les minutes ma montre GPS pour savoir si je suis dans le rythme. Ce serait de toute façon impossible, il pleut trop et la nuit est trop sombre.

Je sais que le rythme doit être soutenu. Mais franchement, qu'est-ce que je peux ressentir comme sensations quand je cours vite et longtemps à part un point de côté, une crampe soudaine ou l'envie de vomir ?

C'est à peu près tout ça à la fois, ai-je découvert ce soir. Courir « aux sensations » quand on court vite, cela signifie que si je n'ai pas un point de côté lancinant, c'est que je ne cours pas assez vite, et si je vomis, c'est que je cours trop vite. « Courir aux sensations » c'est bien « je cours comme je le sens » mais ce que je sens, il faut que ça fasse mal.

Et courir une heure, dans la nuit, sous la pluie, en prenant soin d'entretenir un point de côté « gérable » pendant toute la durée, c'est beaucoup moins romantique que ce que j'imaginais ; cela m'amène à m'interroger sur les raisons qui me font courir après le chronomètre plutôt que courir, tout simplement.

Heureusement, dès la semaine prochaine, il me faudra de nouveau ingurgiter des kilométrages qui m'abrutiront de fatigue : plus de chrono, plus de vitesse, plus de point de côté, plus d'introspection.

La course la plus dure au monde ?

Le Marathon des Sables, la course la plus dure du monde ?
En tout cas c'est ce que vend la communication britannique sur cette course de 250 km en six jours dans le désert marocain. Il faut reconnaître que les reportages diffusés semblent accréditer cette thèse. L'impressionnante défaillance d'un champion olympique britannique d'aviron, diffusée par la BBC, permet de bien intégrer la dimension soleil et chaleur. Même les spécialistes de l'épreuve, comme Laurence Klein, femme la plus titrée sur l'épreuve avec trois victoires, ont dû se résoudre à abandonner sur un coup de chaud.

Le récit de survie d'un naufragé du désert : « Comment j'ai dû boire de l'urine et du sang de chauve-souris pour survivre. », complète ce tableau dantesque.

Pourtant, le taux d'abandon sur cette course est de l'ordre de 10 %, ce qui est certes deux fois plus que sur de grands marathons (4 % à Paris) mais significativement moins que sur des épreuves moins longues (le taux d'abandon est d'un peu plus de 50 % sur l'UTMB qui ne fait « que » 160 km avec 10 000 m de dénivelé positif cumulé).

Si le taux d'abandon est aussi faible c'est en partie dû à l'investissement conséquent : quatre à six mois d'entraînement spécifique pendant lesquels on ne prépare pas des épreuves plus classiques type marathon ; environ 4 000 € de budget entre l'inscription et le matériel ; dix jours d'absence familiale et professionnelle. Autrement dit, les participants sont plus investis et mieux préparés que les coureurs d'autres épreuves qui ne consacreront « que » quelques dizaines ou centaines d'euros pour une course qui n'accaparera « que » un long week-end et dont le profil ressemble à beaucoup d'autres courses, ce qui hypothèque moins l'ensemble de la saison de course.

Quant aux détracteurs de l'épreuve, ils font valoir les barrières horaires laxistes qui permettraient aux participants de boucler l'épreuve sans qu'il leur soit nécessaire de courir, ne serait-ce qu'une minute.

Mais le fait de pouvoir boucler 250 km en six jours avec, en moyenne, 6 kg sur le dos dans le Sahara en marchant plutôt qu'en courant rend-il le parcours moins exigeant ? Dit autrement, si la barrière horaire du Marathon de Paris était de huit heures et non de six heures, cela enlèverait-il quelque chose au parcours, à sa difficulté pour le coureur de milieu de peloton ou à la qualité de la performance de Bekele, détenteur du record de l'épreuve ?

À défaut, peut-être, d'être la course la plus difficile du monde, le Marathon des Sables doit au moins pouvoir être reconnu comme la course grand public (1 500 dossards pour l'édition 2015 qui est la trentième) la plus dure du monde... surtout pour les Anglais qui ne sont guère habitués au soleil.

Effort et réconfort

Ce matin, dernier entraînement avant le Semi-Marathon de Paris de la semaine prochaine.

J'emprunte mon circuit « 20 km » habituel, départ Neuilly-sur-Seine, rue de Villiers, rue du Faubourg Saint-Honoré, place Beauvau, Champs-Élysées, jardin des Tuileries, les quais de la Seine jusqu'à la Gare de Lyon puis retour sur l'autre rive de la Seine jusqu'à l'Assemblée nationale avant de reprendre, en sens inverse, le parcours aller.

Au retour, rue du Faubourg Saint-Honoré, j'aperçois de loin, devant Dalloyau, un coureur, trottinant sur place, en contemplation devant la vitrine, contemplation dont il s'arrachera avec difficulté.

Je me demande s'il court pour pouvoir s'enfiler des pâtisseries ou s'il court parce qu'il a déjà cédé à la gourmandise ou si, parce qu'il court, il juge avec un regret évident, qu'il ne peut plus y céder.

Cela me fait sourire d'imaginer les motivations des uns et des autres pour la sortie dominicale de running.

Entre celui, ou celle qui, à la veille de la saison des maillots de bain, culpabilise d'avoir dévoré trop de pâtisseries et se flagelle en courant, celui qui dans une démarche hygiéniste cherche à créer un équilibre entre excès alimentaires et dépenses physiques, celui qui vit son engagement dans la course comme une ascèse et multiplie les sacrifices pour s'assurer que son activité ne devienne pas un plaisir et celui qui jouit à la fois de ses pâtisseries et de ses sorties running, je ne sais pas lequel je préfère, ni dans quel profil je me reconnais.

Je me demande combien courent pour compenser, souffrir ou jouir.

Marathon des Sables, J-30

Marathon des Sables, M-1

Le décollage aura lieu d'Orly le 3 avril, le premier jour de course sera le 5 avril.

Pour marquer ce début de compte à rebours, l'organisation du Marathon des Sables a prévu une conférence de presse aujourd'hui avec la présentation du tracé de la course.

Pour fêter la trentième édition de la course, l'étape dite longue, traditionnellement de 80 à 90 km, est annoncée comme la plus longue de l'histoire du Marathon des Sables.

Comme nous n'aurons connaissance du *road book* que la veille du départ afin d'éviter que certains fassent des reconnaissances terrain ou organisent des caches de nourriture, tous les phantasmes kilométriques sont permis.

Un coureur d'ultra étant un coureur d'ultra, nombreux sont ceux qui se mettent à rêver d'une étape de 100 km. Certains extrapolent même que, si la carte stylisée présentée est à l'échelle, le kilométrage des étapes serait, dans l'ordre, de 34, 30, 31, 101, 42 et 12 km.

Pour ma part, je ne suis pas certain que 85 ou 100 km cela fasse une différence, autre que psychologique. En revanche, l'annonce de la présence de trois « grimpettes » avec des dénivelés atteignant 30 % lors de la deuxième journée me semble être bien moins anodine...

Mais qu'y faire, à part se préparer au mieux ?

Ma problématique du moment, trente jours avant l'échéance, est la suivante : tout le retard pris sur le plan d'entraînement ne peut plus être rattrapé puisque, à compter de J-21, les kilométrages avalés commencent à décroître pour que le corps puisse absorber les 100 à 140 km courus par semaine. Sauf que, bien entendu, l'épreuve approchant la tentation est grande, pour se rassurer, de mettre les foulées doubles pour combler les retards.

Ce matin, séance prévue d'environ trois heures, sac au dos, avec pour objectif de courir lentement afin que le corps s'habitue à la vitesse spécifique de course et règle les automatismes pour minimiser la dépense énergétique de chaque foulée. Objectif 7 km/h donc, ce qui devrait donner 5,5 km/h dans le sable : c'est la vitesse moyenne du peloton sur le Marathon des Sables.

En guise de petit-déjeuner, un expresso et une ration de poudre protéinée qui est la trouvaille de ma préparation MDS. Moi qui suis incapable d'avaler quelque chose de plus conséquent qu'un café et deux carreaux de chocolat, ce qui limite vite la capacité à courir longtemps de bon matin, j'ai enfin trouvé un moyen d'ingurgiter de quoi tenir quatre heures sans sensation de faim ou hypoglycémie.

Départ en tenue Marathon des Sables sous un grand soleil et... demi-tour immédiat. Les manches courtes par 4 °C, ce n'est pas suffisant.

Nouveau départ avec manches longues, lunettes de soleil, sac chargé à 5 kg, gourde de jus de raisin bio dilué à l'eau (antioxydant) et gourde de boisson de récupération.

Et bien entendu, obligation de courir les yeux rivés au GPS, car impossible de courir aussi lentement que prévu. Dès que l'esprit divague, les jambes se remettent au rythme d'endurance habituel. Mais comme pour pouvoir courir longtemps, il faut absolument que mes pensées s'évadent, sinon j'en arrive à me demander pourquoi je m'inflige une telle épreuve, je me retrouve face à un dilemme cornélien. La matinée est donc ponctuée de changements incessants de rythme pour finir sur un constat d'échec avec une moyenne de 9 km/h, soit bien au-delà de l'objectif.

Il n'y a guère qu'en endurance qu'un sportif se plaigne d'avoir couru « trop » vite. Ma conclusion de coureur qui s'inquiète de ne pas assez en avoir fait est que, peut-être, il faut que je recommence demain à courir trois heures plutôt que les maigres 10 km prévus au plan.

Marathon des Sables : J-29

L'organisation du Marathon des Sables exige un certificat médical spécifique dont le modèle n'est communiqué qu'un mois avant le départ. Autrement dit, en théorie, on peut s'être entraîné pendant six mois à cette course pour s'en voir barrer l'accès un mois avant le départ.

En effet, la formalité qu'est l'obtention d'un certificat médical de « non-contre-indication à la pratique de la course à pied y compris en compétition » est susceptible de se compliquer quand le texte du certificat spécifie que la course aura lieu dans le désert et sera de l'ordre de 250 km.

Vaut-il mieux aller voir son généraliste habituel qui, n'étant pas coureur, risque de sauter au plafond en voyant la distance et refuser de signer (en particulier s'il a lu le recueil de nouvelles *Autorisation de pratiquer la course à pied* de Franck Courtès) ou un médecin du sport qui aura peut-être vu plus de coureurs d'endurance dans sa carrière... mais qui se sentira peut-être à même de juger de l'incapacité du nouveau patient à boucler, sans risque, la course ?

On peut d'ailleurs se demander à quoi sert la production d'un certificat de non-contre-indication dans le cadre de la pratique sportive. A-t-on constaté moins de décès en France depuis la mise en place de cette obligation ? Aucune statistique ne permet de l'affirmer, ce qui peut paraître étonnant eu égard à l'usine à gaz que cela représente. À titre d'exemple, je me suis inscrit en relais – uniquement pour la partie course à pied – au Triathlon de Paris : un certificat pour la course à pied n'est pas suffisant, seul un certificat pour le Triathlon est accepté. WTF comme disent les jeunes bilingues !

Me voici donc embarqué dans l'aventure de l'obtention du fameux sésame médical spécial **MDS**. Cela débute par une visite chez le généraliste habituel ; ma seule inquiétude, à ce stade, est qu'il tique sur ma perte de poids (11 kg en un an et demi). Coup de chance, je l'ai à peine reconnu, il a, lui, perdu 22 kg en un an. Poids, taille, rythme cardiaque, tension : OK.

Et donc ?

Et donc certificat médical course à pied standard accordé. Je peux donc confirmer mon inscription au Grand Raid du Morbihan – 177 km fin juin – qui demande le même certificat standard que pour n'importe quelle autre course, y compris les 10 km du coin de la rue.

Et donc certificat médical triathlon standard accordé.

Et donc... rendez-vous chez le cardiologue pour un électrocardiogramme au repos. Il faut en fournir le tracé avec le certificat médical, pour pouvoir prendre le départ du Marathon des Sables 23 €.

La quête continue par une visite, le lendemain, chez la cardiologue que j'avais déjà vue il y a deux ans et qui m'avait, à l'époque, admonesté pour je fasse un peu de sport.

Elle me reçoit, relit son compte-rendu de l'époque, me demande pourquoi je viens, me fixe dix secondes sans rien dire, relit son compte-rendu. Nouveau silence puis elle me demande de lui confirmer mes nom, prénom et date de naissance.

Soupir qui résume ce qu'elle pense de quelqu'un de plus de 40 ans qui ne faisait pas du tout de sport il y a moins de deux ans et qui s'embarque pour une course dc 250 km dans le désert.

Tracé ECG de repos fait.

Et donc ?

Et donc certificat médical Marathon des Sables signé (YES !)... à condition de réaliser une prise de sang pour confirmer que le cholestérol présent il y a deux ans a bien disparu et un test d'effort. 60 €.

Rendez-vous lundi prochain pour le test d'effort. 95 €.

On aurait pu penser que l'overdose médicale me guetterait.

Eh bien non, je persévère car ma journée débute par le premier rendez-vous de ma vie chez un ostéopathe/kinési-thérapeute/posturologue.

Posturologue, me suis-je renseigné, c'est comme quand ma mère me disait de me tenir droit, de ne pas mettre mes coudes sur la table et de ne pas traîner les pieds. Sauf que maintenant que je suis adulte je paie pour avoir ces conseils.

Bref, ma tendinite au genou de l'été dernier ayant tendance à se rappeler à mon bon souvenir par intermittence depuis un mois, je décide, pour une fois, de consulter l'homme médecine en prévention plutôt que de manière curative. Cela m'ennuierait de devoir annuler mon départ ou d'abandonner à cause d'une tendinite.

Après une heure de craquements divers et variés de la cheville à la nuque en passant par les genoux et le bassin, je suis jugé bon pour le service, ayant été réaligné, débloqué et donc guéri de maux dont je ne soupçonnais pas l'existence. C'est un peu l'inconvénient de la visite préventive : comme on va bien en entrant en consultation, au mieux on sortira dans le même état. Au pire, on sortira comme moi : bas du dos bloqué, tendon du genou en feu, nuque raide, épuisé. Il paraît que c'est normal et que ça ira mieux demain. 60 €.

La mauvaise nouvelle de fin de séance chez l'ostéopathe est que je ne dois pas courir pendant deux jours afin d'éviter de retasser en vrac tout ce qui avait été détasser. Moi qui ne suis pas en avance sur mon plan d'entraînement et m'en inquiétais déjà hier, je suis servi.

Aujourd'hui, en matière sportive, ce ne sera donc qu'une petite demi-heure d'exercices de gainage.

Heureusement que le sport est censé conserver la santé, car je ne sais pas combien de fois je serais allé chez le médecin cette semaine si j'avais été malade…

Marathon des Sables, J-28

Aujourd'hui, samedi, journée familiale avec femme, trois enfants et chien.

Conjuguer entraînement et vie de famille en semaine n'est pas trop malaisé pourvu qu'on ait la chance d'avoir une épouse qui dort plus que soi-même (course du matin ne perturbe pas celle que Morphée étreint), un lieu de travail éloigné, mais pas trop (environ 10 km) et une douche au bureau. Tiercé gagnant en ce qui me concerne. Les jours ouvrés, je peux en théorie engranger jusqu'à 100 km dans la semaine, sans que cela pose de problème organisationnel ou familial, autre que la fatigue engendrée. Le week-end en revanche, c'est là que la pratique de la course d'endurance devient véritablement une affaire de famille et non plus juste un loisir personnel.

Ce matin, virée à Décathlon pour récupérer des t-shirts floqués au nom d'un des produits de mon sponsor Marathon des Sables afin de pouvoir en arborer un au Semi-Marathon de Paris.

Par chance, cette virée peut être convertie en tâche familiale parce qu'il faut aussi acheter une paire de chaussures de sport à Hermine, 6 ans. Arrivée à l'ouverture à Décathlon, sélection de tous les modèles de baskets roses en taille 29 et essayage dans les couloirs, à coups de sprints effrénés, dans les allées du magasin. Après avoir déterminé laquelle des paires court le plus vite, nouveau test, avec les mêmes chaussures, deux allers retours dans les allées, et non pas un seul, pour déterminer quelle paire permet de courir le plus loin. Heureusement, c'est la même paire, rose, qui permet de courir vite *et* loin, et nous pouvons repartir après trente minutes ce qui limite l'escapade à une heure et demie en comptant les temps de trajet.

À l'arrivée, obligation d'éprouver les nouvelles baskets. Tenue rose pour Hermine, bleue pour papa et départ en petites foulées pour ce qui s'avérera un ultra-trail avec toutes les composantes de l'épreuve : alternance course et marche, vitesse endurance fondamentale qui permet de deviser tout en courant, arrêt hydratation (heureusement nous avons emporté une bouteille que nous avons pu remplir à la fontaine), arrêt ravitaillement (à la boulangerie), pause au sommet de l'ascension (les douze marches du jardin public), discussion avec les spectateurs admiratifs (dont un camarade de classe), le tout sur une distance de 2 km, parcourue en trois quarts d'heure.

Déjeuner sur le pouce puis voiturage de Célestin, 10 ans, à son cours de golf qui dure 1 h 30, ce qui laisse le temps de courir un peu au milieu des visiteurs de la foire nationale au jambon voisine, garés comme des cochons.

À peine rentré et douché, départ sur les chapeaux de roues pour retrouver Patrick qui, blessé, me cède son dossard pour le Semi-Marathon de Paris. Il a droit au sas préférentiel, juste derrière les élites ; ce n'est pas avec mes performances que j'aurais obtenu un tel dossard. Voiture de nouveau pour récupérer Sosthène, 12 ans, qui sort de sa répétition de chorale, à moins que ce soit son cours de judo. 1 h 30 chrono'.

Bref, aujourd'hui, près de 5 h 30 consacrées d'une manière ou d'une autre au running pour une pratique effective de 1 h 30. Je n'ai vu Isabelle qu'un quart d'heure au petit-déjeuner et une demi-heure au déjeuner.

Je crois que les véritables héros de l'endurance, ce ne sont pas les coureurs, mais leurs conjoints et proches qui doivent composer avec un absent, soit parce qu'il court, soit parce qu'il gère sa logistique associée à la course (achats, récupération de dossards), soit parce que bien que présent physiquement, il est trop fatigué pour s'impliquer dans le quotidien.

Et là, je parle du meilleur des cas, celui où le coureur ne partage pas avec tous ses proches le détail de ses séances d'entraînement (il y a Facebook pour ça), ses moindres pépins physiques, ses doutes, ses inquiétudes, etc.

En fait, en plus de la médaille « *finisher* du Marathon des Sables », il faudrait prévoir toute une collection de médailles « supporter Marathon des Sables » dédiées aux entourages et beaucoup plus grosses !

Marathon des Sables, J-27

Superbe dimanche ensoleillé qui est une invite à aller fouler le bitume ou les sentes forestières jusqu'à ce que déshydratation s'ensuive.

Ne voyant pas venir la fin de l'hiver, pourtant clément en région parisienne, et de l'entraînement Marathon des Sables, j'ai ainsi décidé, sur un coup de tête, il y a quelques semaines d'acquérir un dossard pour le Semi-Marathon de Paris dans le seul objectif de faire une sortie longue dominicale un peu moins solitaire qu'à l'accoutumée.

L'objectif est donc clair : pas d'autre ambition que d'accumuler du kilométrage, comme tous les autres jours.

Bien entendu, comme je me pique d'être un coureur et que je m'apprête à épingler un dossard, cette absence d'objectif se transforme, à trois jours de l'échéance, en un infernal débat entre la raison (*ton objectif de printemps, c'est le Marathon des Sables, rien d'autre, ne prends pas de risque et ne va pas t'épuiser sur une course que tu n'avais même pas prévu de faire*) et l'ego (*avec tout ce que tu as couru, même si tu n'as pas travaillé la vitesse, tu dois être capable de claquer un temps ; en plus si tu te donnes un peu, cela te fournira une bonne référence pour le marathon pour lequel tu as décidé d'améliorer ton temps cette année*).

La raison, si j'ose dire, tente hier soir de remporter le débat avec un dîner composé de pommes de terre sarladaises, d'une côte de bœuf d'1,2 kg (à deux, quand même), de trois verres de côtes-du-rhône, d'un pain perdu brioché au caramel et de deux cafés.

Ainsi lesté, je prends la décision, rationnelle, ce matin de courir en *negative split* : départ raisonnable et accélération dans la seconde moitié de la course si mon état le permet.

Et je m'y tiens jusqu'au moment d'entrer dans le sas de départ où, finalement, je choisis un meneur d'allure qui va cinq minutes plus vite que ce dont je pense être capable dans un bon jour avec une préparation spécifique et quelques jours de repos avant la course. C'est-à-dire un tout autre jour qu'aujourd'hui.

Incroyable comme le port d'un dossard peut rendre un coureur pourtant plus porté sur la pratique loisir totalement accro au chrono et infantile dans ses choix. Par quel miracle pensé-je pouvoir tenir un rythme que je n'ai pas pratiqué à l'entraînement ?

Ce Semi-Marathon de Paris me rappelle pourquoi j'adore les courses de masse, sur route.

On a beau s'entraîner beaucoup, finir, sans y prêter attention, par se prendre pour un véritable coureur, voire un athlète pour les plus mordus, on se rend compte, très rapidement, qu'on est juste un pratiquant parmi tant d'autres, dépassé en performance par tant d'autres. Un accès d'humilité qui permet de remettre les choses à leur place, c'est-à-dire dans la catégorie loisir et non pas mode de vie ou carrière.

Ce Semi-Marathon de Paris me rappelle pourquoi je déteste les courses de masse, sur route.

Qu'attendre d'une course normée (10 km, 21 km, etc.) qu'on a déjà courue à part l'amélioration d'un chrono personnel ? Et donc, on court le nez sur le GPS ou les yeux rivés à la banderole du meneur d'allure, avec pour seul mantra : « Je suis bien là, je suis bien là, pourvu que ça dure, pourvu que ça dure, oups, je dérive là, attention, je dérive » ce qui enlève à la course ce qui fait son charme, c'est-à-dire la divagation de l'esprit.

Et puis, franchement, sur ce type d'épreuve dont le chrono est le seul enjeu, sauf pour ceux qui courent la distance pour la première fois, qui s'est déjà trompé de plus de 5 % dans sa prévision de chrono ? Sauf défaillance, aucune surprise à attendre de la course.

Quitte à être désagréable avec les courses sur route, je pourrais ajouter, parce que c'était ma conviction, que les coureurs ne se parlent pas dans ces courses, contrairement aux épreuves d'endurance ou aux ultra. Cela rend la course tout aussi solitaire qu'une sortie longue seul, juste plus encombrée. Mais par chance, si j'ose écrire (pardonne-moi Éric si tu me lis), un coureur défaille, au 19ᵉ kilomètre, entre mes bras en l'espace de quelques pas. Deux zigzags intempestifs, teint blanc, yeux révulsés, effondrement sur place au moment où je lui saisis le bras : très impressionnant. À ma surprise, les coureurs qui le suivaient immédiatement s'arrêtent, sacrifiant leur chrono. Tous contribuent à l'allonger en position latérale de sécurité, à le ventiler, à appeler les secours. Voilà qui me réconcilie avec les courses sur route.

Pour résumer, aujourd'hui, Semi-Marathon de Paris, parti trop vite, arrivé trop lentement, chrono[1] au milieu de la fourchette prévue au départ. Un non-événement.

Et comme cela m'a pompé l'air d'avoir couru 21 km en ne pensant qu'au chrono, ou presque, et donc sans profiter de cette superbe journée, je rentre chez moi en courant, à mon rythme, sans regarder le chrono, pour arrondir le total kilométrique de la journée à 30 bornes. Le bonheur !

Allez, promis, j'oublie le chrono… jusqu'à la semaine prochaine (Marathon de Marseille).

Marathon des Sables, J-26

Aujourd'hui, jour de récupération hebdomadaire. Jour de récupération un peu particulier puisque j'ai rendez-vous avec le cardiologue pour un test d'effort sous prétexte que ma catégorie d'âge commence par un V comme vétéran.

---

1. 1 h 42

Bonne nouvelle, j'ai le choix entre vélo et tapis de course ; bien que n'ayant jamais couru sur un tapis de course, à une brève exception près chez un marchand de chaussures de sport, je choisis cet instrument.

Autant dire que je ne nourris aucune inquiétude. Qu'est-ce qui peut bien m'arriver en vingt minutes de course ? Au pire, cela me fera un petit footing de récupération après le Semi-Marathon de Paris. Erreur !

L'objectif du coureur d'endurance c'est de ne pas faire monter son rythme cardiaque trop haut afin de pouvoir courir longtemps. C'est d'ailleurs pour ça que je fais de la course d'endurance, je n'aime pas me faire mal.

L'objectif du test d'effort, c'est de faire monter le rythme cardiaque aussi haut que possible pour voir comment le cœur réagit. C'est pour ça que ça fait mal.

Il ne m'a pas fallu plus de douze minutes pour commencer à penser à Goscinny, mort à l'âge de 51 ans lors d'un test d'effort, et Ian Stewart, le sixième Rolling Stone, le seul du groupe à ne pas être dépendant des drogues, mort à 47 ans dans les mêmes circonstances.

À un moment la cardiologue me dit : « On pousse au palier suivant ? »

Eh bien non, on ne pousse pas docteur ; je préfère crever dehors en courant comme un dingue sous le soleil que dans un sous-sol, sur un tapis de course. Enfin, si j'ai le choix, je préfère ne pas crever ; c'est même pour ça que je m'entraîne.

La discussion qui s'ensuit est surréaliste entre une cardiologue pour qui courir, c'est courir vite, et moi qui tente de lui expliquer qu'en ultra on court longtemps mais pas vite.

Elle reste quand même surprise de pouvoir faire monter aussi vite ma fréquence cardiaque à 102 % de mes capacités maximales. À dire vrai, moi aussi je suis surpris, car il m'en restait un peu sous la semelle.

Arrivé chez moi, je constate que lors de la saisie de ma date de naissance, une erreur s'est glissée et j'ai pris dix ans (1961 à la place de 1971), ce qui explique que l'estimation de ma FCM ait pu être un peu basse. En revanche, rétrospectivement, je suis fort vexé que la jolie infirmière ait trouvé que je faisais mon âge... Elle avait dû oublier ses lunettes.

Ce qui est certain, c'est que demain je cours 20 km tranquilles pour me remettre de la violence de ce jour de récupération.

Marathon des Sables, J-25

Hier, donc, jour de récupération et aucun travail physique à part le test d'effort. Résultat, comme à chaque fois, insomnie.

La nuit portant conseil, aujourd'hui, je commence à préparer l'après-Marathon des Sables.

Parce que finir l'épreuve c'est bien. Je ne suis pas présomptueux, je parle de manière statistique, c'est-à-dire pour les 90 % de *finishers*. Mais gérer le lendemain, cela doit s'apparenter pour beaucoup à un *baby blues*. En effet, une fois l'objectif vers lequel on tend depuis des mois, voire des années, est atteint, comment se remobiliser, comment ne pas trouver les perspectives moroses ?

Pour ma part, j'ai toujours veillé à atténuer le stress à l'approche d'une épreuve dont la distance m'était inconnue – et par la même occasion le *blues* du jour d'après – en m'inscrivant à une épreuve postérieure et plus ardue. Ainsi, tout à mon inquiétude concernant la course la plus difficile, j'oublie de me préoccuper de celle toute proche. Pour résumer l'année 2014, à la veille du Marathon de Paris, je me suis inscrit à l'Ultra-Trail de Côte d'Or, puis au Marathon des Sables, puis...

Seulement, la méthode atteint ses limites parce qu'arrive un moment où il devient malaisé de trouver un défi plus exigeant. Il me reste de la marge de manœuvre avec le Grand Raid du Morbihan (fin juin, 177 km d'une traite inscrit) et le

Tor des Géants (septembre, 330 km d'une traite et 25 000 m de dénivelé positif cumulé : préinscription faite, en attente de la liste définitive des tirés au sort) mais, normalement – sauf blessures ou échecs répétitifs – à horizon un an ou deux, cela va devenir problématique.

Il faut bien commencer à s'en préoccuper.

Aujourd'hui, donc, arrivé au mitan de ma vie, en étant optimiste, je prends mon premier cours de natation pour m'initier au crawl. Il paraît qu'il n'est jamais trop tard pour apprendre.

Ce qu'il y a de bien avec la natation, contrairement à la course à pied, c'est qu'au moins, on ne risque pas la déshydratation, surtout quand on a mon niveau... Je ne vais pas conter mes exploits, il n'y en a pas eu.

Seule certitude, ce n'est pas demain que je traverse la Manche à la nage. Mais dans trois-quatre ans, qui sait...

Marathon des Sables, J-24

Aujourd'hui, une nouvelle fois, j'ai envie d'exploiter un des éléments facilitateurs de mon entraînement : la proximité de mon bureau – doté d'une douche – situé à une dizaine de kilomètres de mon domicile.

Séance classique composée d'un aller bureau avec sac à dos lesté de mon ordinateur, son alimentation, d'un change, d'une serviette de bain et de deux dossiers (6,5 kg, c'est fait exprès) puis douche puis réunion puis retour maison avec sac à dos en petites foulées.

Enfin, c'était le plan ; plan mis à mal par la découverte de l'organisation d'une coupure d'eau par nos amis de Veolia, coupure qui a débuté quinze minutes avant mon arrivée au bureau et s'achève quinze minutes après mon départ. Option nettoyage à sec plutôt que douche donc, ce qui ne ravit pas mes collègues qui, eux, ne préparent pas le Marathon des Sables ou toute autre épreuve impliquant de cohabiter avec des gens suants, ne changeant pas de vêtements et ne se lavant pas pendant une semaine.

Mes émanations corporelles étant devenues un sujet plus d'actualité que l'objet initial de la réunion, se tient donc une table ronde sur les options « hygiène » pour les concurrents au Marathon des Sables.

Je m'attends à ce que la ligne de partage des avis soit sexuée, un peu comme sur les discussions Facebook avec, d'un côté, les femmes aux cheveux longs qui s'interrogent sur le nombre de dosettes de shampoing à emmener et les hommes qui se demandent si un slip et une paire de chaussettes, cela ne suffit pas pour une semaine, plutôt que deux. Depuis que je fréquente ces forums, je m'étonne de n'avoir rien lu sur l'option zéro slip, mais je ne sais pas si la communauté écossaise est importante sur le MDS.

En fait la ligne de partage se situe plutôt entre les parents qui ont eu des enfants scouts (départ en camp avec 10 slips propres dans le sac, retour avec 9 slips propres... mais uniquement parce qu'ils ont été obligés de se changer le dernier jour) et ceux qui n'ont pas eu d'enfants scouts.

Pour ma part, avec neuf années de scoutisme, une année de service militaire passée à crapahuter avec la Force d'Action Rapide et un fils scout pendant trois ans, je m'inscris – sans trop avoir à y réfléchir – dans la tendance minimaliste en matière d'hygiène sur le MDS. Entre un tube de dentifrice et un tube de lait concentré sucré, mon choix est vite fait. Entre un savon et 500 calories sous forme de poudre protéinée, aussi. Je serai large en nourriture, léger en fringues et trousse de toilette.

J'espère que ceux avec qui je partagerai ma tente n'auront pas choisi l'option inverse. Leurs boules Quies risqueraient alors de leur servir à masquer les odeurs plutôt que les bruits de la nuit.

Marathon des Sables, J-23

Ce matin soleil, donc 2 h 30 de course à pied dans Paris, à un horaire où les piétons n'ont pas encore envahi les trottoirs. Après l'effort, le réconfort avec une superbe côte de bœuf bien saignante, précédée d'une plancha conséquente.

Ce repas, qui ne semble pas s'inscrire dans un régime de marathonien, illustre bien le paradoxe que je vis à un peu moins d'un mois du MDS : je mène la chasse aux grammes pour alléger mon sac pendant que je cherche par tous les moyens à prendre du poids.

En effet, nous allons ingurgiter environ 2 000 calories par jour pendant l'épreuve alors que nous en brûlerons probablement 4 000 par jour ; pas question donc d'arriver affûté et sec comme un coucou sur la ligne de départ.

Mieux vaut prendre le départ avec quelques réserves corporelles de bonnes graisses déjà métabolisées qu'avec, dans son sac à dos, l'équivalent énergétique à ingurgiter et à métaboliser pendant la course, équivalent qui pèserait beaucoup plus lourd.

Mais comme tous les coureurs d'endurance le savent, l'entraînement n'est pas de nature à permettre la prise de poids, au contraire. Il faut donc se faire violence pour se départir d'un régime alimentaire « habituel » calibré pour l'entraînement courant et tenter d'accumuler quelques kilos supplémentaires de bonnes graisses.

Mon problème est qu'à l'approche du printemps, impossible de trouver un magazine qui parle de régime permettant de prendre du poids.

Et encore, cette prise de poids ne peut être réalisée n'importe comment. Il s'agit de ne pas trop distendre l'estomac qui risquerait de se plaindre d'un retour à un régime volumétriquement plus spartiate pendant le MDS ; pas question, donc de « juste » doubler les portions. Par ailleurs, bien qu'ayant vu le film *Super Size Me* où il est démontré qu'un régime soutenu de fast-food répondrait rapidement à mon objectif de poids, je ne prendrai pas d'abonnement au McDo : je cherche plutôt à accumuler de bonnes graisses.

Il ne me reste plus que trois semaines pour m'épaissir et j'en suis déjà à trois avocats par jour pour les graisses végétales et un substitut de repas hyperprotéiné en plus des repas habituels. Je lance donc officiellement le #défikilos qui prendra fin le 31 mars ; poids de départ 66 kg, objectif 69 kg, sachant que mon plan d'entraînement prévoit encore environ 400 km de course sur la période.

Marathon des Sables, J-22

Après une sortie longue hier, aujourd'hui sortie courte d'une heure. J'utilise donc les chaussures qui vont *vite* plutôt que celles qui vont *loin*. Sensation de légèreté aux pieds, protestation des articulations qui s'étaient habituées à l'amorti des chaussures plus lourdes.

Mais là n'est pas l'essentiel de cette journée sportivement *light*, Marathon de Marseille dimanche oblige.

J'ai reçu les maillots réalisés par mon sponsor à l'occasion du Marathon des Sables et ai essayé la version manches longues. Ils sont certainement parfaits pour le désert vu comme j'ai eu froid aujourd'hui à Paris.

Curieuse affaire que le sponsoring. Eu égard au budget Marathon des Sables, on y pense forcément et puis, selon sa nature et le temps dont on dispose on va, ou pas, toquer aux portes pour tenter d'échanger quelques deniers contre quelques miettes de notoriété ou retentissement médiatique local, voire, pour les élites, national.

Quand arrive le moment où se précise la perspective d'un partenariat, des interrogations qu'on n'avait pas envisagées font surface.

Si être sponsorisé par une chaîne de grands magasins d'articles de sport n'engage pas beaucoup, sauf en cas de pratiques sociales douteuses avérées, au sens où le spectateur dont l'imaginaire aura été frappé par l'association Marathon des Sables-chaîne de magasins aura toujours, au sein de ce magasin, le choix entre plusieurs articles.

De la même manière, être sponsorisé par une chaîne de grands magasins de bricolage ou de matériaux de construction ou une compagnie d'assurances n'engage pas beaucoup non plus. Il y a peu de chances que le spectateur fasse un lien direct entre des résultats au Marathon des Sables d'une part et l'endroit où acheter marteau, parpaings ou assurance habitation d'autre part.

En revanche, être sponsorisé par une marque d'articles de sport (c'est le cas de beaucoup d'athlètes) implique une responsabilité, au moins morale, en acceptant de porter les couleurs de quelqu'un d'autre. D'une part parce qu'il faut que l'athlète utilise le matériel dudit fabricant. Quand on connaît le fétichisme de certains coureurs pour certaines des marques les plus en vue, cela doit parfois leur poser un problème de changer d'écurie. D'autre part parce que le spectateur est amené à faire un lien direct entre performance en course et marque arborée. Et là, l'athlète ne contribue plus uniquement à la notoriété de la marque, mais en devient prescripteur, même sans le vouloir, quoi qu'il puisse penser de la gamme de produits de la marque.

Sur un mode ironique, je me dis que la plupart des coureurs du Marathon des Sables seront, malgré eux, les porte-couleurs – reconnaissables entre mille – de deux ou trois marques auprès desquelles, moi le premier pour le sac à dos et les guêtres, ils auront acquis le matériel spécifique. De ce point de vue, ils seront l'égal des élites.

Fort heureusement, mon retentissant anonymat me met à l'abri de toutes ces sollicitations et de tous ces cas de figure et je n'ai pas à me poser de question. Et si j'avais eu à le faire, je me serais certainement rassuré en pensant à l'absence d'impact médiatique de ma première participation au Marathon des Sables.

Mais ça, c'était avant ; avant que ne se profile l'opportunité de collaborer avec une marque de nutrition sportive et bien-être qui va se lancer en France après avoir conquis les États-Unis (son pays d'origine), le Japon, le Royaume-Uni, l'Allemagne et l'Italie.

Et là, en matière d'interrogations, on monte d'un cran. En effet, pour tous les cas que j'ai cités précédemment, au pire, le lien sponsoring est un peu bidon. Le coureur ne court pas plus vite grâce à la marque de chaussettes de compression ou de chaussures à crampons en plastique moulé, ou… Mais personne ne sera blessé du fait de l'utilisation des produits de la marque arborée. En revanche, en matière d'alimentation, nous avons appris à nos dépens, grâce à la vache folle et à Findus, à nous poser des questions et à être circonspects. Et donc, au moment où je devrais me réjouir de pouvoir mettre en place un partenariat, je me retrouve à freiner des quatre fers, ce qui n'est pas très bon pour l'entraînement et la performance.

J'ai la chance de tomber sur des interlocuteurs, Mathilde et Isabelle, qui me laissent le temps de jouer les cobayes pour voir dans quelle mesure je pourrais avec conviction arborer leurs couleurs.

Ce partenariat me permet, en plus, de régler une partie de ma préparation, l'alimentation, que je ne maîtrisais pas et dans laquelle je n'avais pas envie de m'investir. En deux mots, un échange gagnant-gagnant, même si je ne vais pas gagner le Marathon des Sables.

De ces réflexions sur le sponsoring sportif, je ressors avec deux questions auxquelles je ne trouve pas de réponse. Tsonga mange-t-il vraiment des Kinder Bueno ? A-t-on déjà

vu un laboratoire pharmaceutique sponsoriser une équipe
du Tour de France ?

Marathon des Sables, J-21

Journée 100 % running aujourd'hui, sans avoir couru un
seul kilomètre.

La communauté running affirme que le repos est l'entraînement caché ou, comme on dit en anglais, *Training
= Workout + Rest*. Je n'ai jamais très bien compris cette
équation et ce principe a priori absurde : plus je me repose-
rais – donc moins je m'entraînerais – plus je progresserais ?
Mais aujourd'hui, cela m'arrange de faire semblant d'y croire
comme je ne trottine même pas.

Aujourd'hui donc, déplacement à Marseille pour le
marathon de demain matin. Comme j'ai pris le TGV qui
s'arrête à Avignon et Aix, et qu'il a un peu de retard, je
me demande si je ne pourrais pas boucler le marathon
en moins de temps qu'il a fallu au TGV pour faire Paris-
Marseille. Ce mini défi me donne un objectif pour cette
course à laquelle je ne me suis inscrit que pour accumuler du kilométrage dans le cadre de la préparation au
Marathon des Sables.

Pas de préparation pour cette course et, donc, sac fait à
la va-vite ce matin à un quart d'heure du départ, en mode
minimaliste parce que je ne passe qu'une nuit dans la cité
phocéenne. Arrivé dans le train, au moment de ranger mon
bagage, je ne peux que constater le poids excessif de mon sac
de voyage (qui pèse 2,5 kg à vide et à vue de nez, 6 kg pour
ce mini week-end phocéen) alors que j'ai oublié trousse de
toilette, pyjama et tenue de rechange pour l'après-marathon.
Entre la théorie du remplissage du sac Marathon des Sables,

que j'ai abondamment étudiée, et la pratique, que je n'ai pas entamée, car je n'ai pas encore approvisionné nourriture et sac de couchage, je me rends compte que je risque d'avoir quelques surprises.

Une fois le dossard récupéré et le mini village running traversé, je m'adonne à une grosse séance de travail UV en terrasse sur le vieux port. Se débarrasser du teint champignon de Paris commun à tous les Franciliens fréquentant le métro avant de passer dix jours dans le Sahara me paraît de bon aloi.

Enfin, pour couronner cette journée de larve, je reçois par courrier électronique ma convocation à Orly le 3 avril à 9 h 40 pour le départ en direction du Sahara, comme pour me rappeler que le *farniente* c'est bien, mais que l'entraînement, c'est mieux.

Jamais je n'ai été aussi proche du départ.

Marathon des Sables, J-20

Aujourd'hui, temps pourri à Marseille. Je parle de la météo *et* du chrono[1].

Pour l'un ce n'est pas grave, je n'étais pas venu pour ça (le chrono), pour l'autre c'est embêtant, un marathon sous le soleil m'aurait permis de commencer à m'habituer à courir par un peu plus de 15 °C.

Comme j'ai l'esprit encore embrumé par l'effort, il ne me reste en mémoire que quelques brèves réflexions ou observations à l'occasion de ce Marathon de Marseille.

Le départ depuis la terrasse d'un bar, c'est convivial à défaut d'être très sérieux.

---

1. 3 h 39

Une nouvelle maxime pour apprentis marathoniens me vient à l'esprit :

Si au 15ᵉ kilomètre tu as du mal, tu es mal ; si au 30ᵉ kilomètre tu as du mal, c'est normal ; si au 42ᵉ kilomètre tu n'as pas mal, tu es anormal.

Panneaux rigolos, rencontrés sur le parcours et tendant à prouver que l'humour est le dernier rempart de la volonté :

– Si tu ne portes pas de sous-vêtements, souris.

– Ne t'arrête pas, tu continueras à avoir mal de toute façon.

– Finalement, ce n'est qu'un 10 km avec 30 km d'échauffement.

Le moment le plus difficile, mentalement, c'est le 25ᵉ kilomètre. Cela commence à devenir dur physiquement et je suis encore trop éloigné de l'arrivée pour me dire que c'est bientôt fini.

Le moment le plus difficile, physiquement, c'est le 35ᵉ kilomètre, mais je le savais déjà ; après c'est fini, ou tout comme. Si Euclée – ou Philippidès selon les versions – était mort 7 km plus tôt, je n'aurais pas ramené de ce marathon une bronchite en plus d'une médaille.

Franchissement de la ligne d'arrivée. Dans mon esprit, je suis devenu marathonien aujourd'hui : pour la première fois, j'ai bouclé un marathon sans marcher un seul instant. Il était temps à trois semaines du départ dans le Sahara. En revanche, bien qu'ayant sensiblement progressé depuis le Marathon de Paris, je me désespère d'un temps qui m'aurait ravi un an plus tôt : eu égard au nombre de kilomètres avalés, je m'attendais à mettre dix minutes de moins.

Pour une fois, je prie pour que le TGV ait du retard afin de pouvoir récupérer et dormir. Ce marathon m'a permis de compléter ma dose hebdomadaire de kilomètres : 140. Je suis crevé.

Encore une semaine gargantuesque (à nouveau 140 km) en perspective avant de commencer à me reposer un peu et faire du jus. Ouf !

Marathon des Sables, J-19

Aujourd'hui récupération du Marathon de Marseille... jusqu'à midi.

Ensuite, virée chez le cordonnier pour retrouver mes chaussures deux tailles trop grandes, et désormais équipées des velcros qui tiendront en place les guêtres pour éviter au sable de trop venir me chatouiller les orteils et la plante des pieds.

Et là, normal, je m'adonne à un petit test des chaussures avec une heure de footing de récupération. Ni les jambes ni les chaussures ne sont raides, c'est une double bonne nouvelle.

Pour pimenter un peu cette banale journée de préparation, je me renseigne sur qui seront les « stars » de ce Marathon des Sables, trentième édition.

Je ne me suis pas ou peu, intéressé aux élites, leurs performances parleront pour eux le moment venu.

Joseph Le Louarn, 83 ans, sera le vétéran de l'épreuve. Il avait annoncé qu'il cesserait de participer en 2012, à l'âge de 80 ans. Mais il a finalement décidé qu'il ne pouvait rater le trentième anniversaire du Marathon des Sables.

Une équipe des dinosaures (105 participations à quatre) s'est constituée ; elle est composée de Christian Ginter (27 participations), François Cresci (26), Paolo Zubani (26) et Karim Mosta (26).

Le plus jeune concurrent aura lui, 15 ans.

Lahcen Ahansal, qui a gagné dix fois l'épreuve entre 1997 et 2007 revient à la compétition après six ans d'absence. Il revient en tant que guide pour l'allemand Harald Lange qui a la particularité d'être aveugle.

Didier Benguigui, qui lui aussi est aveugle, revient pour sa onzième participation avec son guide Gilles Clain.

Et 70 % des concurrents viennent, comme moi, pour la première fois sur cette course. Je ne suis pas certain que le nombre compense le manque d'expérience : nous allons nous faire bouffer tout cru par les dinosaures !

Marathon des Sables, J-18

Aujourd'hui, trente minutes de piscine : je poursuis, sans grand succès, mon apprentissage du crawl. Puis 1 h 30 de course à pied pépère.

En fait, la course à pied n'est pépère que parce que c'est un jour sans, sans énergie, sans envie (sans déjeuner non plus, ceci explique peut-être cela) malgré un beau soleil.

Curieux comme il y a des jours sans et des jours avec.

Un des avantages de la course à pied, c'est que, en règle générale, un jour a priori *sans* (pas envie de sortir dans le froid ou sous la pluie, pas envie de courir car les jambes sont raides, trop fatigué ne serait-ce que pour me baisser et faire mes lacets, pas le temps…) se transforme, après un quart d'heure de course, en jour *avec*.

En fait, *post run*, il n'y a guère de différence entre un jour avec (envie d'être dehors plutôt qu'avachi, besoin de libérer un surplus d'énergie, foulée élastique et bondissante, soleil, température clémente) et un jour initialement sans. Le plaisir de la course, d'une part, et la satisfaction d'avoir couru, d'autre part, effacent le souvenir des débuts de séance difficiles.

Malgré tout, il y a des jours sans, du début à la fin, sans un moment de répit.

Je ne parle pas des jours à météo pourrie, dont on sort avec, au moins, la satisfaction du devoir accompli, voire la fierté d'avoir bravé des éléments que la raison nous faisait considérer comme une excuse valable pour rester à la maison.

Je parle des jours où on part courir par fidélité au plan d'entraînement, avec l'impression d'être en hypoglycémie ou atteint d'une mononucléose dès le premier pas, avec des jambes raides, des pieds douloureux et un dos aussi souple qu'un manche à balai. De ces jours où, plutôt que de divaguer l'esprit reste obnubilé par la course et les désagréments associés. De ces jours où plus le temps passe et moins on a envie de courir. De ces jours où il n'y a pas de second souffle, ne serait-ce que parce que le premier n'est jamais apparu non plus. Bref, de ces jours qui semblent donner raison aux adeptes du *no running*, de ces jours qui vous amènent à vous demander pourquoi vous courez.

Pourquoi continuer alors ? Pourquoi ne pas abréger la séance et se reposer pour recharger les batteries physiques et mentales ? C'est ce que j'aurais fait avant d'avoir couru mes premiers ultra.

Mais depuis, j'ai compris que les jours sans sont les plus bénéfiques en matière d'entraînement. Pas tellement pour leur dimension physique ; 15 km de plus ou de moins dans un plan ne vont pas changer grand-chose aux performances le jour J. Mais en revanche, pour la dimension mentale, apprendre et constater que, malgré l'absence d'envie, d'énergie et de capacité physique, malgré l'inconfort, le corps peut continuer sans problème. Cet apprentissage-là est d'une immense valeur. Lors des moments de grande difficulté dans les courses longues, je ne me rappellerai pas une seule des séances d'entraînement agréables. En revanche, le souvenir d'avoir pu courir une heure et demie en étant fatigué me permettra de poursuivre ma route pendant quatre-vingt-dix minutes, le temps que revienne un semblant d'énergie et d'envie.

À long terme, un jour sans est un jour avec ; il faut donc faire avec les jours sans. En me relisant, je me dis que si c'est clair, c'est que je me suis mal exprimé.

Marathon des Sables, J-17

Finalement, j'ai lâché la rampe aujourd'hui.

Après avoir couru le Marathon de Marseille puis, de nouveau le lendemain et le surlendemain, aujourd'hui repos complet malgré l'intention initiale de profiter du beau temps et du pic de pollution pour accumuler deux heures de course à pied.

À la place, j'ai consacré le même temps à commander la nourriture lyophilisée qui m'accompagnera dans le Sahara. J'ai beaucoup de mal à réconcilier titres ronflants des plats et réalité gustative de ces poudres ; je conserverai quand même ces intitulés pour rêver un peu dans le désert.

Et quitte à m'occuper de nourriture, je m'attelle aussi à mon #défikilo qui consiste à prendre 3 kg en mars. Le repas sucré qui est entre le déjeuner et le dîner, cela s'appelle le goûter ; mais comment nomme-t-on son pendant du matin, celui qu'on intercale entre petit-déjeuner et déjeuner ? Le moyen-déjeuner ? Toujours est-il qu'il ne reste pas grand-chose pour le goûter des enfants et que si je n'ai pas encore repris 3 kg, j'ai bien dû ingurgiter ce poids-ci aujourd'hui, en plus de mon supplément protéiné.

Je profite du reste de la journée pour tenter de compléter et optimiser la composition de mon sac à dos. Restent encore quelques choix pratiques, mais non significatifs en matière de poids, à faire (quel degré d'autonomie avoir pour les soins des pieds, quel format de tube de crème solaire, etc.) mais cela ne pose guère de souci.

La difficulté, paradoxalement, relève plutôt de la part irrationnelle de l'équipement.

Par exemple, il est certain qu'il est inutile d'avoir une montre. En course les barrières horaires sont larges, donc pas besoin de courir l'œil vissé au poignet et ce, d'autant moins, que si j'en arrive à me battre avec la barrière horaire, c'est que, de toute façon, je ne peux pas aller plus vite. Au bivouac, les équipes de démontage des tentes nous réveillent trois heures avant le départ de l'étape, donc aucune inquiétude à avoir quant à une éventuelle panne de réveil. Vraiment aucun besoin d'une montre ; et pourtant, je n'arrive pas à me faire à l'idée de ne pas en avoir une, même simple, au poignet.

Par ailleurs, il est absolument certain qu'il est idiot d'emporter un livre. Et pourtant, la question sur laquelle je ne parviens pas à trancher est celle de savoir lequel je vais prendre. Une évidence du type *Le Petit Prince* de Saint-Exupéry ? Ou *Explorateur du Maroc, ermite au Sahara* de Charles de Foucauld ? Ou encore un livre que je pourrai faire dédicacer pendant la course par son auteur comme *Au-delà de l'extrême* par Sir Ranulph Fiennes ? À moins que ce ne soit un livre illustré de recettes de cuisine, pour rêver un peu ? Ou alors un livre d'astronomie, pour observer le ciel, un « Que sais-je ? » si cela existe encore, sur le Sahara ? Comment choisir, sachant que c'est bien le seul matériel pour lequel le poids n'est pas déterminant puisque le moindre gramme est, de toute façon, un gramme superflu ? Ou alors, *Le Vieil Homme et la mer* d'Hemingway, pour rester dans le ton – un effort long sans récompense au bout de l'épopée – et pour se rafraîchir ?

Marathon des Sables, J-16

Aujourd'hui, poursuite de l'épisode de pollution de l'air à Paris ; en toute logique, je cours donc 2 h 30 avant de chevaucher, au milieu de la circulation routière, un Vélib pendant une grosse demi-heure. Je me déplace, à cause des feux rouges, à la même vitesse que lorsque je suis à pied.

Je me dis que, normalement, dans le Sahara, on doit courir au milieu de la poussière de silice en suspension, ce qui doit être aussi bon pour les poumons que courir au fond d'une mine ou au milieu des moteurs diesels parisiens. Autant apprendre à tousser efficace avant de partir...

Cela doit d'ailleurs être la logique de Madame le maire de Paris qui souhaite que les Vélib soient gratuits, afin que les gens qui n'inspiraient de l'air vicié qu'à petites bouffées dans leur voiture puissent le faire à bronches déployées, en pédalant, de manière à accélérer leur accoutumance aux microparticules en suspension.

J'aurai, ce week-end, une pensée émue pour les poumons de mes futurs camarades de galère saharienne qui, pour beaucoup, participent à l'Éco-Trail de Paris, Éco-Trail qui n'aura donc de vert que son préfixe eu égard à la qualité de l'air environnant.

Pour ma part, je devance les oukases des verts de la mairie qui veulent interdire la circulation routière, au moins pour moitié, et me sauve pour trois jours en montagne afin d'augmenter mon capital globules rouges grâce à l'altitude, mon capital globules blancs grâce au Fendant et, peut-être, mon capital UV grâce au soleil que nous trouverons au-dessus des nuages.

Pour le #défikilos, cela devrait bien se passer ; je n'ai jamais vu quelqu'un maigrir pendant un séjour de ski.

Reste à ne pas se blesser.

Marathon des Sables, J-15

Aujourd'hui, longue matinée SNCF en direction des Alpes et bon après-midi ski pour fêter tout à la fois l'arrivée du printemps, l'éclipse solaire et le début de cette période si particulière qui précède chaque course, le moment où l'on *fait du jus*.

Faire du jus, cette expression que je n'ai jamais comprise.

Faire de l'huile, je comprends. Qu'on fasse de l'huile, à la veille d'une grande course, je le conçois et ce d'autant plus que comme on diminue drastiquement l'entraînement, on a un peu plus de temps pour psychoter et donc s'inquiéter de tout et de rien.

Faire de l'essence, ce n'est pas très français comme expression et cela n'a rien à voir dans le contexte, mais je comprends.

Boire un jus, je comprends. C'est un excellent moyen, cette dose additionnelle de caféine, d'accroître la production d'huile susmentionnée.

Mais faire du jus ? Même chez « Le Paradis du Fruit », ils n'ont pas su m'éclairer. Ils ne savent rien, non plus, de cette pratique dont le sens échappe à toute explication lexicale ou étymologique.

Le défi est donc, pendant les deux semaines qui précèdent l'épreuve, de diminuer drastiquement l'entraînement, sans devenir dingue, afin d'arriver dans un état de fraîcheur et de condition physique optimal, ni épuisé, ni trop mou à cause de l'inactivité.

Mais ce qui veut dire aussi sans avoir couru, une dernière fois, trois ou quatre heures avec sac au dos pour m'assurer que je sais bien faire. De toute façon, à deux semaines de l'échéance, les jeux sont faits : rien de ce que je pourrais faire de plus à l'entraînement ne viendra améliorer ma performance.

Cette période de jus est, pour les proches, aussi agréable que la fréquentation d'un fumeur qui vient d'arrêter. Un coureur blessé ou en phase de « jus », c'est à peu près aussi aimable... Le phase...

Marathon des Sables, J-14

Aujourd'hui, deuxième jour sans courir, mais un peu plus de cinq heures de ski pendant un jour blanc, c'est-à-dire dans les nuages, la brume et le brouillard.

Poursuite du sport avec France-Angleterre dans un pub.

Mes acolytes ont compris que MDS signifiait Marathon de la soif et nous travaillons sur cette thématique, et ce d'autant plus qu'ils ont lu une étude récente de l'université d'Alberta qui démontre qu'un verre de vin rouge apporte autant de bénéfices en matière de santé qu'une séance de jogging.

Bière, vin blanc, vin rouge, génépi... et ce n'était qu'hier soir.

L'effet bénéfique de cet apport généreux en liquides, c'est que cela me permet de commencer à régler un de mes soucis, qui est que même en me forçant je ne parviens pas à boire plus de 2 litres par jour, ce qui sera insuffisant dans le Sahara où la consommation quotidienne doit être de l'ordre de 8 litres.

L'inconvénient, c'est l'éventuelle accoutumance aux boissons alcoolisées qui ne seront pas légion sur le MDS, celui qui a lieu au Maroc. Sauf à envisager d'emporter quelques sachets de vin rouge lyophilisé, abomination qu'un industriel a osé proposer.

Marathon des Sables, J-13

Aujourd'hui, six bonnes heures de ski pour finir une séquence détente – trois jours sans courir – et oxygénation.

De quoi travailler au #défikilo : en trois jours, j'aurai gagné plus de poids qu'en trois semaines ; est-ce l'effet des tartiflettes, gratins de crozets, raclettes, fondues ou le fait de n'avoir pas couru ? Toujours est-il que c'est efficace. Plus qu'une grosse dizaine de jours pour rajouter encore 1,5 kg de réserves sur mon gabarit taillé dans un cure-dents. De quoi, aussi, se changer les idées, sans perdre le bénéfice de l'entraînement, afin de ne pas devenir totalement obsessionnel dans la dernière ligne droite avant le décollage.

Certains font, défont, refont puis pèsent et repèsent leurs sacs afin de se rassurer et s'assurer que le poids et le rangement sont optimaux. Pour ma part, je me convaincs que comme il n'y a plus rien à faire pour améliorer la condition physique, à part se reposer, pour arriver dans un état de fraîcheur optimal, il doit en être de même pour la fraîcheur psychologique. Je m'interdis donc de me préoccuper outre mesure du remplissage du sac et autres aspects matériels ; si 1 500 concurrents y arrivent, il n'y a pas de raison que je n'y arrive pas ; ce sera réglé dans les trois jours qui précèdent le départ.

Cette bonne résolution étant prise se pose la question de savoir comment la tenir.

Marathon des Sables, J-12

Lundi, petite reprise de course à pied avec une grosse vingtaine de kilomètres sous le soleil à un rythme modéré, sans autre objectif que de courir pour le plaisir.

La question de la gaudriole au MDS ne m'a pas effleuré l'esprit, ce qui en dit long sur les effets de l'entraînement sur la libido du coureur de fond. Si l'on en croit les rares études effectuées sur le sujet (je serais curieux, d'ailleurs, de savoir quel a été le protocole suivi d'une part et où l'on peut s'inscrire pour être cobaye d'autre part), une pratique running supérieure à 60 km par semaine aurait des effets délétères sur la manifestation du désir. Comme cela fait deux mois que j'en suis à 100 km hebdomadaires en moyenne, je comprends mieux que le sujet ne m'ait pas effleuré l'esprit.

Comme souvent dans ces cas-là, c'est ma moitié qui relève, si j'ose écrire, le sujet en me demandant si les tentes sont mixtes. Je ne m'étais pas posé la question et, pour éviter toute discussion oiseuse, je réponds bien entendu que non. Il s'avère que si.

De toute façon, si à 60 km par semaine de course à pied le désir flanche, à 250 km la semaine du Marathon des Sables, le désert doit prendre le dessus sur le désir, sans même parler des conditions d'intimité et d'hygiène.

« Avec la talentueuse marathonienne, nous faisons l'amour en silence sous la tente, coincés entre les autres concurrents. Nous dormons peu et nos performances s'en ressentent. »

Lahcen Ahansal dans *Marathonien des sables*, aux éditions de l'Harmattan, p. 105.

Lahcen Ahansal finira deuxième de ce 13ᵉ Marathon des Sables, derrière son frère. Il se confirme que les champions ne sont pas faits comme nous.

Marathon des Sables, J-11

Moins je cours et moins j'ai de temps pour réfléchir à la course à pied puisque le quotidien suffit à occuper mon esprit quand je n'ai pas les baskets aux pieds.

Comme aujourd'hui je me contente d'une demi-heure de natation, pendant laquelle mon cerveau est privé d'oxygène, je ne pense presque pas au désert, sa chaleur et la déshydratation, pendant trente minutes.

C'est pendant le Marathon des Sables que je vais le plus courir et, donc, que j'aurai le plus de temps pour réfléchir à ma pratique pédestre. Mais c'est aussi le moment où je pourrai le moins communiquer sur le sujet.

Les règles, dans un Sahara semi-civilisé par la caravane du Marathon des Sables, sont les suivantes : un mail par jour, sauf à refaire la queue pour en envoyer un deuxième ; 1 000 caractères par mail ; 25 ordinateurs pour 1 500 concurrents annoncés.

Cela fait donc une soixantaine de personnes par machine et à dix minutes le mail, car tout le monde n'aura pas cogité la chose en courant, un temps d'utilisation de l'ordinateur de dix heures quotidiennes. Il va falloir courir très vite pour être le premier dans la file d'attente ou très, très lentement pour que tout le monde ait eu le temps de rassurer les siens avant d'arriver à la tente communication.

Je me demande si je ne vais pas rédiger à l'avance les comptes rendus d'étape et en programmer la publication. De toute façon, je ne peux guère me tromper que sur des détails tels le nombre d'ongles perdus, d'ampoules, de degrés centigrades au-dessus de quarante.

Procéder ainsi me permettra aussi de gagner en temps de récupération, plutôt que de piétiner quelques heures dans la file d'attente, et s'assimilera à une préparation mentale via la visualisation. Il paraît que cela existe et que ça fonctionne. Sûrement pour les champions.

Je m'essaie donc à l'exercice :

« Jour zéro : Aujourd'hui, contrôle certificat médical et sac. Journée d'attente donc, mais aussi de rencontres et d'acclimatation. Comme l'a dit un célèbre contrepetteur belge, il fait beau et chaud. Ce soir dernier repas normal avant le départ de la course demain, à l'aube ; l'excitation et l'appréhension sont à leur comble. Nous sommes déjà dans l'ambiance, les derniers choix de matériel ont été faits puisqu'il ne nous reste désormais que ce que nous porterons, le superflu – hygiène et confort – ayant été remis à l'organisation. Je regrette déjà de ne pas avoir pris de matelas pour adoucir le contact entre le sol et mon dos... sauf que les concurrents qui en ont un semblent aussi raides que moi ce matin au lever. »

« Jour 1 : Pour une première étape nous avons été gâtés avec, très rapidement, une série de dunes qui nous a violemment fait prendre conscience de la difficulté à progresser dans le sable et, plus encore, sous un soleil de plomb. Cette première journée, brutale, s'est néanmoins bien passée : la preuve, je n'ai pas encore d'ampoules. La théorie veut que nous préservions nos forces pendant les trois premiers jours pour finir confortablement la course ; malheureusement, j'ai oublié de réviser comment on faisait pour s'économiser en grimpant des dunes dans lesquelles chaque pas en avant est à moitié effacé par une glissade des appuis en arrière. »

« Jour 2 : C'est aujourd'hui qu'a véritablement commencé l'épreuve, dans tous les sens du terme. Hier, ce n'était qu'une course, course normalement suivie de quelques jours de repos dans la vie d'un coureur ordinaire. Sauf que nous avons enchaîné avec dix-huit heures, et non huit jours, de récupération. Toujours beau et chaud, avec l'option vent afin que nous prenions goût, dès que nous respirons, parlons, buvons ou mangeons, au désert. Ça crisse sous la dent, ça picote jambes et joues, ça dessèche. Bref, comme le service militaire, ce n'est pas très agréable, mais cela fera des souvenirs. »

En me livrant à cet exercice, je m'aperçois que je suis incapable d'imaginer ce qu'il pourrait bien advenir au lendemain du deuxième jour de course. L'énormité de la tâche qui m'attend commence à s'imposer à mon esprit.

Marathon des Sables, J-10

Aujourd'hui, plutôt que de courir seul, je décide de m'inscrire à une de ces sorties running organisées par une enseigne de magasins d'articles de course à pied en collaboration avec un équipementier, l'idée étant, pensé-je, de nous faire découvrir le matériel et le magasin.

En ajoutant l'aller et le retour pour m'y rendre et en revenir, cette nouvelle expérience me donne l'occasion d'une séance tranquille, d'une vingtaine de kilomètres et me permets de faire quelques rencontres.

À l'inscription, il fallait renseigner la taille des chaussures utilisées celle des vêtements. Ceux qui ont cru que cela signifiait qu'on leur prêterait des vêtements de course et qui sont venus en tenue de ville... ont couru en tenue de ville. Ceux qui ont cru qu'il y aurait une paire de chaussures à leur taille avaient raison... pour les premiers arrivés.

En matière de test produit, l'expérience me laisse dubitatif. Sur les neuf participants, de niveau confirmé précisait le formulaire d'inscription, quatre testent du matériel de l'équipementier, les autres – soit la majorité – discutent entre eux de la marque qu'ils utilisent et de celles qu'ils ont déjà essayées. Le représentant du magasin, pour sa part, ne jure que par la marque qu'il porte aux pieds et qui n'est pas celle de l'équipementier mis en avant par cette opération promotionnelle.

En matière de course à pied, la sortie de 12 km s'avère représenter un record personnel de distance pour deux participants qui n'avaient pas bien saisi le sens de l'expression « coureur confirmé ». Ils ont bien confirmé être coureurs, mais depuis peu. Ceci étant, ce n'est pas très grave, cela m'a permis de faire voiture-balai et de ne pas risquer de me faire mal à une semaine de l'envol vers Ouarzazate.

Pour la préparation MDS, je n'ai pas couru une minute dans le sable. Tellement convaincu qu'à part le bac du square des enfants il n'y avait pas un grain de sable plus proche que la Mer de Sable, à 40 km de la maison, ou Deauville, je n'ai même pas cherché à me renseigner sur les possibilités de tester ma foulée en situation.

Les conditions de terrain les plus approchantes du sable instable, c'était la neige. Et donc, hier, je découvre qu'à 2 km de chez moi il y a des kilomètres de pistes cavalières, ensablées, parfaites pour s'accoutumer à la course dans le sable. Je le saurai pour la prochaine fois.

Enfin, je remarque que ces événements promotionnels sont le lieu de rencontre des jeunes étudiants étrangers à Paris. La séance *running* est l'occasion de quelques savoureux dialogues entre l'inévitable beau brun ténébreux italien et la poupée Barbie écossaise, dialogues dans la langue de Shakespeare que chacun des deux maîtrise avec un accent tellement typé qu'ils finissent par discuter en français pour avoir une chance de se comprendre. Mais comme il n'y a pas d'échange de numéros de téléphone à l'issue des 12 km, la compréhension n'a pas dû être si fine...

En résumé, une journée d'entraînement parfaite pour ce qui m'attend. Équipé de mes chaussures de trail j'ai couru dans un terrain sablonneux, à vitesse endurance fondamentale, sur une distance raisonnable, dans un environnement linguistique incertain.

Marathon des Sables, J-9

Aujourd'hui, journée de répit à la fois parce qu'il fait un temps à ne pas mettre un Bédouin dehors et parce que je ne suis pas certain que les kilomètres parcourus d'ici le départ aient une véritable utilité en matière de préparation physique. Ni en matière de préparation mentale d'ailleurs lorsqu'on coure avec les inévitables petites douleurs qu'on ignore habituellement, mais qui prennent une importance disproportionnée à une semaine de l'envol.

Hier était la journée mondiale de la procrastination, journée dont j'ai bien compris le principe, persistant consciencieusement à ne m'occuper ni de la liste du matériel obligatoire ni de mon paquetage.

Esprit fort et indépendant, je décide même de ne m'en préoccuper qu'au dernier moment afin de limiter la durée de la période de stress logistique. Si je m'en charge trois semaines avant, trois semaines de stress ; trois jours avant, trois jours de stress.

Avec une convocation à Orly en fin de matinée vendredi 3 avril pour le départ, je me demande même si je ne devrais pas me contenter de trois heures de stress, c'est-à-dire de ne pas me préparer avant vendredi matin.

Enfin, c'était l'état de mes réflexions jusqu'à aujourd'hui, jour où La Poste et Colissimo ne se synchronisent pas et parviennent à me livrer en ordre dispersé mon sac de couchage, d'une part, et ma nourriture lyophilisée, d'autre part. Paquets que je m'empresse de ranger, c'est-à-dire de jeter à côté du sac à dos.

Ma vision théorique de la question du paquetage (facile, il n'y a qu'à bourrer un peu et enlever le superflu) est alors battue en brèche par la vision d'une montagne de matériel dont le volume représente environ trois fois la taille du sac à dos.

Il va falloir que je convoque César – le sculpteur, pas l'empereur – pour un stage de compression, parce que se préoccuper du poids, c'est bien, mais la mère de toutes les questions, c'est quand même celle du volume : si ça ne rentre pas dans le sac, je n'aurai pas de problème de poids, mais je n'aurai pas le matériel non plus.

Marathon des Sables, J-8

Comme je n'ai pas eu d'ampoules aux pieds depuis une décennie environ, c'est un sujet que j'ai traité par-dessus la jambe bien qu'il semble passionner de nombreux coureurs. On se demande vraiment pourquoi quand on sait que les quatre facteurs de développement des ampoules sont : chaleur, frottement, saleté et humidité.

Je ne me suis donc investi ni dans la préparation des pieds (tannage préalable, marche pieds nus sur des braises rougeoyantes, etc.), ni dans l'équipement de première nécessité en cas d'ampoules, jugeant que le mépris était le meilleur traitement possible.

Comme de juste, je m'aperçois ce jour, à une semaine du départ, de la présence de vilaines ampoules au-dessus de chacun des deux gros orteils, suffisamment abîmées pour que la peau se soit fait la malle. Bien entendu, je n'ai aucune idée de la raison de leur apparition.

Je prends donc un cours express sur la guérison express des ampoules.

Première solution : Poser un cataplasme froid d'argile verte sur l'ampoule et recouvrir d'un pansement occlusif à renouveler matin et soir jusqu'à guérison complète.

Deuxième solution : Appliquer matin et soir du gel d'*aloe vera* sur l'ampoule et recouvrir d'un simple pansement adhésif. À faire pendant deux ou trois jours.

Troisième solution : Appliquer sur l'ampoule une compresse imbibée d'huiles essentielles de lavande et de géranium rosat. Renouveler le pansement deux fois par jour.

Bon, me dis-je, ça a l'air sympa ces solutions naturelles, mais sauf à tomber sur une dune d'argile ou un massif de lavande et géranium dans le Sahara, pas certain que cela me soit très utile.

Le hasard a fait que je rencontrais aujourd'hui ma cousine Mathilde qui, en plus de ses nombreuses qualités, a l'excellente idée d'être médecin et d'avoir accompagné les sapeurs-pompiers sur le Marathon des Sables afin d'assister les enfants handicapés qui étaient « promenés » en Joëlette. Ça lui a permis de constater, de visu, comment les concurrents sapeurs-pompiers traitaient leurs ampoules.

Condensé de la somme de savoir accumulé : « Tu prends une seringue, tu aspires le liquide hors de l'ampoule puis, toujours avec la seringue, tu injectes de l'éosine dans l'ampoule. Tu hurles. Puis tu attends que ça sèche… »

Finalement, j'avais bien fait de ne pas me renseigner ; il y a des choses qu'il vaut mieux ne pas savoir à l'avance.

Marathon des Sables, J-7

J'ai bien expliqué à ma famille que cette semaine serait cool sans running ou presque, car je *fais du jus*. Je me trouve donc un peu embêté, quand me prend l'envie de faire une sortie longue, pour l'annoncer à ma femme, mes enfants et ma belle-famille qui loge à la maison pendant une semaine.

Qu'à cela ne tienne, lever discret à 4 h 30 et départ, sur la pointe des pieds, pour une sortie de 35 km sous un crachin que je suis absolument certain de ne pas retrouver la semaine prochaine à Ouarzazate. Retour au moment où tout le monde se lève et pense qu'il ne fait pas un temps à mettre un chien, qui ne veut pas, lui non plus, sortir, ou un humain dehors. Pain et croissants sous le bras forment le parfait alibi pour cette sortie longue qui n'a donc pas existé.

Au retour, me vient à l'esprit l'idée que la distance du matin est proche des premières étapes MDS et que j'ai là l'occasion de tester, grandeur nature, mon « protocole » de récupération.

Aux croissants et pain frais près, je calque donc mon alimentation sur celle du MDS avec plats lyophilisés et boissons de récupération, au grand dam de ma belle-mère qui avait, comme souvent, œuvré en cuisine.

Je réussis à peu près à caler mon rythme sur celui d'une journée MDS, c'est-à-dire avec quasi-sieste en milieu d'après-midi, soin des ampoules aux pieds et envoi d'un email.

Dans mon esprit, le test doit se conclure par une nuit passée dans mon nouveau sac de couchage, dans une situation d'inconfort, c'est-à-dire dehors sur le balcon.

Arrive donc le moment où je me vois expliquer à mes beaux-parents que je vais dormir dehors, sans matelas, plutôt qu'avec leur fille unique. Après leur avoir expliqué que je préfère manger un hachis parmentier lyophilisé. Après leur avoir expliqué que je ne partage pas l'apéro avec eux. Après leur avoir expliqué qu'un Marathon des Sables cela ne veut pas dire 42 km (« une distance dangereuse pour la santé » d'après ma belle-mère) mais 250 km. Après leur avoir expliqué que non, je n'appellerai pas leur fille unique tous les soirs pour donner des nouvelles. Après leur avoir expliqué que oui, un slip pour la semaine, cela suffit.

Finalement, je dors dans mon lit, je verrai après leur départ pour le sac de couchage. En revanche, je tiens bon sur le rythme MDS : à 21 heures je suis couché et endormi ; il n'y a pas à dire, 35 km à pied, ça use.

Marathon des Sables, J-6

Aucune activité sportive à très exactement une semaine de la première foulée dans le désert. Je suis découragé par la permanence de la pluie. C'est quand le printemps déjà ?

Aujourd'hui, dimanche des Rameaux. C'est l'épreuve longue de l'eucharistie avec la relation de l'ensemble de la passion du Christ et un ravitaillement minimaliste (une hostie, même pas de boisson) aux trois quarts du parcours.

Cette longue eucharistie me laisse donc le loisir de filer la métaphore traversée du désert, carême et entraînement pour le MDS ; de considérer la semaine sainte qui débute comme une répétition mentale du MDS (si on peut juste éviter la partie crucifixion...) et m'amuser à repérer dans la liturgie les similitudes les plus frappantes avec ce qui m'attend. Je suis servi par l'actualité.

« Avec toi nous irons au désert » (paroles J. Servel, musique J. Gelineau) :

« Seigneur avec toi nous irons au désert,

Poussés comme toi par l'Esprit,

[...],

Et nous fêterons notre Pâque au désert,

[…],
Et nous goûterons le silence,
[…],
Et nous renaîtrons dans la joie,
[…],
Nous vivrons la folie. »

Je me dis que ces histoires de renaissance, cela revient avec insistance. Dois-je m'inquiéter de la petite mort qui doit nécessairement précéder ladite renaissance ?

Marathon des Sables, J-5

Aujourd'hui, lundi, no running et, mieux même, si j'ose dire, pas envie de courir alors que d'habitude il faut que je me fasse violence pour ne pas faire une petite sortie quand même. Certainement le signe que j'ai atteint la bonne dose d'entraînement et que plus, ce serait trop.

Journée de coupure complète, avec aucune tâche associée au MDS, pas même de la logistique, bref l'esprit totalement libre.

Enfin, à l'appel de ma mère près : « Tu as fini ton sac ? Tu as déjà ton billet d'avion ? Tu es vraiment sûr d'y aller ? As-tu pensé à ta femme qui va s'inquiéter ? Et pour les attentats, vous allez faire comment ? Pourquoi tu n'emportes pas une couverture en plus, ce n'est pas pour ce que ça pèse… »

Ou aux premières questions, depuis des mois, de ma femme, sur le MDS : « Et sinon, ton sac, tu comptes le préparer quand ? Et comment vas-tu savoir qu'il te manque des trucs si tu ne le prépares pas avant ? Et tu appelleras bien tous les soirs pour les enfants (euh, non) ? »

Ou à l'avalanche de questions d'amis et collègues qui, à force d'être harcelés par mes anecdotes de préparation ont fini par saisir que le départ était pour bientôt : « Pourquoi vous partez dix jours si vous ne courez qu'un marathon ? Et sinon, pour la nourriture du soir il y a plusieurs réfectoires ? (non, on porte tout) Tu feras attention de ne pas tomber malade avec les fruits et légumes frais (il n'y en aura pas) ! Tu nous enverras des photos en fin de journée ou tu posteras sur Facebook au fil des étapes (ni l'un ni l'autre) ? Ça doit être sympa ta rando, tu pars avec les enfants ? Dommage que vous fassiez ça au Maroc, ça n'aurait pas été moins cher en Tunisie cette année ? »

Ou au compte à rebours sur le site MDS qui affiche J-3 alors que j'affiche J-5, comme si j'allais finir par être à la bourre.

Ce que c'est fatigant de se reposer.

Marathon des Sables, J-4

Aujourd'hui, mardi, par solidarité avec nos camarades de France Info qui ne se fatiguent guère à répéter toujours les mêmes dépêches AFP et sont en grève depuis deux semaines, grève des activités sportives. À l'exception de ma noyade hebdomadaire associée à ma pathétique tentative d'apprentissage du crawl.

Certains appellent ça l'affûtage, d'autre, pour frimer, le *tapering*. Pour ma part, c'est *pampering*. Je m'adonne à des activités autocentrées et rends visite à des spécialistes que je n'avais, pour la plupart, jamais fréquentés jusqu'alors.

Cela débute par une pédicure à qui je dois expliquer que, non, franchement, ce n'est pas le forfait beauté des pieds qui me convient le mieux, mais juste une coupe des ongles professionnelle, courte et carrée ; bref une coupe raccord avec mes cheveux de type légionnaire. Si j'avais été plus souple, j'aurais peut-être pu arriver au même résultat que celui auquel la pédicure au décolleté plongeant est parvenue au terme de près d'une demi-heure d'arrachage à la tenaille et autres cisailles tailles-haies et de ponçage, mais cela aurait été moins agréable. Pour la première fois depuis un an les ongles de mes deux gros orteils ont retrouvé couleur et forme humaine ; je ne sais pas si je préfère. Jusqu'à maintenant, quand j'avais un doute sur mes capacités de coureur, il me suffisait de regarder ces deux appendices noirâtres pour me convaincre qu'à défaut d'acquérir les qualités, j'avais au moins abattu les kilomètres qui me permettaient de m'attribuer le qualificatif de coureur. Maintenant, je ne vois plus rien.

Cela continue par une visite chez une naturopathe, visite qui me permet de rentrer dans l'univers du *quantified self*. Premier enseignement, j'ai lamentablement échoué dans mon #défikilo qui consistait à reprendre 3 kg en mars. La bonne nouvelle, en revanche, c'est que je n'ai pas continué à perdre de poids. Deuxième enseignement, mon indice de masse graisseuse est inférieur à 15 %. Mais comme je ne sais pas ce que cela signifie, le seul intérêt sera de le mesurer à mon retour pour voir les effets d'un MDS sur cet indice ; peut-être découvrirai-je que le MDS est le régime parfait. J'imagine déjà l'argumentaire commercial : perdez 5 kg et 10 points d'indice de masse graisseuse en dix jours. Résultat garanti ! Enfin, troisième enseignement, bien que ma carte d'identité me donne un âge de 43 ans, les mesures effectuées me donnent l'âge corporel de 28 ans. Sympa non ? Oui, jusqu'à ce qu'on passe à l'appareil suivant qui, lui, m'attribue l'âge de 47 ans (l'âge de mes artères). Finalement, cela n'a pas l'air très au point ces mesures scientifiques.

Cela s'achève par une visite chez le dentiste qui enfin, et *just in time*, finit de bricoler dans ma bouche depuis l'arrachage de l'ensemble de mes dents de sagesse en décembre. Je vais pouvoir mordre le désert à pleines dents !

Marathon des Sables, J-3

Aujourd'hui, 1ᵉʳ avril, à rebours de l'habitude, fin de la farce.

Je n'ai quand même pas cru une seule seconde que j'allais, après seulement 18 mois de course à pied, partir me griller les jambes et les neurones à courir en moyenne 7 heures par jour sous le soleil avant de me geler 10 heures par nuit en dormant sur des cailloux après avoir mangé de la nourriture de cosmonaute dont le seul intérêt est de suffisamment colmater l'intestin pour avoir une chance d'échapper à la turista ?

Je n'ai quand même pas investi l'équivalent d'un mois de salaire net (et je gagne bien ma vie) en frais d'inscription et matériel pour le plaisir de pleurer dans le désert avant de tenter de récupérer mes larmes avec ma langue parcheminée pour ne pas mourir de soif ?

Je n'ai quand même pas cru qu'après avoir mis près de trois mois à surmonter une tendinite au genou héritée d'un trail de 105 km, j'allais m'inscrire sur une épreuve de 250 km sachant que la saison de running débute ?

Je n'ai quand même pas cru que pour le budget d'une semaine au Club Méditerranée, j'allais dormir dans des tentes sans confort, sans *open bar* ni *all you can eat buffet*, dans un environnement où les femmes ne représentent que 15 % des gentils membres et dont la bande-son est « Highway to Hell » ?

Si ? J'ai quand même du mal à y croire, à quelques heures du décollage d'Orly.

Marathon des Sables, J-2

Aujourd'hui, jeudi, je deviens dingue.

Je ne sais pas si c'est parce que j'ai commencé à essayer de boucler mon sac ou si c'est parce que je n'ai pas couru depuis samedi ou si c'est l'excitation qui apparaît à la veille du décollage, mais difficile de rester serein.

Et pourtant, il faut être zen pour préparer son sac et, surtout, reconditionner la nourriture en sachets plus petits et donc moins encombrants. Je mets environ une demi-journée à emballer de nombreuses poudres blanches dans de petits sachets transparents à faire passer à l'aéroport dans mon sac. Le pire : le remplissage des préservatifs de poudre protéinée très volatile pour le petit-déjeuner. Heureusement que notre nourrice d'origine colombienne, qui a obtenu son permis de circuler en Europe à Naples, peut me conseiller sur la meilleure manière de remplir les préservatifs sans les déchirer.

Lors de mes préparatifs, l'expression « avoir les yeux plus gros que le ventre » me vient à l'esprit. Plus exactement, je me demande ce que serait l'inverse. Le jour de l'épreuve longue (entre 80 et 100 km), on ne prévoit pas de dîner, car on ne va pas s'arrêter en route pour faire du feu et chauffer un plat ; on avance donc de jour et de nuit en grignotant avant de s'effondrer sous une tente sans, non plus, prendre le temps de se préparer un repas. Résultat, l'ensemble de l'alimentation de la journée tient dans l'équivalent de deux pots de yogourt. J'ai du mal à me dire que je vais tenir et courir entre quinze et vingt heures avec juste ça comme carburant. Je me dis que j'aurai le ventre plus grand que l'impression visuelle donnée par le ravitaillement du jour.

Et malgré tout, à la fin, je pars avec plus de 4 kg de nourriture alors que le poids admis en règle générale est de 3,5 kg.

Et de manière surprenante, tout rentre à l'aise dans le sac. Inquiétude : n'aurais-je pas oublié quelque chose d'essentiel ?

Allez, je redéfais tout pour recommencer avant le décollage de demain matin.

Marathon des Sables, J-1

Aujourd'hui, le jour qui ne sert à rien.

Dernière vérification du sac (j'avais oublié le papier toilette), transfert à l'aéroport, arrivée à Ouarzazate, deux heures de décalage horaire, cinq heures de car pour atteindre le bivouac de départ, de nuit.

Bref, c'est un peu comme les préliminaires, toujours trop long pendant, mais essentiel à l'atteinte du plaisir.

Ce sera donc une journée entre deux continents, deux fuseaux horaires, deux modes de vie, une journée dans une sorte de *no man's land* pour m'habituer à une course qui ne compte pas.

En effet, l'alpha et l'oméga du trail running version marketing, c'est le GPS pour enregistrer distance, vitesse de progression, dénivelé et collecte de points pour pouvoir participer à l'UTMB. Et là, rien : pas de montre GPS pour noter le parcours et frimer sur Strava ; pas d'accès Facebook ou Instagram pour poster vidéos et photos. Bref, une course qui n'existe pas dans notre monde hyper connecté.

D'une certaine manière, tant mieux, c'est un peu, beaucoup, pour le dépaysement qu'on s'y inscrit.

Nota bene

Pour chacune des journées de course sont livrées mes notes prises à chaud. En fin de journée, je reproduis l'email quotidien alors envoyé.

Jour 0 : Tente 28

Dès l'arrivée à l'aéroport de Ouarzazate, nous sommes mis dans l'ambiance de ce qui semble être, au même titre qu'Eurodisney, l'une des caractéristiques du MDS : file d'attente et patience. Si en règle générale on ne paie rien pour attendre, au MDS, on a payé et on attend.

Ceci étant dit, attendre pour passer la douane à l'arrivée d'un vol international extra-européen, ce n'est pas rare.

Après six heures de car dans des paysages somptueux et sur des routes en excellent état, arrivée nocturne au bivouac avec chasse aux places disponibles dans les tentes affectées par nationalité. Finalement, ce sera une tente composée de deux Estoniens, un Allemand et quatre Français.

C'est la première fois que des Estoniens sont engagés sur le Marathon des Sables mais ils m'assurent qu'ils font ça en dilettante, en plus des compétitions de ski de fond en hiver et du triathlon en été.

Il n'y a que des novices du désert à l'exception d'un Français ancien joueur de football professionnel qui a fini dans les 150 premiers du MDS il y a deux ans et qui court le marathon en trois heures.

Pour égayer ce foyer très chargé en testostérone une jeune kinésithérapeute qui emmène avec elle un hôpital de campagne, au cas où...

Ambiance Blanche Neige et les sept nains même s'il nous manque Simplet – ou Grognon, je n'ai envie d'être désagréable avec personne – pour que le casting soit complet.

Ce petit groupe réuni par le hasard sera notre cellule de vie pendant une grosse semaine.

Pour des raisons qui nous échappent à tous, bien que le décalage horaire entre la France et le Maroc soit d'une heure, l'organisation du MDS a décidé que l'heure de référence sur le bivouac serait l'heure GMT, soit deux heures de décalage avec Paris. Cela absorbe certes l'heure d'attente cumulée d'hier soir répartie entre affectation des tentes et réfectoire, mais a aussi pour inconvénient de créer une certaine confusion au lever, avant que tout le monde ait ajusté son chronomètre.

Je ne saurais donc dire si je me réveille à 5 h 30 ou 6 h 30 du matin après une nuit passée à me tourner et retourner sous la tente, entre cailloux et trous dans le sable. Température nocturne et matinale clémente, ce qui me rassure ; je n'ai pas opté pour un sac de couchage très rembourré.

Première leçon du désert dès le lever : vérifier le sens du vent avant d'uriner.

La principale occupation de la journée est de finaliser les choix de matériel avant de remettre nos excédents de bagages, qui nous attendront à l'arrivée, à l'organisation et de passer le contrôle qui vérifie poids et composition des sacs avant de nous confier une balise spot fixée sur le sac, afin que les secours puissent nous retrouver en cas d'accident ; le tout c'est de bien penser à conserver son sac avec soi et de ne pas le retirer avant d'aller tomber dans un ravin en allant soulager un besoin naturel. Je suis aussi, comme les autres, équipé d'un « transpondeur », très bracelet électronique pour prisonniers en liberté surveillée, à porter à la cheville pendant la course pour que nos temps de passage soient enregistrés.

Le poids (et donc la composition) des sacs à dos est l'obsession de tous depuis des semaines. Chacun attend donc avec inquiétude le verdict de la balance sachant qu'à ce poids il conviendra d'ajouter celui de l'eau emportée, soit environ 2 à 3 litres en permanence et que le poids minimum autorisé du sac, hors eau, est de 6,5 kg.

Résultat de la pesée des sacs dans notre tente, le vétéran du MDS, Frédéric 6,7 kg, bibi 6,7 kg. Il se confirme qu'il est utile de ne pas s'encombrer de notions d'hygiène et instruments associés. Tous les autres dans la tente affichent au moins

11 kg à la balance, y compris Blanche Neige (Kathleen) qui doit peser 45 kg. Je pense qu'à l'issue de la première étape, des choix déchirants vont s'imposer à tous.

Je vois quelques impatients s'entraîner à courir, avec ou sans sac, dans l'après-midi, mais ils ne sont pas légion. Comme tout le monde, je passe la journée entre attente et repos, inquiet de la chaleur qui ne cesse de monter et qui contraste sévèrement avec la météo parisienne de la veille. Les Estoniens, quant à eux, nous parlent des dernières traces de neige à leur départ.

Finalement, la référence GMT est une bonne idée : ce n'est pas l'heure du soleil ici et nous partirons donc « à la fraîche » le matin.

Visite dans l'après-midi aux « Doc Trotter », l'équipe d'un peu plus de 70 médecins qui veillera à la santé des presque 1 400 coureurs : mes fins d'ampoules me chatouillent, car mon choix de chaussures de bivouac, de légers chaussons de gymnastique Décathlon, n'est peut-être pas optimal, la toile frottant sur le haut des orteils, et je me demande s'il ne vaut pas mieux les protéger avant de commencer à courir. Cela fait sourire les « Doc Trotters » de voir que j'arrive au MDS avec des ampoules. Verdict dans mon cas : ne rien faire pour un des orteils et faire comme je veux pour l'autre.

Ce samedi d'attente s'achève avec le dernier repas chaud servi par l'organisation. Mini tempête de sable oblige, le dîner est pris sous une tente où le hasard nous place à côté de Joseph, le doyen de l'épreuve (83 ans, septième participation au MDS), serein et… assis sur un tabouret pliant plutôt que par terre comme nous tous. Question : porte-t-il lui-même son tabouret ou le confie-t-il à ses amis coureurs ? Toujours est-il qu'il désinhibe tous les sportifs amateurs que nous sommes en s'enfilant un quart de rouge ; je suivrai son exemple avec une bière, autre boisson énergisante.

La rumeur court sur le bivouac qu'il aurait déclaré ne pas craindre décéder sur le MDS, car il aurait déjà perdu sa femme et sa fille. Je ne sais pas si c'est exact, mais je

doute que cela soit sa conviction : quelqu'un qui a participé six fois au MDS n'est pas psychologiquement quelqu'un
qui abandonne. Il me semble donc que son affirmation, si
elle a bien été prononcée, a plus pour objet d'éloigner les
fâcheux curieux des raisons pour lesquelles il s'inflige une
telle épreuve à son âge. Reste à voir s'il finira la course, ce
que nous lui souhaitons tous.

Retour à la tente avec moins de dix mètres de visibilité,
dans la nuit (qui tombe à 19 heures GMT), le sable, et les
rafales de vent qui font tomber plus d'une tente pour une
dernière nuit sans courbatures, avant le départ.

Nous sommes tous impatients de nous élancer. La journée
passée en extérieur au soleil et dans le vent m'a suffisamment fatigué pour que je m'endorme malgré l'appréhension.
Serai-je à la hauteur ?

Jour 1 : Les cloches s'envolent

D imanche de Pâques, premier départ, première étape avec,
sur le dos, un sac qui pèse un âne mort. Les quarante-
cinq minutes passées à prendre la pose pour la photo aérienne
« trentième édition du MDS », et le briefing d'avant course ont
déjà sapé mon énergie. Je me refuse à penser aux 36 km à venir,
à la chaleur. Moment d'émotion au départ avec « Highway to
Hell » à la sono et l'hélico qui nous filme en rase-mottes pendant que le peloton s'ébranle. Ambiance *Apocalypse now* ou
Good morning Vietnam assurée. Pour ceux, comme pour moi,
dont c'est la bande son, le moment, bref, est intense.

Je n'ai aucune idée du rythme auquel il faut courir, mais
suis certain que ce n'est pas celui de Frédéric, que je laisse me
devancer, ni celui de Meghan, prétendante à la victoire chez les
femmes, qui n'a pas besoin de ma permission pour me laisser

sur place. Après 300 m, le rythme s'impose de lui-même. Sol instable et poids du sac me font opter pour une foulée et une cadence raisonnables qui s'apparentent à la vitesse d'un footing de récupération le lendemain d'un marathon ; vitesse à laquelle, si je vais moins vite, je m'endors ou meurs d'ennui. Pendant une heure je trottine et me fais dépasser par des hordes de coureurs, pour certains très impressionnants physiquement et, pour d'autres, très quelconques. La vision de ces derniers m'aide à me sentir un peu plus à ma place.

Après deux heures de course, rencontre avec le sable. Je ne fais pas de description, c'est comme courir sur une plage, là où le sable n'est ni mouillé ni tassé. Les pieds glissent, les appuis fuient, je n'avance plus, je piétine, je transpire, je m'énerve, je m'essouffle, je me désespère. La chaleur et la fatigue montent ; je suis content d'avoir écouté les conseils de Frédéric : dès que je trouve de l'eau, je m'arrose tête et corps. Cela fait un bien fou pendant cinq minutes.

Rencontre avec le sable, découverte d'un désert très surprenant, très vert. Il a dû pleuvoir il y a quelques jours. Il y a même des marguerites au milieu d'une dune, des fruits qui poussent au sol, quelques fleurs.

Étape terminée en cinq heures environ, émerveillé par le désert, abruti par la chaleur et inquiet d'avoir à recommencer le lendemain. Arrivé dans la tente, je vois que Frédéric, les deux Estoniens (Madis et August) et l'Allemand (Erik) sont déjà là. Soit je suis lent, soit je suis tombé dans une tente de bons coureurs.

Rapidement changé, je m'approche de la tente internet pour envoyer mon mail quotidien. Quarante-cinq minutes d'attente et d'échange avec les autres concurrents me permettent de constater que nous sommes tous dans les mêmes dispositions d'esprit : soulagés d'être arrivés au terme de l'étape sans trop de difficultés, vaguement inquiets de savoir si nous pourrons reproduire l'effort tous les jours. Cette première était annoncée comme facile, une étape d'acclimatation.

À côté de la « tente email » se forme une deuxième file d'attente pour consulter le classement. Divine surprise, je pointe à la 400ᵉ place ce qui est mieux que mon objectif initial (première moitié du classement, soit dans le top 650). Le leader de notre tente est Frédéric, 121ᵉ. Bien entendu, je me fixe immédiatement un nouveau but, maintenir ce rang. C'est une erreur, car c'est un objectif défensif donc générateur de stress. Mais que faire quand mon inconscient se met à rêver d'un top 300 qui semble inaccessible ? Je n'ai pas chômé aujourd'hui et n'avais pas beaucoup de réserves sous la semelle et compter sur la défaillance d'une centaine de coureurs paraît illusoire et anti-sportif. Qui plus est, l'étape du jour ne présentait aucune ascension notable et était donc faite, a priori, pour des gabarits légers, comme moi, et pas pour des gabarits plus puissants et donc plus lourds.

Retour à la tente où c'est la grande braderie : les Estoniens et Blanche Neige allègent leur sac afin que celui-ci descende sous la barre des 10 kg. J'y gagne une brandade de morue lyophilisée, un saucisson normal que je découpe pour consommation immédiate avant qu'il n'ait trop transpiré et un dessert que je mangerai au petit-déjeuner le lendemain. Avec Frédéric, nous nous entendons pour continuer à nous alléger : il jette gamelle et réchaud ; nous utiliserons ma gamelle et son combustible.

Madis, qui a sa montre GPS et, donc, un chargeur solaire pour la recharger tous les jours, nous fait le debrief de la journée : en net (montées moins descentes), nous avons grimpé de 1 800 m. Je reprends espoir pour la suite des événements ; finalement l'étape n'était pas si plate que ça, l'incessant dénivelé positif a favorisé les costauds au détriment des gringalets.

L'ensemble de la tente soigne ses pieds, cette première journée ayant marqué l'apparition des ampoules. La plus touchée semble être Blanche Neige qui a fait l'expérience du délai à la « tente clinique » : deux heures. Christian y passera lui aussi longtemps, bien que ses pieds ont l'air en relativement bon état. Pour ma part j'échappe au fléau et m'en félicite, bien que je n'y sois pour rien.

Demain, deuxième étape, 31 km annoncés avec trois grosses ascensions. C'est véritablement le début de la course. Courir 36 km comme aujourd'hui, tout le monde sait faire. Enchaîner les journées, c'est une autre paire de manches, ou de chaussettes en l'occurrence.

Étape	Distance	Temps	Vitesse	Classement
1	36,2 km	5 h 42	6,32 km/h	399

E-mail : Marathon des Sables J. 1

36 km, 36 °C, 36 chandelles. Première étape d'adaptation sans diffi-culté particulière si ce n'est le poids du sac, le sable et la chaleur : bref ce fut chaud. L'intérêt de la journée est plutôt vestimentaire, que ce soit pendant la course entre celle qui court en sandalettes parce qu'on lui a interdit les pieds nus, celui qui court en Crocs parce qu'il aime ça ou au bivouac ou les tenues oscillent entre les hommes habillés entièrement en vêtements de compression en mode sado maso latex, les femmes en bikini (penser à rendre le port du bikini obligatoire), celles en talons hauts ou les triathlètes fiers de leur corps qui ne cessent de s'enduire les uns les autres d'huiles et onguents. Rien de tel dans notre tente composée de deux Estoniens (1re fois que le pays est représenté au MDS), un Allemand, quatre Français (dont une kiné et un ancien joueur de foot pro qui attire la presse comme le miel les mouches). À suivre...

Jour 2 : Certains l'aiment chaud

Pour cette troisième nuit sous la tente, j'ai retrouvé tous les automatismes du scoutisme ; c'est comme le vélo, cela ne s'oublie pas. Sac à dos comme oreiller, chaussures rangées à l'envers pour éviter l'intrusion du sable et des rampants locaux, sommeil par tranches de vingt minutes : sur le côté droit, puis sur le dos, puis sur le côté gauche, puis sur le côté droit... Résultat, pas de douleurs au lever bien que je sois le seul de la tente 28 à dormir sans matelas de sol. Si je suis si attentif aux éventuelles douleurs matinales, c'est que j'ai eu le déplaisir de souffrir de crampes aux jambes pendant la nuit.

Ce matin, scène cocasse et furtive. Hier, à mon arrivée, je me suis préparé une boisson de récupération (70 g de poudre protéinée et deux sachets de boisson alimentaire de récupération) dont j'avais conditionné les doses dans un préservatif. Comme je ne suis pas spécialement ordonné, j'ai laissé le préservatif vide près de mon sac à dos, pensant le jeter plus tard puis j'ai oublié. Résultat, ce matin Blanche Neige se lève, range son sac de couchage et va faire un brin de toilette, elle. Reste en évidence sur le sol entre son emplacement et mon sac de couchage le préservatif usagé de la veille. Regard admiratif, dans ma direction, des deux Estoniens. Ils me demandent en souriant si j'ai passé une bonne nuit et je leur réponds qu'elle a été excellente. Ils rigolent et ne disent rien de plus. Ce n'est qu'en me retournant pour sortir de mon sac de couchage que je découvre la raison de leur discrète hilarité. Par égard pour la réputation internationale des *french lovers*, je ne tenterai pas de dissiper le quiproquo.

Arrivée tardive sur la ligne de départ, nous ratons donc la moitié du briefing d'avant-étape de Patrick Bauer, mais il lui en reste suffisamment à dire, comme chaque matin, pour que nous ne soyons pas en manque de bonnes paroles.

La question qui préoccupe le peloton est de savoir si Joseph, le doyen, finira l'étape du jour qui est annoncée comme chaude et pentue. Il semblerait qu'il ait achevé la journée d'hier dans un état de fraîcheur qui laisse à désirer.

Le départ est donné sous les pales de l'hélico, au son de « Highway to Hell » ; presque toujours autant d'émotion et de l'admiration devant le professionnalisme dans la gestion de l'image par l'organisation MDS avec caméras et photographes présents et bien placés. Très rapidement, l'étape s'annonce chaude. Aucun vent pour rafraîchir l'atmosphère, je sue à grosses gouttes dès 500 m de course malgré l'horaire matinal ; je regrette déjà de n'avoir pas bu toute mon eau au bivouac. En revanche, instruit par mes crampes nocturnes, je n'oublie pas d'avaler deux pastilles de sel avec chaque litre d'eau : je ne risque pas d'en manquer, l'organisation nous en a donné au moins une centaine.

Cette journée, très chaude, est physiquement éprouvante, mais l'étape est superbe avec des ascensions d'oueds, des passages dans un désert très vert, un épisode sur les crêtes qui offre une vue à l'infini et fait prendre conscience de l'immensité du désert, la traversée surréaliste d'un lac asséché dont on ne voit pas la fin. À l'issue de la troisième élévation, nous entamons une descente un peu technique dans le lit de ce qui doit être un torrent, sur des dalles polies de roche bleue veinée de blanc. Je m'en donne à cœur joie et dépasse nombre de concurrents, plus prudents que moi.

J'achève l'épreuve rompu, par la chaleur – un bénévole nous annonce 52 °C au plus chaud de l'épreuve du jour – mais pas mécontent d'avoir pu avaler sans trop de difficultés – même s'il m'a fallu laisser passer du monde – les trois ascensions. J'aurai, un peu plus tard, l'explication de ce relatif sentiment de facilité malgré les élévations : le dénivelé net cumulé de la journée est négatif ; nous avons descendu 1 200 m.

Surprise, mon classement d'étape que je pensais voir se dégrader (j'ai été dépassé par nombre de coureurs qui avaient fini derrière moi la veille) s'est amélioré. Cela me rassure sur la possibilité de rester dans le top 400 et m'amène à penser que si malgré la chaleur j'ai progressé c'est que certains se sont peut-être trop livrés hier et commencent déjà à décliner. Comme le principe directeur de mon entraînement a été la répétition de courses sur plusieurs jours plutôt que les longues distances, je me dis que cela a peut-être été le bon choix. Mais il ne s'agit que de la deuxième étape et il est bien trop tôt pour échafauder des théories. Seules certitudes à ce stade, je suis fatigué et je n'ai pas d'ampoules, je gagne donc une à deux heures de récupération par jour car je n'ai pas besoin de m'occuper de mes pieds.

J'ai la surprise de devancer Éric, l'Allemand de la tente aujourd'hui. Il arrive défait et se rend à l'évidence : son sac est trop lourd. Il l'allège lui aussi, mais pas en nourriture, rien à récupérer ; le chacal qui sommeille en moi s'en désole.

Gémissants, nous finissons tous par nous coucher avant 20 heures pour récupérer. J'aperçois August sortir une flasque de Vodka dont il s'enfile trois lampées. C'est efficace, un quart d'heure plus tard, il dort.

Étape	Distance	Temps	Vitesse	Classement
1	36,2 km	5 h 42	6,32 km/h	399
2	31,1 km	5 h 13	5,94 km/h	355

E-mail : Marathon des Sables J. 2

1 000 caractères. C'est la taille maxi du mail, c'est la galerie de portraits au quotidien entre les stars qui sont accessibles, les nobody qui se prennent pour des stars, les humbles vétérans de l'épreuve, les jeunes loups qui savent tout, les mystiques en quête personnelle, la masse qui est encore tout étonnée d'être là et qui se demande si elle n'a pas usurpé sa place. Autant de courses et d'histoires que de coureurs avec quand même quelques points communs : la confirmation d'être un peu givré, l'émerveillement face aux paysages, l'admiration devant la logistique du bivouac, la crainte des ampoules et, après deux étapes, la certitude d'avoir bien fait de visiter le Sahara à pied. Sur un plan sportif, pour sourire, j'ai eu le plaisir de courir avec des canetons à mes basques : classé 400ᵉ hier, je suppose qu'ils ont pour objectif d'être dans les 400 premiers. Ils m'ont donc doublé dans la dernière droite.

Jour 3 : Lever du pied gauche

Mauvaise surprise au réveil, j'ai les cuisses courbaturées, certainement le fruit de mes cabrioles en descente la veille. C'est particulièrement raide et peu enclin à courir que je m'achemine vers la ligne de départ en compagnie de Christian qui, tel un puissant diesel, fait son bonhomme de chemin, régulier, économe de son énergie et efficace et Kathleen qui, à mesure que le temps avance, ressemble de moins en moins à Blanche Neige mais, comme nous tous, à un nain, mineur de fond, couvert de poussière. Kathleen dont les pieds sont en charpie, ce qui ne manque pas de tous nous inquiéter dans la tente même si elle fait preuve d'une détermination qui nous rassure sur ses dispositions psychologiques.

Au départ de cette troisième étape, nous avons la confirmation de ce que la rumeur annonçait comme probable : Joseph le doyen de l'épreuve ne prendra pas le départ du jour.

Le nombre annoncé d'abandons et hors délais est relativement faible à l'aube du départ de cette troisième étape et laisse penser que les coureurs sont mieux préparés que les autres années ou, plus probablement, que les conditions météorologiques sont plus clémentes cette année. Mais comme traditionnellement le nombre d'abandons culmine lors de la troisième étape, il est un peu tôt pour disserter sur le sujet et, surtout, pour y penser.

Briefing, « Highway to Hell », hélico, caméras, départ. La routine...

J'ai le bonheur de courir quelques hectomètres avec Lahcen Ahansal, décuple vainqueur de l'épreuve, qui est revenu cette année, pour célébrer la trentième édition, comme guide de non- voyant. Je n'ose engager la discussion avec ce monument du MDS que je salue d'un « Bonjour champion » qui a l'air de lui faire plaisir. Je le reverrai le soir au bivouac en train, comme chacun, de ramasser du bois pour allumer le feu communautaire de la tente. C'est une des magies du MDS, les leaders sont logés à la même enseigne que tous ; pas de passe-droit, pas de traitement de faveur, pas de comportement de star.

Je souffre pendant toute l'étape de mes cuisses raides et de la chaleur et ne parviens jamais à trouver mon rythme. Je dérive donc toute la journée à la traîne d'autres concurrents à qui je tente d'emboîter le pas, sans succès. Je ne m'inquiète ni pour l'étape du jour, ni même pour celle du lendemain, de 92 km, dont je sais qu'elle sera à ma portée, mais plutôt pour la dernière comptant au classement, le marathon du surlendemain. Si mon état de forme ne s'améliore pas, j'aurai épuisé mes réserves avant le début de cette épreuve.

Je finis l'étape, pour la première fois, sans eau. Je n'en ai pas manqué, mais j'ai eu besoin de tout et n'ai pas de réserve « de confort ».

Comme chaque jour, la ligne d'arrivée est visible quelques kilomètres avant de l'atteindre. Reprise de la course pour franchir cette ligne au trot plutôt qu'au pas. Petit salut à la webcam, quand j'y pense, située derrière la ligne d'arrivée puis, ensuite, verre de thé à la menthe sucré servi par le sponsor Sultan. Quelques décamètres plus loin, remise de la ration d'eau de la soirée soit 3 bouteilles de 1,5 litre à porter, en plus du sac, jusqu'à la tente. Juste à côté de la distribution d'eau, une sorte d'Éléphant bleu où on ne lave pas les voitures, mais où chaque coureur a le plaisir d'être aspergé au Karcher en mode brumisateur pendant trente secondes. Le coureur qui me précède, un Français, retire son t-shirt pour mieux en profiter.

Refus net du préposé marocain à la brumisation : il faut conserver son t-shirt de course avec dossard afin qu'il puisse s'assurer que chacun ne passe qu'une fois. Il répète avec véhémence : « Contrôle, contrôle ! » C'est efficace, le Français râle puis remet son t-shirt ; je ne tente même pas d'enlever le mien et me fais asperger. Je suis suivi, c'est la première fois que je la devance, par l'efficace et accorte ManHa de Hong Kong qui, ne parlant pas français, n'a rien perçu de nos échanges et retire prestement son t-shirt pour se présenter en short et brassière minimalistes à la brumisation. Le Marocain est aux anges, les Français sont hilares et chantent à tue-tête « Contrôle, contrôle ! » mais sans effet. ManHa a droit à une douche de deux minutes qui ravit tout le monde.

À la tente, après avoir posé son sac, en fonction de son ordre d'arrivée, on part chercher du bois (Frédéric le plus souvent, Christian ou moi parfois) pour le feu du soir ou on se change en tenue de bivouac (short, t-shirt, tongs) avant, en fonction du besoin, d'aller faire la queue à la « tente médicale » ou à la « tente internet ». Pour ceux qui arrivent entre 13 heures (Frédéric, Madis, August) et 15 heures (Erik et moi), le timing ne pose pas de problème ; nous avons le temps de tout faire avant que la nuit ne tombe (19 heures).

En revanche, Kathleen, eu égard à son horaire d'arrivée, doit choisir entre « tente clinique » et « tente email » ; et même ainsi c'est parfois juste. Aujourd'hui, le parcours a éprouvé les corps et les coureurs veulent préparer au mieux leurs pieds pour la longue étape de demain. Résultat, il y a beaucoup d'attente à la clinique. Kathleen arrivée en milieu d'après-midi et repartie se faire soigner les pieds immédiatement se retrouvera piégée par la nuit et la tempête de sable. Partie sans lampe frontale, elle fera trois fois le tour du camp avant d'être raccompagnée à notre tente et ne pourra se nourrir, le vent violent qui couche les tentes interdisant d'allumer le moindre feu. Il me semble qu'elle verse quelques larmes ce soir-là, cachée dans son sac de couchage.

Je découvre au fil des discussions que Madis, un des Estoniens, a appartenu à l'équipe d'athlétisme de l'armée soviétique. Ses performances n'ont cessé de s'améliorer au fil des étapes et il fait désormais jeu égal avec Frédéric qui a de bonnes chances de finir dans le top 100, progressant dans le classement de jour en jour.

Le point commun entre ces deux sportifs de bon niveau est qu'ils passent énormément de temps à dormir et se reposer. Ils gèrent beaucoup mieux que nous leur récupération et la régularité de leurs apports hydriques et nutritionnels. Ils connaissent bien plus leur corps. Par exemple, nous sommes nombreux à boire notre eau quand nous la recevons et à la finir juste avant le départ ou d'en recevoir de nouveau à un point de ravitaillement. Résultat, dans les kilomètres qui suivent ligne de départ et points de ravitaillement, il y a toujours une colonne fournie de coureurs en train d'uriner. Une pause pipi, le matin, c'est quinze places au classement, l'après-midi, quand le peloton est étiré, c'est cinq places. Bref, le tout cumulé sur une journée type, les pauses pipi coûtent jusqu'à 25 places au classement. Madis m'explique qu'il a étudié la question et que la solution optimale en matière d'hydratation est, selon lui, de courir avec, en permanence, une très légère envie d'uriner. Dès que cette envie survient, ne plus rien boire jusqu'à ce qu'elle disparaisse puis attendre encore vingt minutes avant de boire de nouveau quelques gorgées. Cette technique est le fruit de nombreux mois d'entraînement et expérimentation et... fonctionne.

En revanche, aucune recommandation de Madis, qui a étudié la question, pour l'obsession de tous les coureurs en ces lieux sans arbres ou arbustes derrières lesquels s'abriter des regards, la grosse commission. Nous descendons chaque jour un peu plus bas dans la pyramide de Maslow, nos préoccupations sont de plus en plus basiques. Dormir, se nourrir, boire, éliminer, courir.

Nuit très ventée, et donc agitée, à la veille de la longue étape, 92 km, que les plus lents boucleront en près de 36 heures.

Étape	Distance	Temps	Vitesse	Classement
1	36,2 km	5 h 42	6,32 km/h	399
2	31,1 km	5 h 13	5,94 km/h	355
3	36,7 km	5 h 37	6,59 km/h	328

E-mail : Marathon des Sables J. 3

Courir comme une fille. Jamais compris cette expression que j'ai donc testée en suivant MeghanUSA (500 m, c'est une prétendante à la victoire) avant de m'accrocher à TheresaNZL (10 km, elle court en montée, moi pas) puis à NicoleESP qui écoute du heavy metal *si fort que j'économise l'iPod avant de lâcher prise et tenter de suivre une cinquantenaire (hors taxes) qui boîte bas pour finir la première étape. Échec. La deuxième étape a commencé derrière le short vert pomme de GloriaFRA que j'ai lâché pour la bande-son de NicoleESP avant de suivre AnaPRT dont la puissance et le centre de gravité bas en font une redoutable monteuse de dunes. Pour finir,* mano a mano, *dans les dunes avec SarahGBR. Aujourd'hui, short vert pomme de GloriaFRA, short fuchsia de la frêle et efficace ManHaHKG puis inexorable avancée dans le sillage de RebeccaGBR. Bref, courir comme une fille, ça marche. Je vais m'épiler.*

Jour 4 : When the going gets tough, the tough get going[1]

Alléluia, plus de courbatures aux cuisses. Elles étaient bien le fruit de mes folies en descente, et pas de la fatigue accumulée.

Today will be a good day, je le sens. J'ai déjà couru quelques épreuves longues et j'ai toujours aimé ça, à défaut d'exceller

---

1. Quand ça devient dur, les durs se révèlent

dans cet exercice. Les discussions entre coureurs me laissent penser que s'ils connaissent pour nombre d'entre eux des formats trail 65-75 km ou route 100 km, plus rares sont ceux qui ont tâté des efforts de plus de quinze heures, que ce soit sur route ou en trail. Christian doit être l'exception dans notre tente.

Comme je n'ai toujours pas lu le *road book*, fort joli mais peu parlant, car les dénivelés ne sont pas indiqués, j'entreprends Frédéric, qui a l'expérience du MDS, sur ses objectifs chronométriques. Après une savante règle de 3, j'ajuste les miens en fonction de nos écarts habituels. Plutôt que de viser vingt heures de course, je me cale, en souhaitant ne pas avoir de défaillance liée à la chaleur, sur dix-huit heures d'effort, ce qui correspond à une durée que j'ai déjà pratiquée, à peu de chose près, à trois reprises en Bourgogne (Ultra-Trail de Côte d'Or), dans les Causses (Le Trail des templiers) et sur les traces de Charles Péguy (mon 24 heures « maison »).

Nous sommes tous inquiets pour Kathleen – et admiratifs. Il a déjà fallu, hier, forcer à deux pour qu'elle puisse enfiler ses chaussures. Aujourd'hui, c'est à l'aide d'un couteau qu'elle élargit l'accès aux chaussures pour pouvoir y glisser ses pieds. Comme, de plus, elle n'a pas dîné hier, le temps que son corps assimile ce qu'elle a ingurgité ce matin, elle en a pour une heure ou deux sur des pieds douloureux et pas encore chauds, sans énergie. Avec un départ à 8 heures, elle prévoit d'arriver demain à 16 heures en limitant ses pauses à dix minutes par ravitaillement, soit trente-deux heures à marcher dans le désert, avec des pieds en charpie. Sa détermination fait plaisir à voir.

Très beau duel de regards entre Frédéric et Madis ce matin au départ, ambiance *Far West*, option Clint Eastwood. Les deux se respectent comme athlètes et ne rêvent donc que de mater l'autre. L'étape du jour sera déterminante pour savoir s'ils accèdent au top 100 et dans quel ordre.

Aujourd'hui, les cinquante premiers hommes et les cinq premières femmes partiront trois heures après le peloton.

Ils nous doubleront donc sur le parcours, ce qui nous permettra d'admirer leur foulée et mesurer, de visu, le monde
qui sépare un athlète de haut niveau – le deuxième au classement général est médaillé olympique de marathon – et
les coureurs du dimanche que nous restons malgré notre
entraînement un peu plus poussé depuis quelques semaines.

J'ai le plaisir d'échanger quelques mots, en début d'étape,
avec Lahcen Ahansal – j'ai osé cette fois-ci – qui me dit être
content de revenir sur la course, mais trouver cela difficile.
Je mets quelques instants à comprendre que ce n'est pas
l'effort physique qui lui est pénible, mais le fait de ne pas
courir pour la victoire. Il prend le temps de s'arrêter pour
faire le pitre à proximité d'un puits ce qui m'oblige à lever
les yeux de mes chaussures. Je me rends alors compte que
nous courons au milieu d'un troupeau de dromadaires noirs
que j'imagine être sauvages.

Le début de l'étape se passe bien. Ce que cela signifie,
c'est que comme tout le monde autour de moi, je cours les
deux premières heures de l'épreuve. C'est seulement après
cet « échauffement » que le corps décide si la journée sera
bonne ou pas, c'est-à-dire si les jambes acceptent de continuer à courir après deux heures d'effort ou pas.

Aujourd'hui, quatre heures après le départ, je suis toujours
en train de trottiner et, dans un rare moment de lucidité,
j'éclate de rire. Cela fait plus d'une heure que je cours sans
doubler personne, sans être doublé par personne et sans que
les écarts entre coureurs ne changent. L'absurdité de la situation me frappe. Ce n'est pas humain de courir quatre heures,
encore moins dans le désert. C'est carrément surréaliste de
se retrouver à courir à plusieurs centaines, en file indienne,
dans le désert, comme si c'était la chose la plus naturelle
du monde, avec, encore, au bas mot, une douzaine d'heures
de course à égrener. Et pourtant, tout le monde continue,
comme si de rien n'était. Drôle de confrérie que cette communauté de coureurs du désert.

Ça y est, les premiers coureurs d'élite me dépassent, au loin, sur la droite ; ils ont dû choisir un autre chemin que celui de la foule dans les dunes. Six heures que je cours, trois heures pour eux ; ils vont donc deux fois plus vite que moi sur la portion de course sur laquelle je suis le plus frais. Leur vitesse et ma fatigue sont telles que je n'imagine même pas pouvoir les suivre quelques hectomètres. Je suis heureux de constater qu'une de mes idoles, Christophe Le Saux, qui a la particularité de courir plus de kilomètres en compétition que n'importe qui d'autre, est très bien positionné et remontera au classement général sauf défaillance. Je suis agacé de voir que le coureur qui l'accompagne demande à un concurrent « de base » de l'eau. Un peu facile de courir léger pour le classement et de compter sur les autres. Mais qui suis-je pour juger ?

Quelque temps plus tard, je suis doublé par une légende du *trail*, Marco Olmo, bientôt 67 ans, classé dans le top 20.

Tout le monde ricane à son passage, car il porte le sac à dos WAA, comme la moitié du peloton. L'autre moitié du peloton portant le sac à dos Raidlight, modèle Marco Olmo. Je parviendrai à caler ma foulée dans celle de Marco Olmo pendant 300 m avant de lâcher prise ; ce sera mon seul titre de gloire pendant ce MDS : j'ai couru avec Marco Olmo !

Nous encourageons les élites qui nous dépassent ; ils ont tous la gentillesse de nous remercier d'un mot ou d'un geste ce qui, avec 1 300 concurrents à dépasser, n'est pas rien.

J'ai ensuite la surprise de trottiner avec Jean-Hugo Hoarau qui entame la discussion avec moi et me fait part de soucis gastriques. Comme je sais qu'il est classé dans le top 50, je suis assez étonné de voir que mon rythme lui convient… jusqu'à ce que je le décroche toujours en trottinant. Si j'ai bien compris, il sera arrêté longuement au point de ravitaillement suivant pour déshydratation. Ceci explique cela, il ne m'est malheureusement pas poussé, à mon insu, une paire de jambes d'athlète.

La chaleur finit par me faire lever le pied. Bien que cela ne soit pas prévu au plan de marche, je m'arrête longuement au ravitaillement suivant pour m'aérer les orteils et avaler ma boisson de récupération protéinée normalement réservée à l'après-course, après m'être allongé sous une tente. J'ai la surprise de voir un concurrent italien poser son sac à dos à côté de moi, en sortir un paquet de cigarettes et s'en griller une.

Pendant cette pause, j'ai le déplaisir de voir ManHa-HKG, Theresa-NZL et Ana-PRT me dépasser. Ce sont trois coureuses qui font partie de mes repères quotidiens ; si je suis devant, je maintiens mon rang ; si je suis derrière, je prends du retard.

Je redémarre doucement – les jambes sont raides et la chaleur forte – mais sûrement.

Je trottine tranquillement jusqu'à 19 heures, heure à laquelle la nuit tombe et je parviens à un point de ravitaillement. Il ne s'agit, chaque fois, que d'un ravitaillement en eau puisque nous sommes en autosuffisance pour la nourriture. Arrêt express, allumage de la lampe frontale, départ en trottinant.

Et là, à partir de 19 h 30, grosse défaillance physique et mentale. Marre de marcher et courir, aucun espoir d'en avoir bientôt fini, impossible d'avaler quoi que ce soit. Soupçon d'ampoules aux pieds, orteil qui persiste à être douloureux après que j'ai par mégarde tapé dans un rocher. Bref, le coup de barre classique. Il n'y a qu'une solution, continuer à avancer sans trop réfléchir et garder la foi dans le fait que, comme à chaque fois en ultra, après ce bas succédera un haut. La seule inconnue est la durée du bas. Une heure ? Deux heures ?

20 h 30. Je n'ai toujours pas envie d'avancer et j'ai le moral dans les chaussettes, mais le corps reprend le dessus. À force de marcher vite, enfin, pour moi, les groupes musculaires sollicités par la marche commencent à cramper. Mes jambes,

pour éviter ça, se mettent alors à trottiner, de leur propre initiative et à ma grande surprise.

Commence un grand moment de bonheur ; je n'arrêterai presque plus de courir jusqu'à l'arrivée de l'étape, les quelques épisodes de marche étant dictés par le terrain : sable mou et profond. Je ne cesserai de dépasser des concurrents, jusqu'à 500 m de l'arrivée où je me fais le plaisir de ralentir un peu dans un faux plat montant pour laisser au coureur italien que je viens de dépasser l'illusion qu'il peut me reprendre. Quand le halo de sa lampe frontale me rattrape, j'accélère de nouveau et le dépose sur place. C'est mesquin, mais comme je l'ai eu en ligne de mire pendant dix minutes avant de pouvoir le rejoindre – c'est un des seuls à encore courir par intermittence – je ne peux pas me refuser cette petite jouissance. Sans doute l'un des seuls moments du MDS où un semblant d'esprit de compétition se saisit de moi et où je raisonne en fonction d'un autre coureur plutôt que de mon état de forme.

Je comprends que si j'accélère le pas, je peux boucler l'étape avant minuit, soit en moins de seize heures. Cela n'a aucune espèce d'importance, mais s'attacher à des symboles me permet d'avancer et de me motiver.

J'arrive, heureux, juste avant minuit dans un état de fraîcheur physique relative, fraîcheur qui rappelle celle du vent violent qui vient de se lever et effondre une tente sur cinq au bivouac.

J'ai la surprise de parvenir en troisième position sous la tente, pour la première fois. Et pour la première fois aussi, Madis est arrivé avant Frédéric. Jamais je n'aurais imaginé pouvoir arriver avant August qui, ce matin, devait avoir au moins 150 places d'avance sur moi au classement général.

Je m'effondre et m'endors immédiatement malgré la tempête de vent, puis me réveille à trois reprises dans la nuit pour l'arrivée d'August, Erik puis Christian avec, à chaque fois, une pensée collective pour Kathleen et ses pieds meurtris.

E-mail : Marathon des Sables J. 4

Vous reprendrez bien un peu de désert ? Dans le désert, il n'y a pas d'ombre. Mais quand il y en a, l'œil n'en a plus l'habitude et donc ce qui est dans l'ombre n'est pas vu. Ça m'a coûté un ongle. Dans le désert, il y a du sable. Impossible de courir quand il est mou et fuyant, mais il peut aussi être dur comme du béton ou avec une croûte dure sur du mou. La capacité à naviguer entre plusieurs types de sable fait la différence entre une marche épuisante à 3,5 km/h et une course à 7 km/h, d'où nombre de détours. Enfin, l'aptitude à oublier nos réflexes de promenade (marcher dans les ornières de chemin pour éviter cailloux et végétaux qui tordent la cheville) pour marcher sur tout ce qui n'est pas du sable est essentielle, mais demande une concentration permanente ; pas facile quand on court depuis des heures et qu'il fait nuit. Bref, hier c'était l'épreuve longue avec beaucoup de sable.

Jour 5 : RTT

Réveil avec le lever du soleil, comme chaque jour, pour une journée sans running puisque nous attendons les concurrents qui arriveront avant l'heure limite de 20 heures.

Ma seule mission, ce jour, est de récupérer et profiter d'avoir deux repas chauds dans la journée (déjeuner – qui habituellement se compose d'une barre de céréales en courant – et dîner) et une boisson fraîche : entorse à l'autosuffisance, l'organisation MDS a inauguré, l'an dernier, la distribution d'un soda frais le jour de la fin de l'épreuve longue ; nous le savons, nous guettons avec impatience ce moment.

L'autre préoccupation, c'est de ne pas mourir d'ennui en attendant que la journée passe.

L'ambiance sur le bivouac est détendue et festive : chaque arrivée de coureur est saluée par tous, comme si chacun venait de réaliser un exploit. Pour ceux qui courent avec les pieds en sang, cela doit en être un. Ou, à défaut, une expérience de vie qui permet d'éprouver sa volonté.

Pour une fois, les files d'attente sont minimes : les horaires d'ouverture des tentes internet et infirmerie sont larges et tous les coureurs ne sont pas encore là. Nous en profitons tous pour augmenter le nombre d'emails envoyés, même s'il faut refaire la queue après chaque message. Ceux qui n'en ont pas écrit jusqu'à maintenant le font ; les graphomanes repassent deux ou trois fois à la tente, tente qui mérite le détour.

Deux rangées d'ordinateurs avec, chacun, deux claviers (AZERTY et QWERTY) et des coureurs en tenue de bivouac (débraillée donc) tentant de rédiger un email en 1 000 caractères pile : plus on ne peut pas, moins on a l'impression de gâcher. Le bénévole qui gère la tente a la bonne idée d'y avoir créé une ambiance zen avec bâtons d'encens (il jure que ce n'est pas à cause de l'odeur des concurrents) et musique d'ambiance qui hésite entre musique classique et la dernière compilation Nature & Découvertes.

À l'entrée de la tente, gros flacon de gel hydroalcoolique pour se laver et désinfecter les mains avant de toucher aux claviers communautaires. Ce flacon est une aubaine pour qui, comme moi, n'a pas jugé bon d'emporter de savon, mais qui, malgré tout, n'est pas contre le fait de se débarrasser d'un peu de sueur et crème solaire mêlée de sable qui colle aux jambes.

L'attente pour envoyer des emails est aussi l'occasion de faire des rencontres inattendues. J'entame la discussion avec une Américaine qui doit faire la moitié de mon poids ; je la taquine gentiment sur son gabarit. Cela la fait rire, elle me chambre un peu et nous continuons dans le registre de la moquerie bon enfant sur les supposées absences de chances de l'un et l'autre de finir la course entier. La discussion dérive sur le matériel, comme souvent entre coureurs, et nous devisons assez longuement sur ses chaussures qui sont d'un modèle que je ne connais pas, bien que portant le sigle d'un grand équipementier. Elle m'explique comment les chaussures ont été conçues et je finis par comprendre qu'il n'y en a qu'un modèle, réalisé pour elle, par ledit équipementier. Je viens de chambrer une des prétendantes à la victoire chez les femmes...

Je me dispense d'aller à la « tente infirmerie », l'examen de mes pieds ne fait apparaître qu'un ongle noir (mais pas douloureux) et deux petites ampoules qui me permettent de dire que je suis enfin entré dans la confrérie des coureurs du MDS mais qui ne me font pas souffrir.

Au passage à la « tente classement », je ne suis pas peu fier de constater que mon ordre s'est significativement amélioré grâce à l'épreuve longue ; je viens de passer dans le top 300, ce qui me semblait inaccessible il y a encore deux jours. Je m'emballe un peu, me mets à rêver d'un top 250 au classement général et en suis à me dire que comme ma place s'améliore à chaque étape, il faudra que je pense à m'inscrire à une course qui dure quinze jours plutôt qu'une semaine. Frédéric et Madis sont aux portes du top 100 ; il leur faudra confirmer demain.

La journée passe donc entre périodes de somnolence, repas, boisson fraîche, emails et lecture. Impressionnant comme une œuvre aussi courte que *Le Vieil Homme et la mer* parvient à traduire la durée du combat de l'homme contre l'espadon, l'épuisement et les requins.

Nous relisons aussi, au calme, les emails reçus depuis le début du MDS. Chaque jour, la cérémonie est la même, les bénévoles apportent à la tente l'impression des emails reçus par chacun, en mode distribution du courrier dans un camp de prisonniers. Arrive le moment délicat, qui en général m'échoit, car je sers de traducteur entre Français et autres nationalités qui ont la bonne idée de parler anglais, de distribuer les liasses d'emails et de devoir annoncer que l'un d'entre nous n'en a pas reçu ; il s'agit en règle générale d'un des Estoniens.

Cette correspondance est curieuse, car nous recevons des messages qui, tous, nous requinquent, mais auxquels nous ne répondrons pas de manière directe ne pouvant, au mieux,

envoyer qu'un seul email par jour, email qui est ensuite redis-
tribué par le récipiendaire de confiance, soit via un transfert
à une mailing-list préétablie, soit via un blog.

Ce qui est encore plus curieux et touchant, c'est de
comprendre avec quelles ferveur et précision certains suivent
nos aventures. Je suis presque gêné de cette attention… et
de ne pas savoir faire mieux en course. Nos supporters ont
visiblement plus d'informations que nous sur la course, son
déroulé, les faits marquants en tête, etc. En effet, l'organisation **MDS** fait un gros travail de retransmission des informations et images… à destination de l'extérieur. Pour notre
part, telles des autruches, nous avons le bec dans le sable
et notre horizon ne s'étend guère au-delà du cercle de notre
tente et des quelques coureurs que nous croisons le plus
fréquemment sur les pistes ; ce n'est qu'au retour que nous
découvrirons les images et la relation qui a été faite de notre
quotidien.

Toujours est-il que ces emails font, chaque jour, à leur
arrivée un bien fou.

Quand les derniers concurrents sont sur le point d'arriver,
l'organisation prévient le bivouac pour que nous nous réu-
nissions tous autour de la ligne d'arrivée afin de les accueil-
lir. Les cinq ou six derniers sont donc reçus par une haie
d'honneur d'un peu plus de 1 000 coureurs et bénévoles qui
saluent leur courage ; car du courage, pour marcher plus
d'une trentaine d'heures dans le désert, il leur en a fallu.
Personne n'ose leur parler de ce qu'ils doivent bien avoir à
l'esprit néanmoins : seront-ils prêts à prendre le départ pour
l'étape marathon demain matin ?

Kathleen est arrivée un peu plus tôt dans l'après-midi,
dans le *timing* qu'elle avait annoncé, à une demi-heure près.
Elle aura parcouru l'étape en claquettes de douche, ses pieds
ne supportant plus ses chaussures de course.

Elle appartient ainsi à la confrérie des bizarrement chaus-
sés. Une concurrente voulait faire le **MDS** pieds nus ; l'organisation l'en a dissuadé, elle fera donc l'épreuve en sandalettes

très minimalistes. J'ai aussi croisé un coureur qui portera des Crocs toute la semaine. Il m'explique que lors de sa première participation au MDS, dès la première heure de course, ses pieds étaient en sang et qu'il ne pouvait plus supporter ses chaussures ; il avait donc utilisé ses chaussures de bivouac, des Crocs pour le reste du MDS. Cette fois-ci, il ne s'est pas encombré de chaussures de course.

Pour les aspirants coureurs au MDS, deux conseils sur les chaussures. Le premier, que vous lirez partout, mais qui est fondamental : prendre des chaussures de course deux tailles trop grandes. Deux tailles, c'est énorme, mais ce n'est qu'à cette condition que vous pourrez échapper aux ampoules ou, si vous en avez, que vous pourrez remettre le matin dans vos chaussures vos pieds gonflés par la chaleur et emmaillotés de pansements. Le deuxième, dont je prends conscience en voyant Kathleen arriver en claquettes de douche : prenez des chaussures de bivouac aérées, bien entendu pour que les pieds sèchent, mais avec lesquelles vous pourriez éventuellement marcher sur de longues distances (avec des chaussettes) sans qu'elles ne vous blessent les pieds. J'en aurais été incapable avec mes chaussons de gymnaste et aurais donc dû abandonner si mes chaussures de course et mes pieds ne s'étaient pas entendus.

C'est assez détendus que nous finissons tous la journée, heureux d'avoir bouclé la longue étape qui fait figure d'épouvantail sur le MDS, désormais certains, ou presque, de finir la course ; après 6 jours dans le désert, il ne nous reste plus qu'une étape chronométré de 42,2 km, pour franchir la ligne d'arrivée finale.

Cela sent l'écurie, dans tous les sens du terme.

Au moment de me coucher, une inquiétude : il me reste près de deux litres d'eau ; cela signifie que, trop occupé à ne rien faire et papillonner pendant cette journée de repos, je n'ai pas assez bu. Il est trop tard pour le faire, à moins de vouloir me relever toutes les heures cette nuit ; j'espère que ce manque d'hydratation ne me fera pas défaut demain.

Étape	Distance	Temps	Vitesse	Classement
1	36,2 km	5 h 42	6,32 km/h	399
2	31,1 km	5 h 13	5,94 km/h	355
3	36,7 km	5 h 37	6,59 km/h	328
4	91,7 km	15 h 58	5,76 km/h	248

E-mail : Marathon des Sables J. 5

Voyage au bout de la nuit. Malheureusement, la lune était voilée et il a fallu courir lampe frontale allumée ce qui enlève au mystère de la nuit. L'imagination, sans repères visuels, prend le relais et l'Aspivenin qui n'aura eu aucune utilité pratique en a une psychologique. Est-ce un serpent ou un filet de sable poussé par le vent qui siffle ? Est-ce un coup de fusil ou une pierre qui éclate à la chaleur ? Ces traces sur le sable sont-elles le fruit du fouettement des herbes ou le signal de la proximité d'une famille de rampants ? Est-ce un buisson arraché et poussé par le vent qui fonce sur moi ou un fennec ? Quels sont ces pépiements d'oiseau dans un monde où il n'y a pas d'arbres ? Bien entendu, rien à signaler côté faune à part des scarabées de la taille d'un gros orteil et, au loin, un troupeau de dromadaires surplombant une bande de blaireaux en train de courir, nez dans les baskets plutôt que nez au vent pour profiter du ciel, de la lune, du désert.

Jour 6 : Marathon, certains en sont morts

Après le petit-déjeuner, l'euphorie d'en avoir bientôt fini et l'épuisement de mes réserves de nourriture rendent mon sac à dos léger ; je n'en sens presque plus le poids. C'est heureux, car avant-hier nous avons dû affronter un fort vent de côté pendant des heures ; mon sac s'est déporté à gauche pendant tout ce temps et la bretelle droite a frotté sur la base de mon cou plutôt que, comme d'habitude, sur les épaules que j'avais protégées d'Elastoplast. Résultat, chair à vif du milieu du cou jusqu'à la clavicule droite pour cette dernière étape ; ce n'est pas grave, mais c'est inconfortable.

La spécificité de l'étape du jour est que les 200 premiers au classement général partiront deux heures après le peloton afin, j'imagine, que l'amplitude horaire des arrivées soit diminuée par égard envers les familles, qui sont autorisées à venir sur cette étape, et les officiels qui nous attendront sur la ligne d'arrivée.

Tout à l'euphorie de mon classement à l'étape longue, je m'imagine faire la course dans le groupe de tête du peloton pour avoir une chance d'émarger au top 250 au classement général et je me rends sur la ligne de départ dans cette optique.

Visiblement, je ne suis pas le seul à nourrir des ambitions chronométriques pour cette étape. L'accès, avant la ligne de départ, à l'avant du peloton est impossible, hermétiquement gardé par une muraille de dos et sacs à dos qui, habituellement, s'effaçait pour laisser passer les ambitieux du jour. En l'absence des 200 meilleurs, chacun se sent une âme de leader.

Nous sommes à peine partis depuis un quart d'heure que je vois, loin devant moi, une longue file de coureurs s'échappant vers l'horizon. Comme je cours au moins aussi vite que lors des autres étapes, ce constat me laisse perplexe. J'en arrive à la conclusion que ces coureurs sont partis trop vite. En effet, en théorie, eu égard à mon classement, je devrais n'en voir qu'une grappe devant moi. Ils finiront par s'essouffler. J'abandonne donc l'idée de faire course en tête – j'en suis incapable à ce rythme que je juge déraisonnable – et me cale sur une vitesse un peu supérieure à ce que mes jambes ont fini par intégrer comme *rythme de croisière désert*.

Après une heure de course, je ne sais plus où j'en suis. Je ne chôme pas et pourtant, je ne rattrape aucun coureur. Pire, je ne cesse de me faire dépasser. Si mes jambes continuent à assurer le rythme, l'esprit commence à douter : qui sont ces coureurs que je n'ai jamais vus et qui me dépassent ? Où sont mes points de repère habituels, en particulier Muriel et Thierry dont la vitesse et le classement sont très semblables au mien bien qu'ils démarrent plus vite que moi avant que je ne les récupère en fin d'étape ? Suis-je bien certain que mes jambes avancent au rythme que j'imagine ?

Entre la deuxième et la troisième heure de course, je lâche prise.

Tout le monde court alors que d'habitude c'est à ce moment que je commence à remonter ceux qui coupent leur effort pour marcher ; le terrain n'est pas facile et impose un travail de navigation, c'est-à-dire de choisir où poser ses pieds pour ne pas s'enfoncer dans le sable, que mon manque de concentration m'empêche de faire ; la chaleur commence à se faire ressentir ; la fin de l'étape est encore loin. Qui plus est, ces dernières heures de course sont sans enjeu, car même en marchant, je sais que je finirai l'étape et donc, le MDS, ce qui était très incertain comme résultat au moment de mon inscription, il y a un peu moins d'un an.

Je subis un petit coup de barre classique que, pour une fois, je n'ai pas la lucidité d'analyser comme tel et de contrer avec quelques amandes ou fruits secs. Il me reste pourtant quelques griottes séchées, délice qui réveille les papilles.

Je termine l'étape dans ces dispositions d'esprit plutôt que de profiter, sourire aux lèvres, des dernières heures de course dans le désert et n'avance en courant que parce que je souhaite en finir au plus vite, toute idée de classement abandonnée.

C'est donc avec soulagement, et sans autre émotion, que je passe la ligne d'arrivée, pressé d'aller me reposer. Paradoxalement, le franchissement de cette ligne d'arrivée est presque le moment le moins marquant de cette fabuleuse semaine de course dans le désert.

J'observe, interloqué, des coureurs qui fondent en larmes en passant la ligne ou en recevant des mains de Patrick Bauer la médaille MDS. Comme ce sont des coureurs qui sont arrivés en même temps que moi, nous avons à peu près le même niveau, ce qui signifie que, normalement, nous n'avons pas douté, aujourd'hui, une seconde de pouvoir boucler le MDS, la seule incertitude étant le temps que nous mettrions.

Après m'être alimenté et reposé une heure, je reviens sur la ligne d'arrivée pour assister à la fin de course des coureurs qui me suivent.

La présence des familles en fait un moment particulier avec l'arrivée, main dans la main, d'un père et de son fils de 5 ans, habillé exactement comme lui. L'arrivée de ceux qui ont couru en binôme tout au long de la course est aussi émouvante ; tous se tombent dans les bras et je ne peux m'empêcher de les admirer. Quand je cours, j'ai déjà du mal à me supporter dans la difficulté. Je n'envisagerais pas d'avoir à me coltiner les états d'âme, asynchrones, d'un autre coureur.

Enfin, je suis admiratif de tous ceux qui ont prévu – ou improvisé – une chorégraphie pour leur passage de la ligne d'arrivée : malgré la fatigue et la chaleur, ils projettent une aura de bonheur et de joie de vivre.

Maintenant que je me suis alimenté et que l'hypoglycémie a disparu, je vis, par procuration, à chaque arrivée, le plaisir et la fierté d'avoir bouclé ce MDS. Je finis par comprendre que ce plaisir et cette fierté, je les ai ressentis à l'arrivée de l'étape longue, il y a deux jours. Aujourd'hui, je subis les effets de la décompression que j'ai entamée hier, certain de devoir en finir honorablement de ce MDS.

L'enjeu de la journée était de savoir si Madis et Frédéric finiraient dans le top 100. La visite à la « tente classement » me permet de le leur confirmer, Madis devançant finalement Frédéric.

Pour ma part, sans surprise, je constate que mon classement d'étape, pour la première fois, s'est dégradé et est même le pire du MDS, confirmant ainsi mes impressions de la journée. Mais la surprise vient de ce que cette étape est celle où j'ai couru le plus vite, bien qu'elle ait été plus longue que chacune des trois premières étapes et qu'elle se déroule en fin de MDS après une semaine d'effort et de sous-nutrition. Contrairement à ce que je pensais, je n'ai pas si mal couru, ce sont tous les autres qui ont beaucoup mieux couru que d'habitude !

Un vent fort balaie le bivouac. La cérémonie de remise des prix et la prestation d'une délégation de l'Opéra de Paris en clou de la soirée sont chaotiques et peu suivies. Mais comme l'estrade et le podium ont été montés à proximité de notre tente, nous pouvons profiter de l'ensemble, du fond de notre sac de couchage. Quelle magie que d'être allongé dans le désert, au chaud, le vent caressant le visage, la lune en point de mire, et l'Opéra de Paris en fond sonore. Merci Patrick Bauer !

Étape	Distance	Temps	Vitesse	Classement
1	36,2 km	5 h 42	6,32 km/h	399
2	31,1 km	5 h 13	5,94 km/h	355
3	36,7 km	5 h 37	6,59 km/h	328
4	91,7 km	15 h 58	5,76 km/h	248
5	42,2 km	5 h 56	7,08 km/h	433
Général		38 h 26	6,19 km/h	291

E-mail : Marathon des Sables J. 6

Marathon de Paris. Il y a un an MdParis avec mes frères, ajdh étape Marathon pour finir le MDS. Même satisfaction et fierté d'en avoir fini malgré 15 km difficiles à la fin, comme l'an dernier. Une petite pensée pour les marathoniens de Paris 2015, que chacun atteigne son objectif. Nous serons dans l'ambiance parisienne dès ce soir avec concert de l'Opéra de Paris sur le bivouac. Cela commence donc à sentir l'écurie (dans tous les sens du terme) et ce d'autant plus que l'étape Unicef de demain, bien que chronométrée, ne compte pas au classement. Je vais pouvoir marcher et prendre mes premières photos bien que je sois convaincu que c'est l'expérience vécue, pas l'image, qui importe (souvenez-vous des soirées diapos...). La question qui reste désormais est : « what's next ? » Le calendrier dit Marathon de Boston dans 8 jours, mais c'est plutôt au prochain défi, à horizon un an, que je fais référence. Toute idée est bienvenue.

Jour 7 : Quand il n'y en a plus, il y en a encore

Curiosité organisationnelle, il nous reste une étape à parcourir, celle-ci est chronométrée, mais ne compte pas pour l'établissement du classement général.

Nous sommes tous vêtus d'un t-shirt bleu aux couleurs de l'Unicef à qui cette étape est dédiée. Je ne saisis pas bien qui va voir nos t-shirts puisque nous courons dans le désert ni comment le fait de les porter aide l'Unicef, mais je ne creuse pas la question. Je suis certain que tout ceci a un sens au moins médiatique.

Le grand intérêt de cette courte étape d'un peu moins de 12 km est que chacun peut faire ce qu'il souhaite, le classement étant figé. Certains de ceux qui ont marché jusqu'à maintenant vont s'essayer à la course à pied. Pour ma part je vais marcher avec Erik et Kathleen et, enfin, prendre quelques photos. D'autres vont courir aussi vite que possible pour monter dans les premiers bus et arriver aussi tôt que possible à l'hôtel pour se doucher. Les chanceux, comme Christian, vont faire l'étape en compagnie de leur famille ou sponsors qui les ont rejoints.

Ceux-ci sont logés depuis la veille dans des tentes « luxueuses » à proximité de notre bivouac. Par luxe, il faut entendre qu'elles ferment plutôt que d'être ouvertes au vent, qu'on peut y tenir debout et qu'il y a des lits de camp. Convaincus d'être logés dans des conditions spartiates, les visiteurs de ce dernier jour marquent un temps d'arrêt quand ils découvrent nos tentes et l'étalage de pieds ensanglantés et meurtris. Un des sponsors de Frédéric nous fait sourire lorsqu'il nous explique qu'il ne marchera pas les 12 km, car il craint d'avoir une ampoule à cause de ses chaussures neuves.

Je comprends mieux, lors de cette étape, la douleur de ceux qui ont eu à souffrir des pieds. Ce matin je n'ai pas enfilé mes guêtres dont la fermeture éclair est grippée par le sable, ce qui est embêtant pour un équipement prévu pour maintenir le sable hors des chaussures. Je me coltine donc plus de trois heures de marche dans les dunes avec le sable qui pénètre comme bon lui semble, s'agglutinant en plaques abrasives sous la plante des pieds, sous et, sur les orteils, tout autour du talon. Comme cela m'agace de devoir vider mes pompes chaque quart d'heure pour éviter les ampoules, je les retire et finis la deuxième moitié de l'étape en chaussettes, ce qui n'est guère plus confortable ; rien à voir avec une balade sur la plage.

Cette étape est l'occasion de discuter avec l'équipe Transavia qui a tiré et poussé pendant toute la durée du MDS une Joëlette qui accueillait des enfants handicapés afin que ceux-ci puissent découvrir le désert. J'imaginais que l'ensemble des membres de l'équipe étaient des vétérans du MDS, suffisamment sûrs d'eux pour, en plus de l'effort à accomplir en parcourant la distance avec leur sac à dos, choisir de tracter à la force des bras un chariot chargé d'un enfant. C'est avec stupéfaction que j'apprends que l'équipe Transavia 2014 était composée uniquement de novices du MDS et que l'équipe Transavia 2015 en est composée pour moitié. Invité à pousser la Joëlette quelques dizaines de mètres dans le sable, mon admiration grimpe encore d'un cran.

Je ne suis pas mécontent d'arriver au terme de cette étape que j'avais fait l'erreur d'aborder comme une aimable balade. Finalement, plus de trois heures de marche dans le sable, sous le soleil, à grimper et descendre les superbes mais pentues dunes de Merzouga, ça demande un peu d'énergie. Comme j'ai fait l'impasse sur mon petit-déjeuner, car je ne supporte plus la poudre d'amande que j'ai mélangée à mes poudres protéinées et que je n'ai plus de réserves alimentaires, les crampes d'estomac qui me travaillaient par intermittence depuis deux jours lors des épreuves après trois ou quatre heures de course, font vite leur apparition et ne me quittent pas.

Ligne d'arrivée, restitution de la balise spot et du transpondeur, dernières places dans le dernier car d'un convoi de six véhicules qui part immédiatement pour Ouarzazate. Six heures de route. Fin de l'aventure.

Pas d'e-mail

Jour 8 : Le jour d'après

Réveillé par la faim malgré un dîner composé d'une demi-douzaine de cuisses de poulet, une baguette de pain, profusion de riz et pâtes et trois desserts. Les jambes et le dos sont raides. Bref, il semblerait que le corps a compris qu'il peut de nouveau manifester des exigences et mécontentements après une semaine de course et bivouac.

Les discussions entre coureurs portent sur le bonheur de prendre une douche, de manger un repas chaud, de retrouver un lit, de se vêtir de propre, de s'asseoir sur une cuvette munie d'une lunette. Cela semble être le quinté gagnant. Pour ma part, ce que j'apprécie le plus, c'est de pouvoir m'asseoir sur des chaises plutôt qu'au sol ; l'effet de mon absence de souplesse certainement.

Cette journée à Ouarzazate permet de retrouver forme humaine avant de reprendre demain, l'avion pour Orly. C'est aussi l'occasion de faire le point sur cette course qui est le projet – et le budget – d'une année, entre réflexions préalables à l'inscription, entraînement, acquisition et préparation du matériel puis enfin, la course.

Certains compareront le budget, élevé, de cette course et, d'une part, leurs expériences sur d'autres courses, moins onéreuses et, d'autre part, leurs attentes. Ils ont raison de le faire, cela permet à chaque organisateur d'ajuster son niveau de prestation ou son budget. Je ne me place pas dans cette logique ; j'ai accepté de payer le prix, que je connaissais, j'ai fini de le payer en 2014, nous sommes en 2015, ce n'est donc plus, dans mon esprit, une question d'actualité.

D'autres mettront l'accent sur les rares loupés organisationnels entourant les horaires d'arrivée et la gestion de l'affectation des tentes puis des hôtels. Ils ont raison de le faire ; c'était pour le moins perfectible. Je ne me place pas dans cette logique non plus ; je ne suis pas venu pour le confort de l'hôtel ni le nom de mon voisin de tente. Il est vrai que je me suis inscrit en solo, pas avec un groupe d'amis. Je suis venu pour courir 250 km dans le désert dans de bonnes conditions de sécurité et avec un confort spartiate pendant l'épreuve.

Certains, enfin, regretteront que le niveau moyen des coureurs soit faible et que cela enlève, donc, du prestige à l'épreuve qui, de ce fait, ne pourrait plus se revendiquer comme une des *toughest races in the world*. J'avoue ne pas comprendre cette critique dans le sens où je ne vois pas en quoi la course des vingt premiers est affectée par le nombre de personnes qui courent derrière (le « prestige », j'imagine…) et en quoi l'opinion de ceux qui ne sont pas dans les vingt premiers a la moindre importance pour juger la performance étant donné qu'ils ne font pas partie de l'élite. Oui, le niveau moyen est faible puisque, en mettant presque deux fois plus de temps que le vainqueur, je me retrouve dans le premier quart du classement général alors qu'avec le même écart par rapport aux vainqueurs sur de grands trails classiques, je me retrouve dans le dernier quart des concurrents. Et alors ? En quoi l'instauration de barrières horaires plus strictes changerait-elle la manière de courir des uns et des autres ? En quoi l'élimination, en course, d'un plus grand nombre de concurrents, rendrait-elle l'expérience plus agréable ou honorable pour ceux qui restent ? Ce qui est certain, c'est que pour la majorité – dont je fais partie – ne pas avoir à se préoccuper des barrières horaires est un grand confort psychologique.

Je suis arrivé dans le Sahara avec les yeux écarquillés d'émerveillement. Cette promesse du Marathon des Sables, de nous faire découvrir le désert, a été tenue et bien au-delà. Les paysages étaient superbes et variés et même les portions les moins plaisantes étaient, dans leur genre, des expériences nouvelles. Je ne sais pas ce que les vieux fennecs du désert en auront pensé, mais pour ma part, ce fut une initiation réussie.

J'ai pris le départ de la première étape avec la crainte, parfois, de m'égarer à cause d'un balisage trop limité. Mon sens de l'orientation étant à peu près nul, je ne souhaitais pas devoir recourir au *road book* et à la boussole bien que je sache utiliser l'un et l'autre ; je ne me suis pas inscrit à une course d'orientation. À l'exception d'un moment de doute de quelques minutes pendant la nuit lors de l'épreuve longue, je n'ai pas, une seule seconde, eu besoin de réfléchir à la direction à prendre ou à la piste à suivre tant le balisage était évident. Ce fut donc, aussi, une réussite.

J'ai craint, avant le départ, de devoir souffrir de la soif. Les quantités d'eau et l'espacement entre les différents points de distribution nous ont assuré une hydratation parfaite tout au long de la course sans que nous ayons, pour autant, à porter pendant des kilomètres des litres d'eau. De plus, les modalités de distribution de l'eau permettent de préserver la fluidité de la course.

Je me suis demandé, avant de partir, combien de concurrents viendraient au **MDS** en quête spirituelle, espérant trouver entre les dunes, la sueur et les ampoules des réponses à leurs interrogations, ce qui aurait pu transformer le climat sportif en ambiance mystique. La réalité des délais d'inscription à cette épreuve – presque un an à l'avance pour les Français, deux ans pour les Anglais – fait qu'on ne vient pas au MDS pour régler une crise existentielle, à moins d'être très patient. Le MDS n'est pas, de prime abord, conçu comme un pèlerinage. Néanmoins, le fait d'être coupé du monde – sauf pour les quelques concurrents munis d'un téléphone portable ou clients de la « tente téléphone satellitaire » – et d'être abruti par la chaleur et la fatigue pendant une dizaine de jours transforme bien le MDS en une forme de retraite. La course ne favorise pas nécessairement l'introspection, mais elle vide l'esprit des habituelles considérations quotidiennes. Le MDS c'est une pause dans la vie, et c'est déjà pas mal.

Je me suis interrogé, avant le départ, sur les conditions de cohabitation de 1 400 fêlés accoutumés à ne pas se laisser faire, en état de fatigue, de sous-nutrition et d'hypoglycémie chroniques, et tous équipés – cela faisait partie du matériel obligatoire – d'un couteau. La « téléréalité » nous habitue à des affrontements homériques entre concurrents d'épreuves moins ardues que le MDS ; la réalité MDS est qu'il règne en permanence une ambiance bon enfant, teintée d'humour et de solidarité. Bien plus qu'une compétition, le MDS est une somme d'aventures individuelles partagées et vécues ensemble, dépouillées de bien des artifices et postures périphériques aux épreuves sans étapes. La course se charge de confronter chacun à ses capacités.

De ce point de vue, mon seul regret est de ne pas avoir su courir plus vite pour disposer de plus de temps pour échanger sur le bivouac avec Ricardo, Guy, Michel, Djodei, etc.

Bref, à mon sens, ce premier MDS est une formidable aventure qui tient ses promesses et offre un cadre professionnel et sécurisé.

C'est donc une course que je recommande à tous ceux qui ont déjà couru un ou deux marathons, ou ont l'habitude des longues randonnées en montagne, et sont prêts à s'entraîner au moins autant que pour un marathon, mais pendant six mois et non pas juste quelques semaines.

Est-ce une course que je referai comme coureur ? Je n'en suis pas certain car j'en suis encore à découvrir nombre de courses et retourner sur l'une d'entre elles, c'est se priver d'une nouvelle aventure. De plus, je ne suis pas sûr que la magie de la découverte et l'ébahissement ressenti face aux moyens mis en œuvre survivent à une deuxième participation. En revanche, revenir au MDS comme marcheur afin de pouvoir être accompagné de proches avec qui partager cette aventure, pourquoi pas...

E-mail : Marathon des Sables, le jour d'après

Retour à la civilisation, même si c'est en un endroit où l'Imodium reste une valeur sûre. Douche, toilettes, dîner chaud, viande et matelas ont tous été bienvenus hier soir, mais n'ont pas remporté la palme des bonheurs simples offerts par un environnement urbain. La plus grande délectation est de pouvoir enfin s'asseoir sur une chaise, après huit jours de position debout ou assise au sol. Ce matin le corps se venge un peu de ce qui lui a été infligé. Je n'ai jamais été aussi raide – jambes et dos – de la semaine. Le programme de la journée est simple. Récupérer le t-shirt finisher dont je crains qu'il ne soit pas à ma taille, car il m'a fallu serrer ma ceinture d'un cran de plus, ce qui doit représenter 4 kg de moins sur la balance. Shopping touristique de rigueur dans un lieu pas très riche en activités culturelles. Mais avant, un peu de télévision avec la retransmission du Marathon de Paris. Trop facile cette épreuve : c'est tout plat et personne n'a de sac à dos. Merci à tous de vos encouragements et emails pendant cette superbe semaine et à très bientôt pour de nouvelles aventures. À suivre...

MIGNARDISES :
OUF !

Il y a un mois, atterrissage à Orly au retour du Marathon des Sables, trentième édition. Et depuis ce retour, une question : peut-on rédiger le récit d'une course comme le Marathon des Sables ?

Venant d'un graphomane patenté cette question peut prêter à sourire puisque hormis le mode de cuisson des pâtes complètes à la veille d'une course, je n'ai pas dû épargner au lecteur beaucoup de détails de ma vie de coureur débutant, en mode « Candide à Marathon » ou « Bécassine fait du jogging ».

Mon propos n'est pas de remettre en cause les récits existants ; au contraire, ils font partie de la question.

L'option vidéo a été préemptée par TV5 monde pendant la course, complétée par @Djodei qui a filmé la course de l'intérieur et finalisée par l'organisation Marathon des Sables avec le film officiel.

L'option humoristique, décalée et informée, est l'œuvre de Michel Laurent, coureur passionné de désert et une des références pratico-pratiques de la préparation au Marathon des Sables.

L'option linéaire, réaliste, et exhaustive, traitée en photo-reportage est l'œuvre de Bertrand Lellouche, Bert pour les intimes de la communauté Kikouroù.

Qu'ajouter à cette profusion de bons comptes rendus ?

Certes, Raymond Queneau a réussi à écrire 99 fois la même histoire dans *Exercices de Style* sans que le lecteur ne décroche mais je ne suis pas certain qu'en additionnant le talent littéraire de 99 coureurs du désert nous parvenions à susciter le même intérêt. Nous risquerions, plutôt, d'atteindre à l'incomparable ennui, que les moins de 30 ans n'ont pas connu, des soirées diapos.

Sans même me préoccuper des productions des autres coureurs, comment parler d'une course à étapes ?

Parler de l'épreuve, uniquement, c'est oublier que celle-ci est la célébration de longs mois d'entraînement. Or, comme chacun sait parmi les coureurs, c'est autant l'atteinte de l'objectif que le parcours emprunté qui font la valeur et la beauté d'un voyage.

Parler de chaque étape en faisant la relation exacte du quotidien, mais en oubliant la dimension, importante, de la gestion de la course dans la durée.

Pourquoi alors ne pas parler des rencontres, que ce soit par la force des choses parce qu'il faut bien vivre ensemble au bivouac, ou par choix quand l'expérience de la course et du désert rapproche. Parler des rencontres ratées aussi, par manque de temps ou de volonté. Mais parler de cette dimension humaine, indéniable, de l'épreuve c'est oublier que la course, avant d'être solidaire, est solitaire. C'est aussi prendre le risque de relater des anecdotes de vieux combattants qui n'intéressent que ceux-ci.

Décrire la découverte du désert, qui est une émotion esthétique, suppose un talent que peu ont et publier un roman photos permet d'illustrer le propos, mais en aucun cas de relayer l'émotion ressentie, par exemple, à la découverte d'un bouquet de marguerites poussé au milieu des dunes après une demi-heure à crapahuter, sans autre horizon que du sable ocre ; l'émerveillement naît du vécu, pas du tableau, aussi bien léché soit-il.

Enfin, pour qui écrire ?

Pour soi-même, comme on fait un album photo pour fixer ses souvenirs ?

Pour les autres coureurs, pour prolonger un peu l'expérience et le partage ?

Pour les futurs coureurs, pour leur transmettre le peu de savoirs acquis ?

Pour les proches qui se sont investis ou ont subi ce Marathon des Sables, qu'ils sachent ce que cela a représenté, au cas improbable où ils ne l'aient pas déjà entendu quelques centaines de fois ?

S'il n'y avait qu'un enseignement à retenir, ce serait ces deux messages : « Lève-toi et marche » pour commencer et « N'aie pas peur » pour continuer à progresser.

Mon cheminement a débuté par un premier pas et ne m'a pas demandé d'autre qualité qu'un peu de persévérance. Vous pouvez en faire autant, ou moins, ou plus. Lancez-vous, aujourd'hui, maintenant. Il n'y a que la première foulée qui coûte.

Un dernier mot pour les aspirants au désert : le plan d'entraînement adopté n'était pas fait pour moi, coureur certes marathonien, mais très modestement marathonien. Un plan plus raisonnable, comprenant 20 km tous les deux ou trois jours pendant six semaines, est amplement suffisant pourvu qu'on ait déjà couru un ou deux marathons et, peut-être, un trail de plus de 60 km. Et pour tout le reste, s'en remettre aux recommandations de maître Guy Giaoui (*Guide pratique, ultra-marathons à étapes*), le pape du préservatif alimentaire.

En ce qui me concerne, je continuerai à tenter de progresser sur le plat jusqu'à la fin de l'année (première épreuve de vingt-quatre heures, Ultra Marin de 177 km) avant d'attaquer sérieusement la montagne l'année prochaine, que ce soit à l'UTMB ou au Tor des Géants en fonction des résultats des tirages au sort.

À moins que je ne décide de courir un marathon dans chacun des 29 pays européens (Union européenne et Suisse).

À suivre...

POSTFACE

Entre la première douche post Marathon des Sables et la finalisation de la rédaction de la première mouture du livre, deux années auront passé. Puis, de nouveau, un an, avant que sa distribution ne soit assurée par Marabout.

J'aimerais pouvoir dire que pendant ces trois années, c'est-à-dire trente-six mois, ma progression a été le double de celle qui m'a pris dix-huit mois pour sortir de mon canapé et courir jusqu'aux dunes de Merzouga.

Si tel avait été le cas, j'en serais à traverser la France en courant (3 000 km en trois semaines par équipe de huit coureurs chaque année en juillet), poursuivre Patrick Malandain (cent kilomètres par jour pendant cent jours, soit 10 000 km) et m'inscrire dans les foulées de Serge Girard (le tour du monde, soit plus de 26 000 km, en 433 jours).

Mais pour cela, il aurait fallu que je sois un athlète... Et que j'en aie envie.

Or, l'envie, c'est ce qui m'a le plus fait défaut au retour du Marathon des Sables. Comment se motiver pour un semi-marathon après avoir foulé le Sahara ? Comment s'astreindre à un plan d'entraînement pour une course qui ne fait pas rêver plus que « la course à pied la plus dure du monde » ?

De fait, ce n'est pas tant l'envie de courir qui m'a fait défaut, mais l'envie de mobiliser mon énergie pour un objectif.

En revanche, je n'ai pas cessé de courir, pour le plaisir. Comment ne pas vouloir profiter de la condition physique que je m'étais concoctée pour ce Marathon des Sables ?

À peine rentré en France, et mon système digestif remis en mode de fonctionnement normal, je repars à Boston pour le marathon. Je n'y ai pas de dossard – je n'ai pas réalisé les minima prérequis pour s'inscrire – mais je réussis à me convaincre que j'en trouverai bien un, de seconde main, à acquérir dans les allées du salon du running la veille de la course.

Mes tentatives d'obtention d'un dossard de contrebande ne manquent pas d'attirer l'attention dans une ville encore sous le coup de l'émotion des attentats à la bombe à l'arrivée de l'épreuve l'année précédente. Mon bronzage marocain, mon physique émacié et mon passeport français – avec visas marocain, algérien, tunisien et égyptien parmi d'autres – ne plaident guère pour moi et je n'échappe que de peu à un séjour au commissariat du coin.

Pour que ce bref séjour ne soit pas qu'un échec, je me lève tôt, trop tôt, pour courir le Marathon de Boston, seul, en sens inverse du parcours officiel, avant que les coureurs dûment qualifiés ne s'élancent. Comme je n'avais pas anticipé qu'il n'y aurait pas de transports publics simples depuis le départ du marathon pour revenir en ville, c'est un peu plus d'un marathon que j'aurai couru ce jour-là.

De retour en France et toujours en forme malgré une semaine de doughnuts et hot-dogs, je continue à trottiner presque chaque jour en me demandant où diriger mes pas pour qu'au plaisir de courir s'ajoutent le plaisir de la découverte et l'excitation d'affronter un nouveau défi.

Fort opportunément, se créer la version parisienne de la No Finish Line et je décide de m'inscrire à un format que je m'étais juré de ne jamais tenter : la course de vingt-quatre heures.

Il s'agit de courir pendant vingt-quatre heures sur un circuit d'un peu plus d'un kilomètre, sur le Champs-de-Mars, au pied de la tour Eiffel. Le concurrent qui a parcouru la plus grande distance pendant cette journée l'emporte.

Cette épreuve, c'est le panthéon des mordus de la course de fond.

J'y rencontre Annick, simultanément inscrite sur l'épreuve de vingt-quatre heures et celle de cinq jours. J'y rencontre une professeure de *pole dance*, blessée donc interdite de course par son médecin, et qui a décidé de ne parcourir que cent kilomètres, en marchant, avec son chien. J'y rencontre Patrick qui, d'ennui, décide d'interrompre sa course en milieu de nuit pour monter au sommet de la tour Eiffel prendre une photo avant de nous rejoindre sur le circuit. J'y rencontre Luca, qui participe à l'épreuve de cinq jours et qui, au milieu de la nuit, nous rattrapera tous sur le circuit pour nous distribuer les parts d'une tropézienne qu'il a soustraite aux réserves de l'organisation. Et j'y rencontre un Belge qui a oublié que ses enfants l'avaient convié à un concert : il s'y rendra dans sa tenue de course avant de nous retrouver sur le circuit.

Mais, surtout, je m'y perds. Et j'y perds tous mes repères. Que peut-on se dire, pendant une course de vingt-quatre heures, pour conserver le moral ? Une fois qu'on a couru deux heures, chouette il ne me reste plus que douze fois ça à faire ? Une fois qu'on a couru un marathon, super plus que trois fois cette distance ? Une fois qu'on a couru douze heures, impeccable, plus que la moitié ? Sur vingt-quatre heures, honni celui qui... y pense. Le cerveau est l'ennemi du chrono. Pour tenter de me raccrocher à quelque chose, j'observe avec attention, à chaque tour, mon classement. Je me dis qu'il doit y avoir des compétiteurs aguerris et que l'évolution de mon classement m'indiquera si je suis dans le bon rythme, ou pas. Comme j'ai pris la précaution de partir lentement, je suis assez surpris de constater, pendant les premières heures, que je me maintiens à la quatrième place. Mais comme il est difficile de se faire une idée précise de qui sont les concurrents – tous les coureurs de tous les formats de course sont sur le circuit – je ne me pose pas trop de questions sur le sujet. Ce n'est qu'après une quinzaine d'heures que je finirai par comprendre que le chiffre quatre n'est pas mon classement, mais le numéro de mon dossard…

Au moment de cette réalisation, je découvre beaucoup d'autres choses. Que nous ne sommes que huit concurrents, que le troisième est la première féminine, Carole, et que le premier, qui court comme un forcené, a plus de trente kilomètres d'avance sur moi. Stratège, un peu, et paresseux, beaucoup, j'avise Carole et me mets à son rythme ; j'ai deux ou trois tours d'avance sur elle et il me suffit de la suivre jusqu'au matin pour sécuriser ma place sur le podium. Nous trottinons, marchons et devisons de concert pendant la nuit qui semble interminable. Nous nous faisons régulièrement doubler par le premier que nous n'avons pas vu marcher ou s'arrêter une seule fois pour se ravitailler. Puis, au petit matin, je l'aperçois qui, telle la chèvre de monsieur Seguin, semble abandonner. Il titube, cesse de courir et marche. Pour la première fois il décroche un mot à un autre coureurs, moi en l'occurrence.

« — J'ai atteint mon objectif de 200 km ; je pourrais m'arrêter mais on m'a dit que j'étais premier. Je ne veux pas perdre ma première place. Tu sais qui est le deuxième ?

— Oui, c'est moi. »

Il repart comme un dément.

Je m'arrête, paralysé par le fou rire.

Il a tant d'avance que même avec un vélo, dans le temps qui nous est imparti, il me serait impossible de refaire mon retard. Je finirai par le lui dire. Il s'arrêtera pour rejoindre l'infirmerie et, malgré cet arrêt, gagnera la course… même s'il a été incapable de monter sur le podium, immobilisé par sa double tendinite aux tendons d'Achille.

Pour la première fois que je gagne un titre sur une course en France, comme pour mieux souligner qu'il faut toujours rester modeste (surtout quand il n'y a que huit concurrents !) quand on s'adonne à un sport en amateur, le sort fera... qu'aucun trophée ne nous sera remis le jour même : ils ont été dérobés pendant la nuit.

Après cette intronisation dans le monde de la Circadie, il me faut une dizaine de jours pour être de nouveau sur pied et ne plus me déplacer avec une démarche à la fois chaloupée et hésitante. Cette immobilisation forcée, et bienvenue, me permet de m'interroger sur ce que pourraient être mes prochains défis.

Je rêve, bien entendu, du Tor des Géants, mais la course n'aura lieu que dans plus d'un an : comment m'occuper d'ici là ?

Comme, d'une part, j'ai la chance d'être libéré – à l'insu de mon plein gré – de mes obligations professionnelles et que, d'autre part, je ne peux m'empêcher d'observer que je suis de moins en moins souvent chez moi le week-end, je décide de limiter le nombre de courses en fin de semaine et de courir un peu plus les autres jours.

Dans un premier temps, cette résolution se traduit par un marathon systématique tous les lundis matin : de chez moi à Notre-Dame de Paris, aller-retour, par les quais de Seine.

Puis, rapidement, l'ennui naît de l'uniformité. Je décide alors d'aller courir un marathon – seul, hors compétition, pour préserver week-end... et budget familiaux – dans chacune des capitales (ou, à défaut, une grande ville du pays) européennes, soit 29 villes (en comptant la Suisse), en 29 semaines.

Cette aventure me prendra finalement un an, attentats, grèves du transport aérien et obligations familiales se dressant parfois sur la route d'un agenda ambitieux.

Que de souvenirs ! Du sourire pincé et dégoûté du steward suisse me voyant embarquer encore transpirant dans l'avion à Genève, à la charge d'un cerf en rut à Dublin, en passant par les intimidations des proxénètes serbes qui voyaient d'un mauvais œil ma course, de nuit, sur les trottoirs de leurs territoires, sans oublier les regards effarés et réprobateurs des Polonais qui, probablement, n'avaient jamais vu d'hommes en collants autre part qu'au ballet national. Il y eut aussi de moins bons moments : les quelques kilomètres en bordure d'autoroute à Milan, une nuit glaciale à Tallin, l'orage subi au sommet d'une grue de chantier où je m'étais réfugié en Allemagne, l'obligation de tricher un peu au Portugal (deux kilomètres en tramway) pour ne pas rater le départ de l'avion, et, systématiquement ou presque, le spectacle des aéroports parisiens (ou de Beauvais) supportant très mal la comparaison internationale en matière d'accueil et de propreté.

L'un dans l'autre, quel bonheur d'illustrer chaque semaine, ou presque, la liberté de circulation des personnes en Europe, à un moment où l'idéal européen est battu en brèche, que ce soit par les volontés autonomistes en Espagne, la réserve économique en Angleterre ou le repli identitaire presque partout ailleurs ! J'aurais, certes, aimé pouvoir exhiber une jolie collection de 29 visas sur mon passeport, comme les routards arborent des écussons de leurs destinations sur leur sac à dos. Mais j'ai préféré pouvoir sauter, sans formalités, dans un avion, vêtu de ma tenue de course et équipé d'un maigre sac contenant un change, deux barres de céréales et quelques lingettes.

Cet « Europathon » a joué son rôle en occupant mon esprit et mes jambes. Mais, comme il touche à sa fin, et que je n'ai toujours pas de nouvelles du tirage au sort du Tor des Géants, je m'interroge sur ce que pourraient être mes prochaines courses.

La réponse m'est apportée par un Québécois qui vient d'établir le record au Guinness Book du semi-marathon... en costume cravate. Son chronomètre est loin d'être prodigieux (il suffirait que j'améliore mon temps habituel de quelques minutes pour l'égaler) et le défi est drôle à défaut d'être sérieux. Je m'apprête à m'attaquer à ce record avant de m'apercevoir que je ne suis inscrit à aucun semi-marathon. À force de courir en semaine, mon planning de week-end est très familial et les possibilités d'accrocher un dossard, peu nombreuses. Je me résous alors à établir le record sur le marathon puisque j'ai récupéré un dossard (de contrebande) pour celui de Paris. Sauf que renseignements pris, ce record existe déjà et que, eu égard à mon niveau, même si j'avais une trottinette, je serais incapable de l'approcher.

Comme, une semaine après le Marathon de Paris, je participe de nouveau à l'épreuve de vingt-quatre heures de la No Finish Line à Paris – comment résister à la tentation de pouvoir obtenir un deuxième trophée ? – je m'enquiers du record en costume. J'ai la satisfaction de constater que personne n'a jamais été assez idiot pour s'imposer une telle épreuve : établir le record est donc à ma portée puisqu'il n'y a pas de concurrence.

Une campagne de recherche de partenaires et une séance de prise de mesures pour un costume adapté plus tard, je me retrouve sur la ligne de départ en costume, chemise mono-grammée « 24 h » à boutons de manchette, nœud papillon et chaussures de course qui, par un heureux hasard, sont noires et ne jurent pas avec l'ensemble. L'épreuve ressemble à s'y méprendre, à celle de l'an dernier et, comme l'année précédente, je progresse de concert, à partir de la mi-course, avec Carole, une nouvelle fois première féminine et deux tours derrière moi qui m'accroche à une place sur le podium. Les spéculations vont bon train autour du circuit : suis-je un serveur de café qui a perdu son plateau et s'est trompé de course ; vais-je, sur la ligne d'arrivée, mettre un genou à terre et demander à Carole (qui est mariée à un coureur qui a la gentillesse de nous encourager et soutenir à chaque édition de cette épreuve de hamsters) de m'épouser ; suis-je un édile de la mairie de Paris qui n'effectue que quelques tours avant de prononcer un discours soporifique ?

Trophée en main, pieds et jambes en vrac, esprit encore embrumé, j'occupe ma semaine à finaliser les formalités de déclaration du record au Guinness World Records book. J'ai la surprise de m'entendre répondre qu'il ne sera pas validé au motif que le Guinness book refuse les records qui sont de nature à mettre en danger la santé du public. J'ai beau arguer que courir vingt-quatre heures est une activité normale (sic), sanctionnée par toutes les fédérations nationales d'athlétisme et qu'il existe un record mondial enregistré par la Fédération internationale d'athlétisme (303 km !), rien n'y fait. Je soupçonne que si j'avais fait appel (pour environ 1 000 €) aux services du Guinness book pour constater le record sur place, celui-ci aurait été validé...

J'ai à peine le temps d'être dépité et déçu que le bonheur d'être tiré au sort pour participer au Tor des Géants quelques mois plus tard, me fait oublier cet épisode.

Je vais enfin pouvoir concourir à ce qui m'apparaît comme le graal de l'ultra-trail en montagne : 330 km et 30 000 mètres de dénivelé positif cumulé dans les Alpes en moins de 150 heures !

Le Tor des Géants a été tout ce que j'en attendais, et plus encore[1]. Au-delà d'une course, une expérience de vie avec, pour la première fois, l'impression de tutoyer les limites de ce que la persévérance, à défaut des capacités, permet d'accomplir.

Mais s'il est bien difficile de ne jamais réaliser ses rêves, il est encore plus perturbant de les atteindre : « Malheur à qui n'a plus rien à désirer. » disait Jean-Jacques Rousseau, grand marcheur devant l'éternel[2].

Comment se mobiliser pour de nouvelles courses quand on n'a plus rien à se prouver à soi-même ? Non pas que boucler le Tor des Géants a fait de moi un athlète, loin de là.

---

1. Grégoire Chevignard (2017) *Tor des Géants – Trail ultime.* *(http://amzn.to/2jaePU9)*

2. « Je ne puis méditer qu'en marchant ; sitôt que je m'arrête, je ne pense plus, et ma tête ne va qu'avec mes pieds. » (Jean-Jacques Rousseau, *Les Confessions,* Livre IX)

Mais comment ranimer la flamme du désir, moteur essentiel du plaisir ?

Après avoir récupéré physiquement et, peut-être moins, psychologiquement, je décide de me secouer les puces et de renouer avec les dossards en attendant de nourrir un nouveau phantasme.

Je mobilise Carole pour aller courir, à l'occasion du téléthon, un autre vingt-quatre heures. Le cœur n'y est pas ; j'abandonne dans la nuit glacée, et elle gagne, une nouvelle fois.

Je cours, sans passion, quelques marathons au printemps. Puis, de nouveau, sur l'épreuve de vingt-quatre heures de la No Finish Line, je capitule. Carole, elle, remporte de nouveau la victoire.

Sélectionné pour participer à la première édition de la Chartreuse Terminorum, un ultra-trail inspiré de la mythique course barkley, j'abandonne avant même d'en avoir pris le départ ; participation repoussée à l'année prochaine.

J'ai toujours plaisir à courir, mais tel un navire sans gouvernail, je louvoie entre courses et objectifs, sans cap précis et, surtout, sans préparation spécifique.

En fait, tel l'addict, je cherche à éprouver de nouveau les sensations vécues lors du Tor des Géants ; la fatigue extrême, la privation de sommeil, le sentiment de puiser au plus profond des ressources physiques et mentales. Et aucune course classique, aussi longue soit-elle, ne permet une telle mobilisation, une telle intensité, un tel effort de volonté.

Une fois que j'ai compris que c'était ce que je cherchais, l'horizon s'éclaircit.

Avec Jean-Sébastien, rencontré lors du Tor des Géants, nous convenons de nous inscrire à la Petite Trotte à Léon, sorte d'ovni dans le monde de la course à pied. Il s'agit de courir environ 300 km, en équipe, autour du Mont-Blanc, au GPS et à la boussole (le parcours n'est pas balisé) avec un ravitaillement minimal. Une sorte de course d'orientation à la dimension du Tor des Géants, la technicité du terrain en plus et le confort des ravitaillements en moins.

En guise de préparation, je décide d'inaugurer les vacances scolaires d'été en parcourant d'une traite, seul, le chemin de Stevenson (environ 250 km). L'aventure, bouclée en une soixantaine d'heures, m'a permis de renouer avec la privation de sommeil, les doutes, les hallucinations, l'endurance. J'en reviens ravi et convaincu que j'ai trouvé là un format de course qui me convient.

C'est donc gonflé à bloc, après plusieurs trimestres d'errance, que je retrouve Jean-Sébastien à Chamonix pour prendre le départ de la Petite Trotte à Léon avec une grosse centaine de binômes ou trinômes de passionnés de montagne et d'endurance. La météo est ensoleillée. La montagne est belle. L'aventure est superbe. Mon équipier est parfait.

Mais une bronchite mal soignée, une hydratation mal gérée, l'altitude, la proximité de la nuit et des orages me vaudront mon baptême de l'air en hélicoptère pour une évacuation synonyme de nouvel abandon pour moi... Et pour Jean-Sébastien dont les capacités lui auraient permis de boucler la Petite Trotte à Léon sans coup férir.

La déception est immense pour moi, mais plus encore pour lui, contraint à l'abandon par ma défaillance.

Mais vous savez quoi ?

Cette défaillance m'a tellement vexé que j'ai retrouvé l'envie de me coltiner le bitume, les chemins, la montagne. Et vous allez en entendre parler !

CAFÉ :
VOUS ÊTES FORT !

Merci.

Merci à toi ami lecteur qui as fait preuve d'autant d'endurance et de ténacité pour arriver au bout de ce récit qu'un ultra coureur de bon niveau.

Si tu veux atteindre le niveau lecteur d'élite, s'il te plaît, prends une minute pour noter et recommander le livre sur Amazon. C'est important pour moi et cela rendra service à de futurs coureurs qui chercheront de la lecture.

Merci à toi ami coureur rencontré au hasard des courses et chemins, pour quelques secondes, le temps d'un sourire complice, d'un mot d'encouragement, d'une tape amicale sur l'épaule, quelques minutes, le temps de commenter parcours, météo et degré de fatigue, quelques heures, le temps d'un bout de route dans la nature.

Merci aux héros de la course à pied, l'armée de bénévoles qui participent à l'organisation et la tenue des épreuves. Sans eux, plus de dossards. Sans eux et leur gentillesse, combien d'abandons supplémentaires ?

Merci à tous ceux qui m'ont généreusement accordé du temps, de l'amitié, du soutien pendant ma découverte de la course à pied et celle de l'écriture : Mathilde Barbier, Corinne et Rafael Belloch, Agnès et Sébastien Benoist, Thierry Blondeau, Frédéric et Gabrielle Cantat, Étienne Casimir, Laure Casimir, Chantal Chantaki, Arthur et Églantine Chevignard, Célestin Chevignard, Donald Chevignard, Elizabeth Chevignard, Géraldine et Roch Chevignard, Hermine Chevignard, Sosthène Chevignard, Frédéric et Mathilde Courage, Laurent Fantino, Marianne Faessel, Guy Giaoui, Sonia Hanifi, Michel Laliche, Michel Laurent, Benoît Le Délézir, Bertrand Lellouche, Jean-Sébastien Mayen, Anne-Madeleine Moreau, Isabelle Natali, Bénédicte et David Neichel, Isabelle Pras, Paul-Henri Roustan, Marie-Amélie Serre, Éric et Sylvie Sublet et Isabelle Thomas.

Merci à tous mes lecteurs (dont j'ai respecté l'éventuel anonymat des pseudos) de la première heure ; leur aide et soutien m'ont été précieux. Merci Murielle Adam, Marine Afchin, Rejeanne Affermazione, Passibelle Aion, Loubna Ait Taleb, Geoffrey Alarcos, Jérôme Ambros, Oumeima Amri, Zacch Aria, Alain Arthur, Jules Arti, Celine Artinian, Marc Astier, Samir Azedine, Mohamed Azzouz, Mathilde Barbier, Stéphanie Basile, Stéphane Battaglia, Carole Bec Albanese, Gérard Belibaste, Nadège Bellenguez, Fred Belloti, Zouber Ben Rhouma, Sébastien Benoist, Séverine Beugnon Roche, Johan Bidochon, Matthieu Bisson, Jonathan Boivert, Morgane Boucher, Alexandre Bourgeon, Denis Boutet, Robin Boutillier Lemesle, Mathieu Bricard, Sabrina Brotelande, Morgane Bruhammer, Brice Bucciarelli, Yannick Bueno, Gabrielle Cantat, Julien Cantat, Frédéric Cantat, Florence Capdeville, Lydie Capone, Jose Carvalho, Étienne Casimir, Laure Casimir, Stéphanie Cassagne, Nadia Cassandre, François Cereza, Moh Chak, Hervé Chapay, François-Xavier Chardonnal, Anis Chefirat, Églantine Chevignard, Géraldine Chevignard, Audrey Clairon, Lylia Clave, Clem Clem, Audrey Cliche, Olivier Compain, Adrien Da Rocha, Laetitia Da Silva, Marjorie Dartois, Sarah Daymier, Christine de Fuster, Aurelie de la Varde Belle, Alexandre de Paepe, Garlle de Quillacq, Stéphane de Zutter, Jean-Christophe Debavay, Dominique

Delaporte, Ruddy Delâtre, Floriane Delpouve, Ama Deous, Lindsey Derclay, Stéphanie Desbonnet, Chloro Deschamps, Isabelle Desjardins, Mickael Desvernay, Jonhatan Deyts, Stéphane Dimayuga, Stéphanie Dinard, Frédéric Doudait, Khdidij Douja, Guillaume Douplat, Catherine Drogeat, Jean-Yves Dubourg, Fitzgerald Duchemin, Bruno Dufour, Priscilla Duhin, Angie Durieux, Tarik El Mlih, Émilie Ev, Morgane Fabre, Marianne Faessel, Laurent Fantino, Lalla Fatimah Khabir, David Faton, Lydie Fernandes, Frédéric Firmin, David Forgues, Gael Fournier, Élise Friboulet Perrier, Sandra Furtak, Stéphane Marc Gabory, Magaly Galtier, Ivan Garber, Frédéric Garcia, Salsabil Garti, Franck Germain, Steph Godin, Jérémie Gressier, Johann Grrd, Fanny Guerrero Guénard, Isabelle Guillemin, Jean Guinault, Laura Guindé, Alban Guinut, Florent Hardy, Christel Haulotte, Jérôme Hautebas, Élise Hauters, Sylvain Heklinger, Pierre Henri, Maelis Henry, César Herinantenaina, Anne-Sophie Hugo, Célia Husson, Laurent Hyzy, Elisabeth Imbert, Carole Ingouf, Lucie Intheskywithdiamonds (j'adore ce pseudo), Flo Jacobs, Kaoutar Janati, ClairAS Jarillon, Nicolas Javier, Emmanuel Joubert, Tiphaine Jutant, Celine Karaali, Jean-François Kindt, Catherine Labarre, Marine Laborde, Gaby Lacasa, Audrey Lachevre, Rémi Lacroix, Lionel Lagrave, Mirella Laguerre, Michel Laliche, Anne Lallemand, Sarah Lapathia, Romain Laroche, Cédric Laroche, Marlene Laroche, Chantal Larrouy, Yves Le Garrec, Thierry Le Rall, Ludivine Lebrun, Franck Lecat, Delphine Lelièvre, Luc Lescop, Frédéric L'Huillier, Bastien Lmt, Steven Lokout, Adrien Lorgner, Nicolas Lorin, Aurélien L-s, Sa Mach, David Madrolle, Frédéric Magnier, Tristan Mahuteau, Yoann Maillard, Bruno Malta, Marc-Jack Manderlier, Denis Marotte, Cédric Marti, Vincent Massicard, Damien Maury, Van Maximilien, Jean-Sébastien Mayen, Marie Laure Mc Crd, Morgane Mc Flex, Patrick Mengelt, Sandrine Mercier, Loïc Meunier, Alice Michel, Andy Milo, Fabstrail Mirc, Mél Mnt, Niels Moerman, Alysse Monnehay, Myriam Morizur, Emmanuel Mouton, Jalil Mrabbi Tazi,

Hugo Mulot, Alexandra Murcia, Degheb Nacima, Youness Nassir, Isabelle Natali, Benedicte Neichel, Elena Nell Zerah, Olivier Notheaux, Sylvie Nouvel, Daniel Offerman, Gladys Page, Aurianne Par, Cindy Parez, Patrick Paroty, Laurent Pascal, Julien Passelaigue, Karyne Peters, Carole Pipolo, Laetitia Piras, Philippe Piro, Sandra Planchenault, Frédéric Pollina, Isabelle Pras, Sandrine Pylinski, André Quentin, Caroline Rabaglia, Chantal Recoche, Gérard Restignac, Clelia Revelli, Julien Rial, Mélanie Riff, Franck Rmt, Rachel Rodolphe, Xavier Roseau, Dany Rosilio, Christine Roux Pagès, Anthony Roy, Stéphane Ruelle, Lizzy Run, Fred Sacco, François Salomez, Sam Sam, Cynthia Sammaritano, Stivus Santus, Lluis Sanvicente, Michael Sarkissian, Laura Sebastianelli, Nicolas Serrier, Virginie Six, Aurore Sobczak, Nathalie Souchet, Florence Soudry, Nathalie Spormeyer, Imane Squalli, Éric Sublet, Thierry Taillan, Sandra Taris, Ka Te, Claude Tempe, Nicolas Teso, Marylin Th, Isabelle Thomas (efficace et précieuse éditrice), Eva Tikka, Chris Tophe, Philippe Toudret, Isabelle Traeger, Pierre Trail, Dingo Traileur, Christophe Trevily, Rachel Tribouillard, Sophie Trouilh, Frédéric Truc, Patrick Tyczka, Julie Vacatier, Dominique Vacher Bonneau, Loic Val, Benoit Valibouse, Mutti Vanden, Vincent Vanelsuve, Michel Vanpe, Sophie Vatan, Élodie VB, Hadrien Vignard, Yann Vion.

DIGESTIF : UN DERNIER POUR LA ROUTE

Voici la liste des quelques ouvrages cités ; je vous les recommande tous.

Born to run, de Christopher McDougall
Autoportrait de l'auteur en coureur de fond, de Haruki Murakami
Dans les forêts de Sibérie, de Sylvain Tesson
Ultra-trail : plaisir, performance et santé, de Guillaume Millet
Autorisation de pratiquer la course à pied, de Franck Courtès
Marathonien des sables, de Lahcen Ahansal
Le Vieil Homme et la mer, d'Ernest Hemingway
Guide pratique, ultra-marathons à étapes, de Guy Giaoui

Pour d'autres recommandations en matière de littérature « course à pied », je vous invite à vous rendre sur *www.des-livres-pour-courir.com.* J'y partage mes lectures et m'autorise à émettre un jugement toujours parfaitement subjectif.

MARABOUT
s'engage pour l'environnement
en réduisant l'empreinte carbone
de ses livres.
Celle de cet exemplaire est de :
800 g éq. CO_2
Rendez-vous sur
www.marabout-durable.fr

PAPIER À BASE DE
FIBRES CERTIFIÉES

Graphisme et couverture : Thierry Sestier
Relecture : Laura Puechberty
Photocomposition Nord Compo

Imprimé en février 2018 par Grafica Veneta
pour le compte des éditions Hachette Livre (Marabout)
58, rue Jean-Bleuzen, 92178 Vanves Cedex
Dépôt légal : février 2018
ISBN : 978-2-501-13347-0
7593080/01

GRATUIT !

TÉLÉCHARGEZ L'E-BOOK

TOR DES GÉANTS

TRAIL ULTIME

GRÉGOIRE CHEVIGNARD

Pour vous remercier d'avoir acheté ce livre, Grégoire Chevignard vous offre la version e-book de cet ouvrage. Découvrez-le totalement gratuitement !

POUR LE TÉLÉCHARGER : *https://payhip.com/b/bpGo*